休闲体育
理论与实务及其产业化运作研究

郭振芳　著

中国水利水电出版社
www.waterpub.com.cn
·北京·

内 容 提 要

本书从理论、实务及产业化运作三个方面来研究休闲体育,在理论方面主要分析了休闲体育基本知识与发展、多元理论、文化内涵及其体系、科学保障理论与方法、训练理论与方法。实务方面重点指导人们如何参与不同社会群体的休闲体育运动、室内及室外休闲体育运动。最后产业运作方面在分析休闲体育产业理论知识及体系的基础上着重对健身、旅游、赛事三大休闲体育产业的运作与管理进行了研究。整本书体现了系统性与科学性,是一本关于休闲体育研究的科学读本。

图书在版编目(C I P)数据

休闲体育理论与实务及其产业化运作研究 / 郭振芳
著. -- 北京 : 中国水利水电出版社,2016.10(2022.9重印)
ISBN 978-7-5170-4662-2

Ⅰ. ①休… Ⅱ. ①郭… Ⅲ. ①休闲体育－体育产业－
研究－中国 Ⅳ. ①G812.4

中国版本图书馆CIP数据核字(2016)第207800号

责任编辑:杨庆川 陈 洁 封面设计:马静静

书 名	休闲体育理论与实务及其产业化运作研究 XIUXIAN TIYU LILUN YU SHIWU JIQI CHANYEHUA YUNZUO YANJIU
作 者	郭振芳 著
出版发行	中国水利水电出版社
	(北京市海淀区玉渊潭南路 1 号 D 座 100038)
	网址:www. waterpub. com. cn
	E-mail:mchannel@263. net(万水)
	sales@ mwr.gov.cn
	电话:(010)68545888(营销中心)、82562819(万水)
经 售	全国各地新华书店和相关出版物销售网点
排 版	北京厚诚则铭印刷科技有限公司
印 刷	天津光之彩印刷有限公司
规 格	170mm×240mm 16 开本 19.25 印张 345 千字
版 次	2016年10月第1版 2022年9月第2次印刷
印 数	1501-2500册
定 价	58.00 元

前　言

　　休闲是一种时尚,也是人们生活中不可或缺的重要部分。随着经济的发展和工作制度的日益规范,人们的生活方式日渐改善,生活质量不断提高,因此人们有了休闲的物质基础和时间条件,休闲需求也逐渐增长。为此,社会提供了多种多样的休闲方式,其中休闲体育这一特殊的方式与手段颇受人们欢迎。休闲体育是帮助人们提高生活品质、实现精神需求的有效手段。随着全民健身活动的广泛宣传与推广,人们的运动热情日益高涨,并普遍采取休闲体育活动的方式来参与到全民健身活动中。

　　人们参与体育休闲的目的大都集中在健身与娱乐两个方面。如何科学参与体育休闲,以达到预期效果,需要理论与实践的双重指导。我国有关体育休闲基础理论与项目实践的研究虽然取得了一定的成果,但因为我国体育休闲的发展时间较短,所以总的来看这些研究还缺乏系统性,对人们日常生活中的休闲体育缺乏实用性。此外,产业化发展是休闲体育发展的重要方向及趋势之一,近年来我国理论界对休闲体育产业的相关理论研究处在对西方理论的移植阶段,且主要集中在对休闲体育产业概念的界定,休闲体育产业的分类、必要性、可行性、功能、作用,发展休闲体育产业的对策等方面的研究,缺乏对具体产业运作与管理的实践研究,这就在很大程度上限制了我国休闲体育产业的发展。鉴于此,特撰写《休闲体育理论与实务及其产业化运作研究》一书,通过对休闲体育理论、项目实践及产业运作等方面的全方位研究来为休闲体育的研究及持续健康的发展提供全面指导。

　　全书共分十二章,前五章着重研究休闲体育的理论知识,第六章至第八章重点对休闲体育的方法进行实务研究,第九章到最后一章主要研究的是休闲体育产业的运作与管理。具体来看,第一章是休闲体育概述及其发展概况分析,对休闲体育的概念与内涵、内容与分类、特征与价值以及发展现状及趋势等基础进行了全面地阐述与分析。第二章是休闲体育的多元理论阐析,主要阐析了休闲体育的休闲论、健康论、教育论、娱乐论以及游戏论。第三章是休闲体育文化内涵及其体系的构建,本章阐释了休闲文化与体育文化、终身体育以及人的社会化的关系,并且对比分析了东西方休闲体育文化差异,最后对休闲体育文化体系的建构进行了研究。第四章是休闲体育运动的科学保障理论与方法指导,主要从保健的角度研究了休闲体育运动的疲劳与恢复、营养保障、创伤与处理、医务监督。第五章是休闲体育运动训练的科学理论与方法指导,本章在阐释休闲体育运动训练基本理念的基础上对其训练负荷的安排及训练的原则与方法进行了研究,以科学指导人们参与休闲体育运动。第六章至第八章对不同社会群体的休闲体育运动、室内休闲体育运动及室外休闲体育运动进行了实践研究。第九章是休闲体育产业的内涵及理论体系研究,主要分析了休闲体育产业的概念、内涵与特征、休闲体育产业体系构成、经营模式、市场营销等方面的基本理论知识。第十章至第十二章重点研究了体育健身休闲产业、体育旅游产业及体育赛事产业的运作与管理。

总体来看,本书重点从理论、实践及产业化三个方面来研究休闲体育运动,内容全面丰富、结构安排合理、逻辑严谨,具有突出的科学性、系统性、实用性等特征,能够为休闲体育相关的理论研究提供可靠的借鉴,又能够为休闲体育项目及产业的实践发展提供科学的指导。

在本书的撰写过程中,对前人有关休闲体育及产业的研究成果进行了吸收和借鉴,在此向有关专家及学者表示衷心的感谢。由于能力和精力有限,书中难免出现一些纰漏和错误,敬请广大读者批评指正。

作　者
2016 年 6 月

目　录

第一章　休闲体育概述及其发展概况分析

休闲体育产业作为典型的第三产业之一,其不仅能够提高广大群众的身心素质,还能够为我国经济的可持续发展提供强大的推动力量,因此促进休闲体育的理论发展和产业化运作至关重要。本章旨在丰富休闲体育在概述和发展概况两方面的理论知识,依次从休闲体育的概念、内涵、内容、分类、特征、价值、发展现状、发展趋势等方面进行分析,进而为休闲体育的发展提供科学全面的理论基础。

第一节　休闲体育的概念与内涵

一、休闲体育的概念

体育活动具有健身性、竞技性、娱乐性、游戏性等属性,其不仅能够改善与发展人们的身心,而且对提高人们的身体机能具有十分重要的积极影响,因此伴随着休闲活动的不断发展,其逐渐被人们所接受,并且发展为一项人们喜闻乐见的休闲生活方式。伴随着体育在人们闲暇生活中深入程度的不断加深,休闲体育运动依然成为体育运动中相对独立的领域之一。

广义的休闲体育运动是指具有娱乐和休闲功能的各种体育活动,广义的休闲体育运动和体育运动的其他领域属于对立统一的关系。最大程度地促使人类的运动能力得以提升以及不断推动人类挑战运动极限是竞技体育的目标所在,倘若竞技体育的某些项目能够运用到休闲生活中,也可称其为休闲体育运动。体育教育是指对受教育者进行运动技能教育和运动知识教育,进而促使受教育者掌握一些体育锻炼方法,学会一些体育项目的运动技术,受教育者学会的运动技术和运动方法有利于运动者养成良好的休闲活动习惯,最终有利于受教育者进行终身体育锻炼。大众体育是指具有健身特征、娱乐特征以及社会交往特征的群众性的体育活动,大众体育和广义的休闲体育运动大体相同,可将休闲体育运动看成大众体育的一个组成部分。综上所述,休闲体育与体育运动的其他各个领域之间存在着外延联系。当休闲活动被用于竞技时,即可将其称为竞技体育;当休闲活动被用于娱乐休闲时,即可将其称为休闲体育。一般可以将休闲活动的目标和功能作为划分其类别属性的重要依据。

需要注意的是,作为相对独立的区域之一,休闲体育运动与其他体育运动也存在着某些区别。根据休闲体育运动的目的和作用,可将其概念定义为:休闲体育运动是指人们在闲暇时间进行的、以满足自身发展需要和愉悦身心为主要目的的、具有一定文化品位的体育活动。

二、休闲体育的内涵

(一)休闲与体育

人们在工作、劳动之余以各种"玩"的方式实现身心的调节与放松,达到生命保健、体能恢复、身心愉悦的一种业余生活,即休闲。伴随着休闲的不断发展,不同人群选择的休闲方式不尽相同,休闲所持有的意义也处于不断变化中。但从整体角度进行分析,人们心情的放松与愉悦,压力的释放与宣泄,个人情感的满足与慰藉是休闲的重点。合理科学的休闲行为能够使人实现体能、智力、情感等各方面的调节。作为一种重要的生活方式,休闲表现出独特的价值与作用,它可以实现身心的全面发展、丰富人们的日常生活、提高人的生活质量。而体育是人类在生产生活中形成的以身体各方面活动为主的一种特殊的文化,它同时也有很多方面的特点与功能,如健身、搏击、游戏、娱乐等,对人体具有积极的影响,对人们的休闲生活有着重要的意义。体育活动需要人们直接参与,通过进行各种体育锻炼活动,能够恢复与提高人体的各方面素质。需要说明的是,体育不只是为了空闲时间的娱乐和愉快而存在的,其最终目标是人身体和健康的发展。在人们的日常生活中,随着闲暇时间的不断增多,体育作为一种休闲娱乐活动在长期的生活实践中逐渐被人们所接受,体育通过休闲和娱乐的方式逐渐得以推广,并发展成为如今的休闲体育运动。

伴随着人类社会的不断发展,体育也随之经历了从人类的原始社会到至今这个相对漫长的发展时期,体育和休闲之间始终有着十分紧密的联系。在古希腊时期,休闲生活的典型民族是雅典人,他们午前办理公务,午后则在角力场和体操馆享受余暇时光。当时,体操馆是一般市民的公共设施,包括运动场、散步道和讨论会场等设施,午后大家集中在这里通过体育运动或者讨论来度过闲暇。在我国,蹴鞠(足球)、竞渡(赛龙舟)、投壶、秋千、棋戏、击鞠(马球)等运动形式都是我国人民在休闲生活中喜闻乐见的体育活动内容。在中世纪,尽管欧洲的很多体育活动都被禁止,但是还有很多诸如击剑、马术等非正式的体育比赛经常在节假日等人们的闲暇时间举行，成为人们度过闲暇时间的一种常见方式。

在工业革命与现代化进程日益加快的大背景下，近代体育逐渐产生并迅速发展。18世纪，随着工业革命的开展，在经济不断发展的同时，户外运动也逐渐兴盛起来。在日常的节假日，当时的人们都会进行各种各样的休闲活动，户外运动是当时必不可少的休闲内容。射击、足球、高尔夫等运动在当时成为人们喜爱的内容。为了增加这些活动，相应的运动规则逐渐制定出来，体育组织也由此诞生。近代体育与休闲运动之间的关系十分紧密，近代体育的发展离不开休闲运动，同时近代体育的不断发展也对休闲运动的发展产生了推动作用。

现代社会属于一个日益发展与繁荣的社会，其重要标志之一就是体育的日益发展与繁荣。各种体育书刊的急剧增加，电视机、电脑的普及，互联网接入千家万户，促进了体育信息量不断增加，体育信息正以前所未有的速度在人们的生活中传播，而且影响越来越大，"体育生活化"成为社会发展的一种趋势。休闲时间的不断增加，休闲设施的不断改善，观念的逐渐改变都为人们更好地进行与享受休闲体育活动打下了基础。曾经是一些"贵族体育"的运动项目如高尔夫球，已经走进了普通百姓家。体育全球化以及其国际文化交流进一步密切，使得很多体育项目在社会中迅速传播，如体育舞蹈、健美操等多种体育运动形式。

当前，沙滩排球和壁球等由国外传入的休闲体育项目逐渐被我国国民接受和欢迎，并已发展成为人们休闲生活的新内容。许多新近出现的休闲体育活动也处于不断发展的过程中，冲浪、滑板、攀岩、滑翔、激流皮划艇以及轮滑等运动被纳入到极限运动项目中，同时在社会中正在以飞快的速度传播着，成为人们在休闲体育运动中尤为喜爱的运动内容。与此同时，体育与其他一些休闲活动的联系也日益紧密。有调查表明，在经济发达国家，人们日常生活中用于体育消费方面的开支通常占整个社会消遣和娱乐消费的30%～40%。体育旅游也成为旅游的一个新领域，登山、远足、骑车、帆船、潜冰、跳伞、滑翔、滑雪等体育运动成为各旅游地招揽顾客的重要砝码，以体育活动为主题的旅行成为一种流行的休闲生活方式。据美国相关的调查研究，美国50%左右的成年旅行群体曾参加过"探险"旅行，野营、远足和骑车等是这种"探险"活动的主要运动形式。

现代体育活动项目已经很难将休闲体育和其他形式的体育活动区分开来，如网球、篮球、台球等运动，如果主要动机是获得竞技成绩，则不能归为休闲体育运动之中；而如果只是为了放松自己、调节身心，则应该属于休闲体育。通常情况下，体育休闲包括身体直接参与活动的体育休闲与非身体直接参与活动的体育休闲。我们平常所说的休闲体育就属于身体直接参与活动的体育休闲。体育休闲中非直接身体参与部分包括体育赛事观赏以及相关体育的文字、图片和视频的观赏与浏览等。此外,将以体育为载体或媒介衍生出来的各种休闲文化活动如体育雕塑欣赏、体育建筑游览、体育艺术展览等,划分到体育休闲的范畴也是合情合理的。需要注意的是,随着社会的不断发展,休闲体育也处于不断的发展变化之中。如今,电子竞技体育与智力体育也处于蓬勃的发展之中。随着时代的不断发展与革新,休闲体育的运动形式将更加多元化。

(二)现代休闲体育运动的主体性地位

休闲体育运动的功能和作用体现在多个方面,属于人们日常生活中主体性的一种休闲方式。当前,越来越多的人关注和重视现代休闲体育运动,休闲体育也逐渐被纳入到高校的教学体系当中,休闲体育的研究与相关人才的培养也在各国逐渐开展。近些年来,我国学者也在休闲体育方面进行了多方面的深入研究。

社会生活的现代化给人们带来便利和机遇的同时,也给人们的日常生活带来了一定的挑战。生产的社会化、规模化与规范化在提升效率的同时,也使得人们的劳动方式单调化,劳动密度增大。在人们工作投入增加的同时,也造成了人们生活内容的丧失。因此,现代人越来越重视休闲体育运动,寄希望于这种休闲方式来缓解工作中产生的压力。伴随着人们工作时间和工作压力的不断增加,长时间工作容易使人们出现压抑和厌倦的不良情绪,倘若不能得到及时缓解和释放,则会促使人体的心理机能出现不平衡的现象,最后出现不同症状的心理疾病。与此同时,倘若人们的工作环境相对单调和刻板,人们的身体局部也容易出现劳动疲劳,若不能在短时间内得到有效缓解,也会致使其身体局部出现劳损。由于都市上班族的长期伏案写作或者电脑前的长时期久坐,致使其身体运动能力呈现出下降趋势,最终出现了身体的亚健康状态。处于这种心理和生理状态的人们,无疑渴望着能从单调乏味的劳动中解放出来,希望自身的人生能够实现全面的复归。显然,这种解放和复归只有在他们自己能够自由支配的时间里,通过他们自己所选择的活动方式来最终实现。休闲体育运动作为意义特殊的休闲活动方式之一,可以帮助人们在身体与心理两个方面均获得更加全面的平衡。休闲体育运动能够使人们离开办公室后,在运动中实现发泄与放松,在自然中获得愉悦和畅快,摆脱工作给身体和心理带来的压力,对于上班族来说休闲体育运动带来的放松感是不可替代的。人们参与休闲体育运动的动机和目的除缓解生活以及工作中的压力外,同时还大致包含以下几点。

（1）净化情感动机。人们在日常生活中经常会产生一些精神上的压力、心理上的不满或者情绪上的不愉快，通过采取休闲体育运动的方式能够有效缓解这些压力，同时对于负面情绪的宣泄以及心理上的平衡具有积极的作用，有助于使人的心境恢复平静。

（2）社交动机。通过参与某些休闲活动来实现与他人交往的目的，同时提高自身的素质，实现发展自己对社会适应能力的目的。

（3）报偿动机。在学习、工作和生活中，并不是人们所有的欲求都能得到满足，这种欲求不满会造成人们心理产生一种不满足感、挫败感。因此，可以通过某种休闲体育活动体验成功感和满足感。处于青春期和叛逆期的学生群体在学习中遇到挫折和不顺时，非常容易产生这种动机。

（4）放松身体动机。即为了缓解身体的疲劳与肌肉的紧张，通过某种休闲体育活动来使肌肉松弛，身体获得积极的恢复。

（5）发散精力动机。即希望将自己工作、学习之后剩余的精力，通过某种活动方式继续发散出来。这种动机在精力旺盛、活泼好动的青少年人群中表现尤为明显。

除以上几个具有普遍性的常见行为动机外，有些人参与休闲活动可能只是为了追求某种感官上的刺激，有些则可能是为了暂时逃避各项责任。但是就大多数人而言，以上几项行为动机是他们参与休闲活动的常见动机。需要注意的是，人们参与休闲体育活动的动机并不是单一的，有时可能会在多种动机的共同作用下做出选择。例如，很多人在进行休闲体育放松身心的同时也在进行着一些社交活动。

根据生理学的相关研究，积极恢复与消极恢复是消除人体疲劳的两种方式。积极恢复指的是借助相应的身体运动达到促进新陈代谢的过程，实现恢复的目的；消极恢复指的是自然的恢复方式，不通过运动等方式，而是通过静止休息的方式使人体实现自行恢复。研究表明，轻松适量的积极恢复方法可以起到更好的恢复效果。而且通过积极的身体恢复，人体的激烈、紧张以及焦虑的情绪能够得到有效缓解甚至消除。该项研究告诉我们，进行适宜的身体运动不仅有益于我们机体的健康，同时还对我们的精神世界具有积极的作用。由此，我们便不难理解为什么在现代社会丰富多彩的休闲活动之中，休闲体育运动会占有如此大的比重。

休闲体育的快速发展，彰显了人们的整体生活水平获得了较大幅度的提高。作为最有活力、最具发展性的休闲行为方式，休闲体育运动随着城市化水平的不断提高、休闲体育设施以及场馆的不断完善，逐渐成为促进经济发展、提升城市形象以及精神文明建设的重要途径。现代休闲体育运动不仅能够使人们在城市紧张的节奏、狭小的生活空间中获取难得的轻松愉快，同时还能够使人们更好地感受自然、体验自然、亲近自然。此外,在城市化进程不断加快和社会不断变革和转型的今天,人与人之间冷漠的关系成为一个越来越凸显的社会问题。人们在参与休闲体育的过程中,能够对人与人的情感交流和沟通产生推动作用,进而更好地释放人们在身心上的压力。由此可知,对于都市群体来说,休闲体育运动是人们生活中的一项重要需要。

当前,越来越多的人开始接受"花钱买运动,花钱买健康"的观念,小康社会的休闲方式将逐渐以休闲体育为主流。居民消费结构的转换以及消费需求的扩张已成为中国经济高速增长的主要动力。此外,以休闲体育运动为主体的休闲活动也必将在很大程度上推动我国经济的可持续发展。

第二节 休闲体育的内容与分类

休闲体育的内容丰富,分类形式多种多样,根据不同分类标准能够划分出休闲体育的多种类别,这里主要从身体状态、项目功能以及项目性质三个方面对休闲体育进行划分,同时在详细阐述划分类别的同时,深入解析休闲体育所包含的多项具体内容。通过阐述休闲体育的内容和分类,为运动者参与休闲体育运动奠定理论基础。

一、根据身体状态划分的休闲体育运动及内容

(一)观赏类休闲体育运动

观赏类休闲体育运动主要是指观赏各种体育竞赛和休闲体育运动的表演。在观看这些比赛和表演的过程中,人们会表现出各种不同的情绪,如兴奋、激动、惊叹、沮丧、愤怒等。通过观赏他人所进行的休闲体育活动,人们的心理压力会获得很大程度的释放。另外,在观赏这些表演与比赛的过程中,观赏者还可以学到很多相关的体育知识,得到体育精神的熏陶。

(二)安静类休闲体育运动

安静类休闲体育运动主要指的是棋牌类的休闲活动,垂钓也属于此类活动。以棋牌类休闲活动为例,棋牌活动的参与者身体活动量较小,脑力支出相对较大,是智慧与心理素质的一种竞争。一般而言,此类休闲体育活动通常是多人参加的集体活动,默契与配合、经验与心理素质是这类活动的重

要特征。相比较而言,在垂钓活动中,参与者的体力与脑力的支出都相对较小,是一种不错的修身养性的休闲方式。

(三)互动性休闲体育运动

互动性休闲体育运动主要包括利用自然运动和互动式运动两种类型。利用自然运动具体指的是利用自然界的资源进行的互助的体育休闲活动,这类活动需要专业的指导或者在医护人员的监督下进行,从而保证活动的安全,如空气浴、温泉浴、泥浴、沙浴、药浴、蒸气浴等;互动式运动具体指的是通过专业人员技术活动来缓解身心的疲惫、消除烦躁心绪、减压、调节身心的一种活动形式,推拿按摩、针灸、足按足浴、理疗等都属于互动式休闲活动的范畴。

二、根据项目功能划分的休闲体育运动及内容

依照项目的功能,可将休闲体育运动划分为强身健体类、娱乐排遣类、极限运动类以及竞技比赛类。

(一)强身健体类休闲体育运动

从古至今,人们一直将体育作为强身健体的一种重要方式,人们充分认识到体育在锻炼身体过程中具有不可替代的作用。因此,人们采用体育锻炼的方式,来有效促使其身体机能始终维持在较好的状态,推动其身体获得最大限度地生长发育。从古代发展至今,体育运动强身健体的功能一直被人们关注和重视。五禽戏、太极拳以及八段锦等均为中华民族几千年来文化与智慧的结晶,同时还被人们视为强身健体、延年益寿的有效方式。

(二)竞技比赛类休闲体育运动

无需高密度和高强度的训练以及无需专业水平的教练指导,是休闲体育中的竞技比赛和传统体育中的竞技比赛的主要差别。展现自身和表达自我是人们参与休闲体育运动的主要目的。感知和享受是休闲运动竞技比赛的过程是参与该项运动的主要目的,不应将休闲运动竞技比赛的主要目的仅设定为赢得比赛的胜利。与传统体育运动的竞技比赛相比,休闲体育中竞技比赛不仅具备传统比赛的对抗性,而且还具备传统运动所不具备的自由娱乐性,此外还对比赛结果进行了淡化,推动比赛参与者尽可能沉浸在休闲体育的乐趣中。参与者通过参加休闲体育竞技比赛,一方面满足其展现自我和表现自我的心理需求,另一方面帮助参与者在对抗过程中加强沟通,

强化团队合作意识,强化参与者的自信心。

(三)娱乐排遣类休闲体育运动

在社会压力大、生活节奏快的现代社会,休闲体育的娱乐消遣功能越发明显。休闲体育活动不仅具有强健体魄、陶冶情操的作用,同时还具有放松身心的作用,参与者能够通过参与休闲体育活动达到参与运动的预期目标,同时实现身体的锻炼和精神的愉悦。娱乐排遣功能的出现是为了调整参与者的心境,充分调动参与者的想象力与创造力,重点关注和发展人们的参与性和自由发挥性。在娱乐排遣类的休闲体育运动中,可以充分释放参与者的身心。娱乐排遣类的休闲体育运动包括围棋、钓鱼、麻将以及放风筝等运动。

(四)极限运动类休闲体育运动

极限运动作为近些年出现的新型运动,深受年轻人的欢迎与喜爱,并且已成为衡量时尚的重要标准。挑战存在于人类发展的各个时期和各个地域。如今,人们对现代的科学器械进行充分利用,尽全力挑战自我,充分挖掘自身的潜力,进而获得超越心理障碍时的成就感和满足感。同时,极限运动类休闲体育活动还能满足人们回归自然、返璞归真的需求。由于极限运动能够满足人们在生理和心理两方面的需求,所以在其产生后就快速获得了广大群众的认可与传播。

当今社会不仅是科技飞快发展的时代,同时是人们压力异常沉重的时代。在竞争激烈的大环境下,人们急需对自身的压力进行释放,极限运动类休闲体育运动帮助人们发泄压力和释放能量的功能正好与人类的需求相吻合。攀岩、冲浪、蹦极等极限运动类休闲体育运动不但增添了人们在日常生活中的乐趣,同时还推动人们回归大自然怀抱,实现真正意义上的返璞归真。

三、根据项目性质划分的休闲体育运动及内容

根据项目性质来划分,可以将休闲体育运动划分为眩晕类运动,命中类运动,技巧类运动,冒险类运动,养生类运动,健身舞类运动,游戏竞赛类运动,水上、冰雪类运动,户外休闲运动等类型,不同类型的休闲体育活动具有各自不同的特点(表1-1)。

表 1-1 根据项目性质分类的休闲体育运动内容及特点

分类	内容及特点	项目种类
眩晕类运动	借助一定的运动器械及设备,使人在运动中得到在日常生活中很难体验到的空间运动感觉,感受身体与心理极限刺激的休闲体育运动	游乐场上各种产生滑动、旋转、升降、碰撞的游艺项目,如蹦极、过山车等
命中类运动	运用自身的技巧与能力,同时借助特定的器械击中目标的休闲体育运动	打靶、射击、射箭、保龄球、台球、高尔夫等
技巧类运动	通过运用自身的能力,借助特定的轻器械所表现出的高度灵巧和技艺的休闲体育运动	花样滑板、自行车越野障碍等
冒险类运动	对大自然的一种具有挑战性的、有严密的组织措施和安全保障的休闲体育运动	沙漠探险、漂流、山洞探险、滑翔伞等
养生类运动	节奏一般比较和缓,经常参加能够强身健体的休闲体育运动	瑜伽、太极拳、木兰拳、木兰扇等
健身舞类运动	通过各类民族传统歌舞的形式和有音乐伴奏进行的休闲体育运动	民间舞蹈、秧歌、舞龙、舞狮、肚皮舞等
游戏竞赛类运动	将竞技体育比赛项目的规则进行简化和游戏化改造之后,形成的休闲游戏比赛活动	沙滩排球、三人制篮球、室内足球等
水上、冰雪类运动	在水上或者冰雪上所开展的休闲体育运动	水上项目包括游泳、潜水、滑水、摩托艇、帆船、冲浪等;冰雪项目包括滑冰、花样滑雪、雪橇等
户外休闲运动	指人们回归自然的各种体育休闲方式	远足、登山、攀岩等

现代休闲体育运动内容丰富多彩,分类方式多种多样。上述分类方法只是根据各休闲体育项目的特征所进行的项目划分,并不能完全反映出各个项目的归属。就休闲体育的运动实践来看,有些休闲体育运动项目同属于多个类型。因此,不能简单地说某一项或者某几项休闲体育运动一定属

于哪一个类别。

第三节　休闲体育的特征与价值

一、休闲体育的特征

(一)时代性

休闲体育是在一定的历史阶段、一定的文化背景下产生并逐渐发展起来的。在不同的历史时期,其物质文明和精神文明也各有不同,因而所产生的休闲活动方式也各不相同,体育休闲活动也是应不同时代的要求和进步而演变和发展起来的。

通过对历史发展进程进行观察和总结,能够得出无论在任何社会时期,体育活动常常能够现身在社会当中,发展成一种被百姓接受和喜爱的休闲活动方式。即使是在神权的统治之下的中世纪(5—15世纪)欧洲,也很难抑制民众追求身体游戏的需要,少年儿童始终是游戏的先锋,他们将武士的打斗也变成自己进行身体娱乐的活动形式。当然,休闲体育运动毕竟是社会文明的一种表现,在很多情况下,它与社会科学技术的发展水平都有密切的关系。我们能够看到,如今所流行的体育休闲活动与20世纪初发生了很大的变化,如今的体育休闲活动常常是与科学技术以及材料革命的结合,而之前的活动更加倾向于进行身体的自然活动。

(二)自然性

人的生命活动无外乎内部活动和外部活动两种形式,内部活动就是生理、生化活动,即物质与能量不断消散的一个过程。不管我们是否愿意,这种过程总是在人这一有机体内部不断发生并进行着。要想维持生命结构的存在,一方面需要促使消散过程不断地积极进行,另一方面则需要通过与外界进行物质交换来实现对已经消散能量的补偿。然而,这两个方面的活动都一定要借助于有机体的外部活动,它们构成了摄入与排泄以及身体运动这些基本需求的本源。因此,人们总是会选择大量涉及身体运动的游戏或者娱乐方式。作为生命,人也必然会遵循生命运动的基本轨迹,保留生命体本能的需求以及活动的方式。只是人的这些本能需求在个体的社会化进程中被特定的方式所限制,从而以社会人的特有方式来满足这些需求。

(三)自发性

美国休闲学专家杰弗瑞·戈比认为:"休闲(Leisure)是从文化环境和物质环境的外在压力中解脱出来的一种相对自由的生活,它使个体能够以自己所喜爱的、本能地感到有价值的方式,在内心之爱的驱动下行动,并为信仰提供一个基础。"休闲体育活动同样是人们在休闲时间内所进行的一种自发性的主体活动,它完全是出于一种个体或某一群体真正的主体需求,在个人能够自由支配的时间里进行体育活动,不包含任何的强制、被动或者非自愿成分。在体育活动中,由于是因为主体自觉自愿的需要而参与,因此它不仅直接满足个人身心发展的需求,而且这种良好的情绪体验会更好地激励其持久参与的积极性,并比较好地形成不间断的良性循环。

自发性属于人类自觉意识的一种体现。在当前社会高度发展的情况下,休闲不再只是劳动后的一种休息和放松。在人类闲暇时间不断增多的情况下,休闲已经发展成为每个个体的一项基本生活权利,成为组成个体生活的一项有机部分。当前人们具有充分的自由意识,在休闲体育运动中能够充分反映出广大群众对闲暇时间的支配权。

(四)参与性

休闲体育运动的实践性很强,它需要人们的亲身参与,同时在进行体育活动的过程中体验并获得某种感受,或者通过自身活动的结果来表达出自己的观点或者理念。没有自己亲身的参与,就不能够从中获得那种所期望的感受,也不能够实现自己的完整表达。有些人将观看体育比赛和体育表演也纳入到休闲体育运动的范畴,并将休闲体育运动分为参与型与观赏型两种。虽然在观看体育比赛或表演时,经常会有演员与观众之间的互动,但我们却始终不能认定这是观众在演出。因此,休闲体育运动应该是活动者参与其中、亲身实践的过程。事实上,休闲体育运动所能够实现的各种功能与作用,都是在活动者参与过程中体现出来的。

体验是休闲体育运动参与性的一种重要体现。体验是人类进行感知的一个过程,在这个过程中,人们不断对感知进行处理,需要进行一定的情感投入。体验并不是简单的感觉,而是一种感觉的深化与发展,它需要对某种行为做出有意识的解释,它是与当时的时间与空间紧密联系的精神过程。休闲体育运动正是一种直接的身体体验活动,在人们进行身体体验的过程当中,会产生一定的情感、情绪以及心理体验。现代社会中由于工作压力以及城市生活的紧张,使人们更倾向于选择和寻找一些轻松的、快乐的东西来进行自己放松,这种放松是心理上的放松,人们通过参与休闲体育运动来体验自我身心的解脱。现代休闲体育运动减少了竞争的因素,人们在参与过程中更多的是考虑参与的过程而不是结果,这个过程就是人们进行体验的过程。因此,人们进行的休闲体育运动的指向是对于过程的体验,表现出明显的参与性特点。

(五)选择性

体育休闲的选择性特点是指体育休闲运动可以自由选择,自主选择性强。目前,随着社会的发展,从事休闲服务的人逐渐增多,因此,许多休闲活动进入了社会经营性场所,这就意味着老百姓要对休闲进行付费,但是,由于经济条件的限制,许多人不能经常坚持参加需要付费的休闲活动。此时,他们就可以自主进行选择,他们可以选择在公园、广场或者家中等场所进行散步、跑步等休闲活动。休闲体育活动的选择性特征使其赢得了越来越多百姓的喜爱。

(六)灵活性

人们可以随时随地进行体育休闲运动,体现了体育休闲运动参与的灵活性特点。现代社会竞争不断激烈,人们的生活节奏不断加快,如果付出过多的时间来进行体育休闲活动势必会成为人们的一种负担。但是,有些体育休闲活动不需要格外抽出时间来进行,人们可以在茶余饭后的零散时间里进行,可以在工作间歇的时间里进行,还可以在早晚坐公交车的时间里进行,这些活动具有参与灵活的特点,进行这些活动的时间也可长可短,完全可以根据人们的兴致、体力、时间等具体情况而定。

(七)愉悦性

体育休闲运动的愉悦性是从体育休闲的功能方面来讲的。在各种形式的体育休闲活动中,人们不必为从事锻炼的花销而发愁,不必为动作的笨拙而苦恼,更不必为锻炼不达标而沮丧。人们在体育休闲活动中可以忘记烦恼,全身心地投入到运动中来,在运动中享受既健身又健心的愉悦。

(八)低要求性

体育休闲活动对技术和体能的要求很低,一个人即使没有运动基础,但只要有运动愿望就可以立即参与到体育休闲活动中来,人们在运动中应尽可能选择趣味性强的运动,在这些运动中只要按自己的意愿运动就足够了。在此需注意的是,一般不提倡人们在进行体育休闲活动时选择一些竭尽自己体能的运动,因为过高运动负荷的和体能消耗较大的运动往往会对身体造成伤害,所以,在运动时应选择自己生理能接受的、对身体各系统的功能可以起到调节作用的、使锻炼者心情舒畅的活动进行锻炼。

(九)多样性

体育休闲的多样性特征是指体育休闲运动的方式多样。体育休闲活动是人们在闲暇的时间中从事的活动,它有各种各样的形式,人们可以根据自己的兴趣爱好等进行自由选择。它可以以集体的形式进行,也可以以个人的形式进行,可以安静地进行,同样也可以在音乐的欢快节奏中进行。人们可以选择慢跑、散步、扭秧歌、跳交谊舞等多种锻炼形式,他们可以在这些形式中得到精神上的极大满足。

(十)层次性

活动人群的年龄层次、活动内容的难易层次以及活动方式的经济消费水平层次是休闲体育运动层次性的主要内容。这三方面层次的划分不仅具有深远的社会意义,同时也是对休闲体育研究不同视角与内容的反映。

通常情况下,不同年龄阶段的人有着各自不同的需求与爱好,这种需求与爱好对于人们体育休闲方式的选择会有直接的影响。少年儿童一般会对一些新奇的个人活动,如滑板、轮滑、小轮自行车等感兴趣;青年群体则对具有一定挑战性和对抗性的活动更加感兴趣,如足球、篮球、网球等;中年人更加注重体育活动的品位和档次,而老年人则喜欢交流互动性较强的活动。一般年龄因素是体育休闲活动进行分层的主要的、甚至是决定性的因素。

内容的难度是完成活动所要求的技术标准高低的问题,这是一些人选择体育休闲活动方式的一种依据。这种选择主要是由活动者对自己运动能力的评价所决定的,运动能力比较强的个人,一般情况下会选择一些技术动作难度较高的运动项目;而个人运动能力自我评价较低者,更偏重于选择那些无须多大努力就能够做到的活动项目。

活动方式的经济消费水平是一种社会性特征显著的分层,与个人的社会身份以及阶层表征具有紧密联系。一些体育休闲活动方式明显属于高消费,这些活动的参与者必须要拥有相当雄厚的财力,带有明显的炫耀性消费特征;而另一些体育休闲活动方式则可能对个人的经济情况有一定程度的要求,不仅可以显示出个人的身份地位,同时还能够表现出个人的运动能力;一些人更愿意选择那些不需要太大开销,就可以开心愉快活动的运动项目,他们也没有多余的金钱可以投入到休闲体育活动当中,所以他们也不在乎自己参与的活动属于哪个层次。

许多形式的消费在最初属于奢侈的范围,然而伴随着社会的不断革新与发展,这些奢侈的消费形式朝着大众化的方向不断发展,成为广大群众必要消费的一个组成部分。休闲体育运动的发展趋势与此相似,许多项目在起始阶段也是只有部分人可以参与。在这种情况下,个人的身份完全能够通过这些项目或者活动得以体现彰显,这些项目属于具有炫耀性消费特征的休闲活动。例如,保龄球运动在刚刚传入我国时,几乎仅属于白领阶层的运动,个人的经济实力决定了人们能否参与该项运动,所以在这一阶段保龄球运动成为划分社会阶层的活动之一。随后,伴随着我国保龄球馆数量的不断增多和价格的大幅度降低,使得保龄球运动逐渐朝着大众化方向发展,其之前具备的划分社会阶层的功能也随之消失,并且逐渐发展成为一项一般性的体育休闲活动。

(十一)时尚性

在经济、文化高速发展的今天,参与休闲体育活动已经发展为一种社会时尚。第一,人们进行体育休闲活动能够表明自己与某个社会阶层的平等性等级;第二,人们参与体育休闲活动能够体现出自己与另外某个阶层之间所存在的差异。人们参与体育休闲运动时的动机、目的、心态、情感等一般情况下会处在舍勒贝格所表述的时尚双重性之中。例如,人们在进行体育活动时,总是要遵守这种活动的规则与方式,但在进行休闲体育运动时,人们却总是不情愿遵守这些活动规则以及相关规范,因为这些东西多少会造成一种文化性的压力,而休闲体育运动恰恰是试图摆脱各种外在压力的一种行为方式。

根据舍勒贝格的理论来分析,参与休闲体育运动的人们和休闲体育本身完全具有现代时尚的几个重要的双重性特征。例如,休闲体育一方面并不在乎物质的和实际的东西,但同时又始终不能够脱离那些具体的东西;人们对于休闲体育的态度也包括了积极参与以及完全无所谓两种对立的情绪;人们总是试图逃避责任却在休闲体育中必须承担相应的责任,等等。

时尚性是一种社会事物与社会发展的趋势以及社会需求协调统一的表现,人们对体育的需求由于社会物质文明的不断发展而逐渐强烈起来。一方面,作为时代的青年人不只是时尚的代表,同时也是时代风气的传播者;另一方面,由于青年人充满了青春活力,是"娱乐的先锋"。体育不仅是一种表现其青春活力的载体,同时还能够让他们产生愉悦的情感,形成一种良好的交流与互动,同时还可以宣泄情绪以及发散多余的精力。因此,在现代社会的不同时期,休闲体育一般都会成为青年人的一种时尚。

伴随着社会经济水平的不断提高,人们的思想意识也在不断进步,新的休闲体育运动不断被创造出来,并在全球化的社会背景下迅速向全世界范围传播,逐渐演变为一种全球性的休闲体育运动。在信息高速传播的今天,人们不断接受新的思想与内容,因此,一种休闲体育运动形式会很快会被另一种形式所替代,这种快节奏是社会发展的鲜明特点。此外,新的休闲体育运动的产生与发展,总是先在少数人当中流行与传播。人们一方面通过参与休闲体育运动以表明自己的某种身份或地位,另一方面则以此表现自己与另外某阶层存在的差异。例如,高尔夫球运动在流行之初被标榜为贵族富人的运动,因此有很多富人都"被热爱"上这项休闲体育运动。

综上所述,时尚性属于休闲体育运动的特点之一。

(十二)流行性

流行性指的是某种社会事物具有非常广泛的影响,同时形成了一种时尚性的外在表现,而流行常常是时尚的结果。在现代社会中,由于人们的物质生活和精神生活得到了前所未有的升华,因此,休闲活动已经成为人们生活活动的有机组成部分,而在众多的休闲活动中,休闲体育运动又因为其自身的特点成为人们选择休闲方式的首选。然而,在现代社会条件下,各种新的体育休闲活动项目不断地被创造出来,由于传播媒体的作用,很多的项目都会在较短的时间内向全世界范围内迅速传播,并逐渐成为国际性的体育活动项目,奥林匹克运动会项目设置的不断扩张就是体育运动流行性的典型表现,并表现出明显的流行性特点。

休闲体育运动的流行性主要是从其活动项目的迅速风行于世而后又逐渐消失中表现出来。一种体育活动通常会在短时期内在一个地方迅速流行开来,成为人们在休闲时非常热衷的活动。当然,与其他具有流行性特征的事物一样,这种或者那种体育活动或许在风靡一时后,又很快地销声匿迹,继而又有另一种让人愉悦接受的新的体育项目取而代之。

从实际情况进行分析,人的空闲时间和性格特点是决定休闲体育运动流行性的重要因素。当人们的空闲时间较多时,人们将面临怎样分配与利用空闲时间的问题。由于体育运动不仅有利于身心健康,同时又有助于消遣时间,因此其自然成为人们休闲的首选。但是,人们对休闲活动的选择同时也是相互影响的,体育项目的流行机制之一就是这种相互影响作用。另一方面,人们求新求异的意识是他们不断地放弃旧的活动,追求新的活动的动因所在,这是一种体育项目能够迅速流行起来而后又逐渐消失的原因。当然,周而复始也是社会事物发展的一种具有规律性的特点,休闲体育运动也是如此,可能经过一段时期之后,一个曾经流行而后又消失的体育项目再次流行开来,并被另外一代人广泛地接受,这属于客观自然规律的一种。

二、休闲体育的价值

休闲体育业作为一种典型的第三产业,其价值体现在很多方面。这里主要从经济价值、文化价值、和谐价值、生理价值以及心理价值五个方面对其进行解析。

(一)经济价值

1.优化国民经济产业结构

随着社会的发展,休闲体育活动逐渐增多,休闲体育也逐渐出现。休闲体育业是典型的第三产业,当生产力发展到一定阶段时第三产业就必然迅速发展,一个国家的经济越发达,其第三产业在国民经济中所占的比重就越大。第三产业也是社会发展的标志,它能够带动其他相关第三产业的发展,对优化产业国民经济的结构起着重要作用。

2.积累国家建设资金

休闲体育业作为第三产业,同其他第三产业一样也起着加速货币的回笼速度,增加货币回笼数量的作用,从而能够达到稳定市场、防止通货膨胀和积累国家建设资金的目的。在市场经济中的一切经济活动都必须通过货币来完成,如果货币的投放量过多或者过少,就会引起通货膨胀和通货紧缩。如果出现通货膨胀就必须采取措施扩大消费,回笼货币。休闲体育业就是回笼货币的有效方式。

休闲体育业回笼货币的方式主要包括两个方面:一方面,人们直接参加休闲体育活动来进行消费,同时,提供相关的指导、咨询和服务等来获取货币;另一方面,出售或者出租休闲体育活动需要的相关设备,采用这种方法不仅回收了货币,还从盈利中以交纳税收金的方式为国家建设积累了一定的资金。

3.增加就业机会

从本质角度进行分析,就业就是在一定的社会经济条件下,劳动者以特定的方式参与社会劳动,并从中得到物质上和精神上满足的一种机会。就业问题是社会所面临的重要问题,它不仅关系到个人的生存发展和享受问题,还关系到社会的稳定,乃至国家的发展问题。休闲体育业作为新兴的第三产业,是一种具有服务性和生产性的综合性产业部门,它的发展必然会为社会提供更多的就业岗位,对社会的安定和国家的发展具有重要的作用。

(二)文化价值

通常情况下,文化具有广义和狭义之分。广义的文化是指人们在社会中所从事的各类活动,以及在这些活动中所创造的全部成果,它既包括物质生产和物质产品,又包括精神生产和精神产品,还包括各种社会事物、社会现象和社会过程。狭义的文化是指相对于物质文化的一种精神文化,是指与精神生产直接有关的精神生活、现象以及过程,价值观、社会意识或思想以及道德是狭义文化的主要内容。文化是人类特有社会活动的积淀。

作为特殊的社会文化现象之一,在市场经济条件下,休闲体育的文化价值越来越受到人们的关注。休闲体育的文化价值主要是指休闲体育活动本身的技术规格、形式以及休闲体育设备的样式、装饰、商标等方面所反映的人们精神文化观念和心理等信息的属性的大小。它的重要特征就是借助休闲体育所承载的文化价值,推进社会文明的进步,提高人们的整体生活水平。

(三)和谐价值

和谐价值是指休闲体育具有满足社会主体构建和谐社会需要的作用,主要包括实现社会政治和谐发展的价值、实现社会经济和谐发展的价值以及实现社会精神和谐发展的价值。

(四)生理价值

1.预防或减少疾病

伴随着社会生产力水平的提高,因运动量较少引起的各项疾病对人们的健康形成了较大的威胁,休闲体育运动是预防或减少这些疾病的有效方式。研究表明,长期坚持进行休闲体育活动能够增加血液中高密度脂蛋白胆固醇的含量,而这些高密度脂蛋白胆固醇可以将沉积在动脉壁上的胆固醇运送到肝脏进行代谢,从而减慢主动脉粥样硬化斑块的形成与发展,最终起到防止疾病发生的作用。

2.提高人体免疫力

经常进行适宜的体育休闲活动能够提高免疫系统的功能。根据对一些经常从事气功、太极拳等体育休闲活动的老年人进行观察研究后发现,这些老年人的免疫系统的功能得到了明显的改善和加强。

3.增强脑力

经常进行适宜的体育休闲活动,能够对机体的一些器官和系统起到良好的刺激与按摩的作用,这样就有利于改善神经系统的功能,促进血液的循环,从而促进脑细胞的代谢,使大脑的功能得到充分发挥,增强脑力。

4.延缓衰老

实践证明,经常进行适宜的休闲体育活动是人们保持健康和延缓衰老的有效手段之一。例如,经常坚持长跑运动能够改善心肺的功能,增强肌肉组织的力量,还可以增加关节的韧性和调节人们的精神,这些都有利于人们保持长久的活力,延缓衰老的过程。

(五)心理价值

1.培养良好的社会态度

人们经常参加适宜的休闲体育活动,不仅可以提高他们的认识能力,还可以提高他们的情绪智力。人们在参与休闲体育活动的过程中,可以获得丰富的情感体验,在这些体验中提高自己对情绪、情感的认识和控制能力。与此同时,人们还可以从这些体验中认识到他人情绪与情感的表现方法,这样有助于个体认识能力和情绪智力的提高,能够对个体形成良好的社会态度产生积极影响。

2.形成良好的团队意识

在休闲体育活动,人们由于共同的兴趣、爱好等而组合在一起,形成了一些正式的或者是非正式的群体。在这些群体中,人们需要遵循共同的行为准则,人们的行为在一定程度上受到了这些准则的约束和规范,这就有利于人们形成团队意识。在休闲体育活动中形成的这些团队意识能够满足人们的个体归宿需要,有利于形成良好的社会心理氛围,最终符合社会主义精神文明建设的需要。

3.提高人际交往能力

由于许多休闲体育活动均要求人们共同参与,因此在参与过程中能够增加人们相互接触的次数,拓宽参与者人际交往的宽度和广度。与人们在工作中的交往不同,在休闲体育活动中不存在职业、地位、年龄和文化背景等方面的差异,人与人之间的沟通障碍得到了很大程度的消除,人与人之间的感情沟通变得更加顺畅和有效。在人与人进行沟通的过程中,能够得到他人的帮助与支持,进而对个体思想、情绪和行为产生积极影响,推动参与者产生协作思想与利他行为,最终对人们良好人际交往能力的构建产生有利影响。

第四节　休闲体育的发展现状及趋势

一、休闲体育的发展现状

休闲体育在我国发展和兴起的时间是 20 世纪 90 年代初,至今为止尽管休闲体育在我国取得了一定的成就,但与国外的一些国家相比,依然存在着较大差距。

(一)百姓对休闲体育越发了解

衡量社会发展程度的一个重要标准是百姓的闲暇生活方式。社会生产力的快速提高在给予人们享受高科技带来的便利的同时,也在一定程度上导致人们与大自然渐行渐远。百姓回归自然、促使身心健康、完善个性发展的需求,是当前休闲体育兴起和发展的内在动力。伴随着百姓对休闲体育了解程度的不断加深,通过金钱投入来参与休闲活动和娱乐活动、不断提高身体素质,以及通过选择和参与休闲体育活动来提升生活品质已经发展成为现代人新的社会追求和时尚风尚。

(二)大学生成为休闲体育的生力军

休闲体育产生和发展后,高校校园也随之出现了越来越多的休闲体育项以及不同种类的体育项目,如瑜伽、太极拳、户外运动、骑车、爬山等。这些休闲体育项目在逐渐渗入高校师生日常生活的同时,还出现在不同的以休闲体育为主要活动的大学生组织和协会中,如户外运动协会、轮滑协会等。休闲体育活动以及相关组织和协会的出现,在很大程度上满足了大学生在不同方面的体育锻炼需求,为大学生的人际交流提供了更多的机会,对大学生交际、合作等多方面的社会性能力均有较为深远的影响。

(三)户外运动快速兴起和发展

国外是户外运动最先兴起的地方,在 20 世纪 90 年代传入中国。如今,不同的户外运动项目在我国均获得了较快的发展。深入分析我国户外市场的发展状况能够得知,当前户外运动在我国处于稳步增长阶段。据不完全统计,我国不同类型的户外运动组织已超过两千个,且依然处于不断增加的状态。现在百姓生活水平日益提高、各项休暇制度日益完善,促使人们在户外运动方面的需求不断增加,此外不同种类的休闲游、自助游以及亲子游等电视节目的播出,也在很大程度上刺激着户外运动的发展。未来我国户外运动的规模还将进一步扩大。

(四)休闲体育营利性服务组织机构明显增加

休闲体育业作为典型的第三产业之一,其发展状况与国家经济发展水平是息息相关的,要想为休闲体育业的发展奠定良好的物质基础,则需要经济发展水平达到良好的发展阶段。休闲体育要想获得良好发展,以下两方面的内容是必不可少的,即个人可支配收入的多少以及闲暇时间的多少。21世纪,广大群众的文化素质不断提高,因此人们选择和参与健康、科学、文明休闲体育属于正常现象。伴随着休闲体育营利性服务组织机构的不断增多,休闲体育服务或许将成为21世纪我国经济增长的一个新亮点。21世纪初,体育旅游、休闲体育产品以及娱乐活动是我国休闲体育营利性服务的主要内容。

(五)体育场馆设备状况有所改善,但仍需改进

在我国逐步进入小康社会,坚持以国家和地方政府投资为主,同时鼓励和接受社会各界力量的多元投资政策的推动下,我国体育场馆和设备状况得到了大幅度的改善,具体表现为在社区、公园、学校、广场、街道以及体育场馆中增加了很多新型体育器材和体育设备,体育场馆以及体育设备的显著改善为广大群众选择和参与休闲体育活动提供了客观条件。然而,我们也应当清楚地认识到:我国在体育投入以及运动场馆器械的建设方面与我国广大百姓休闲运动的实际需要以及与发达国家体育场馆的设备状况依然存在着一些差距,当前社会现有的经营性娱乐健身场所的收费情况依然较高,这两方面的因素均会对我国休闲体育的发展产生消极影响,因此社会各方面的力量应该促使其不断改善。

(六)不同层次人群选择的活动项目呈现出多样化

广大群众所处层次不同,其在整体生活方面的追求和需求也有所不同,具体表现为广大群众在休闲体育项目、休闲体育内容以及休闲体育场地方面表现出的差异性。例如,老年人倾向于选择散步、门球、太极拳等有氧代

谢且能够对其心肺功能产生积极影响的休闲体育项目;青年人倾向于选择街舞、户外运动等富有活力和动感的休闲体育项目;经济状况较好的人群倾向于选择高尔夫球、赛马等档次较高、消费水平较高的休闲体育项目;经济状况一般的群众倾向于选择登山、跑步等所需花费较少、简单易行的休闲体育项目。

(七)地区性发展差异明显

相关调查表明,我国休闲体育在发展方面有着较大的地区性差异,即沿海地区发展较好、内陆地区发展较差,一二线城市发展较好、三四线城市发展较差,城镇发展较好、农村发展较差。究其原因,主要是因为人们对于休闲体育的兴趣是建立在经济水平基础上的,百姓生活水平的提高是决定休闲体育发展前景的重要因素。在我国经济发展水平严重失衡的大背景下,休闲体育的发展也随之出现了地区性差异明显的问题,该问题是对当前我国经济水平的一种客观反映。

(八)休闲体育经营人才短缺

休闲体育业不仅是第三产业,同时还是一项生产性事业。在市场经济条件下,一些体育服务可能会进入市场流通领域,进而转变为商品。当体育服务转换为商品后,其运行环节与运营环节均需要遵循商品流通规律,进而才能产生预期的经济效益。然而,因为我国的休闲体育市场依然处在稳步发展阶段,休闲体育经营人才的短缺在很大程度上限制了我国休闲体育市场的发展进程。

由此可知,培养休闲体育经营人才至关重要,同时还应当不断招聘与吸收热爱经济和体育事业的多样化人才,进而通过改善休闲体育经营人才短缺的问题,来为我国休闲体育市场的进一步开拓和发展奠定坚实的人才基础。

二、休闲体育的发展趋势

自改革开放以来,我国在政治、经济、文化等方面发生了翻天覆地的变化,人们在生活品质方面的追求越来越高,体育消费逐渐从同质性和单一性转变为异质性和多元性,全民健身也体现在国家战略当中。休闲产业将逐步发展为经济强国的第一产业,其中体育、旅游、健康等内容均与休闲有着紧密联系。当前,休闲体育正在逐步渗透到广大百姓的生活中,正在被人们以及整个社会关注和喜爱。休闲体育不只是个体发展的需要,同时还是社会发展的需要,休闲化正在发展成为如今社会的一个重要发展趋势。伴随着国际休闲时代的到来,休闲体育产业作为第三产业之一,对国民经济的发展发挥着越来越大的影响。就我国休闲体育产业而言,其正处于初步发展阶段,因此还有很大的发展潜力,要想使其获得稳步发展需要多个方面的政策加以引领。

与我国相比,西方国家研究休闲的时间相对较早,其研究领域与研究深度更加宽泛,休闲体育、休闲产品与服务开发是西方国家研究休闲的主要内容。我国不仅开始研究休闲的时间相对较晚,而且也未能形成系统性的理论。伴随着我国社会现代化程度的不断加深,休闲将会发展为对经济和社会发展产生重要影响的一个方面,当前,休闲体育产业化发展的春天离我们越来越近,国家政策的引导和扶持,民间资金的不断注入,人们对休闲体育的不断了解和接受,休闲体育理论体系的不断建立与完善,这些因素均会对休闲体育的良好发展提供更大的可能性。

(一)休闲体育将朝着产业化方向发展

伴随着经济发展水平的提高和广大群众对休闲体育价值的不断认知,休闲体育消费的绝对值与占消费总值的比重将不断增大,休闲体育产业也必将发展成为体育产业中的支柱产业,为扩大内需和维持国民经济的健康稳步发展提供良好的条件。学者鲍晓明指出,体育产业属于市场经济体制下运行的体育事业。由于休闲的主体是人,所以休闲体育产业是在市场经济体制下,围绕人的休闲体育活动不断运行的体育事业。休闲体育产业的主要内容是体育用品业、体育娱乐健身业、体育观赏与体育旅游等,休闲体育产业的发展核心是不断增加休闲体育消费占总消费的比值,休闲体育产业发展的根本任务是最大限度满足人们日益增长的休闲体育需求。

(二)休闲体育将呈现出生活化、自然化的局面

在可供大众选择的多种休闲方式中,休闲体育将会发展成为人们主要选择的消费对象,该结论并非主观臆断,而是社会发展的必然趋势。从20世纪90年代初的观赏性休闲体育到近几年具有参与性的休闲体育,两者对消费者均形成了较大的吸引力,这足以说明休闲体育已经在以广泛、深入的方式渗透于我国百姓的日常生活中,成为广大百姓的一项基本需求。

(三)休闲体育与旅游将结合得越来越紧密

中国是一个有着丰富体育旅游人文资源和自然资源的国家,这些丰富的资源为我国体育旅游业的发展奠定了良好的基础。在人文资源方面,我

国有内蒙古的那达慕大会、云南的泼水节、湖南的赛龙舟、潍坊的风筝节、泰山的登山节、河南的少林武术节、规模巨大的运动会、各单项比赛的观赏、以体育为主题的用品展、博物馆展等。在自然资源方面,东北地区不仅雪量充沛,而且还有多个国家级森林公园,为滑雪旅游市场和生态旅游市场的开发提供了良好的条件;海南省气候条件优越,年平均气温为 23℃～25℃,在海南省一年四季都可以开展游泳、潜水、沙滩排球以及高尔夫球运动;新疆可以开展塔克拉玛干沙漠游;内蒙古可以开展草原游;西藏可以开展高原游;此外我国其余很多地方也可以开展登山、漂流、蹦极、攀岩等运动项目。体育旅游的快速发展必将获得巨额的经济效益。瑞士洛桑曾经对几个欧洲发达国家展开了一次调查,调查表明体育对旅游业的贡献在 4%～5% 之间,这足以表明体育和旅游的紧密结合能够产生理想的经济效益。与此同时,依照美国经济学家卡恩 R·F 提出的乘数理论,体育旅游业的稳步发展在为本行业带来巨额经济效益的同时,还能够带动其他相关产业的发展,最终推动整个国民经济的健康发展,这些因素都表明休闲体育旅游具有较大的发展潜力。

(四)休闲体育教育将受到越来越多的重视

休闲体育教育的内容主要包括以下两个方面。

一方面,休闲体育教育是对休闲者休闲行为方式的教育和引导,从而对保障社会安定产生积极影响。伴随着人们空闲时间的不断增多,越来越多的人走进公共场所和大自然,一些赌博、破坏公共设施、破坏大自然环境等的现象开始出现,因此对休闲体育参与者的行为引导工作必不可少。广大百姓的休闲行为应当做到有利于身心、有利于公众、有利于社会、有利于大自然。休闲观能够充分反映参与者的世界观和价值观,我们应当积极倡导良好的休闲行为,促使休闲体育的参与者在自由支配的时间内,严格遵守公共道德和相关法律,让休闲时间真正有益于人类的身心健康,让休闲体育活动充分发挥有利于社会安定的作用。另一方面,休闲体育教育能够不断向参与者普及与休闲相关的知识,让越来越多的人了解和认知休闲的含义,让人们清楚认识关注休闲的意义,休闲在人的知识结构中扮演的角色,以及休闲与人类价值、情感之间的联系。体育与休闲服务专业将会越来越受到人们的欢迎。

(五)休闲体育将为全民健身活动提供更大的发展空间

1.休闲体育的组织形式多样

由于休闲体育的特点和内涵,使得休闲体育的组织形成表现出显著的自发性特征。伴随着我国全民健身运动的不断发展和休闲体育服务的不断完善,时间、地点、场所、组织形式对人们参与休闲体育活动产生的限制越来越小,人们可以自愿参与,自由选择休闲方式。当前,以家庭、朋友、同事和体育俱乐部为主体的体育活动不断增多,并且已经发展成为群众性体育活动的主体。

2.休闲体育的活动内容丰富多彩

前些年,我国体育人口参与的体育项目有散步跑步、羽毛球以及篮排足球等,涉及的运动项目多达 20 多项。休闲体育的发展,必将在很大程度上拓宽全民健身活动内容的选择空间,进而使得全民健身活动从参与体育活动到观看高水平比赛,从之前单一的跑步形式逐步扩展到球类游戏、爬山、游泳、保龄球、健身操、极限运动等多种形式。

3.休闲体育的参与人数增多

休闲体育的一项重要特征是通过体育活动达到健身、娱乐的目的,其重点强调的是不论参与者参与目的有何不同、年龄有何不同、能力高低有何不同,均能够使其通过参与休闲体育活动受益。因此,基于休闲体育的宗旨,要求休闲体育提供高质量的服务和管理,并且不断吸引更多的人群参与到休闲体育活动中。深入解析休闲体育活动,能够预见休闲体育将会吸引更多的参与者自愿加入到不同活动中。

(六)电视、网络将成为休闲体育的助推器

当前,电视和网络等大众媒介在促进体育事业发展方面的作用获得了越来越多人的关注和重视,电视和网络等大众媒介也必将对我国休闲体育的发展产生重要的推动作用,其具体作用主要表现在以下两个方面。

一方面,大众媒介对竞技体育的比赛实况和体坛明星的报道将会促使大众对体育活动更加关注,而且还能够将大众和体育之间的距离不断拉近,使得体育比赛场地得到放大,将高水平体育比赛传送到亿万电视观众面前,将竞技体育中的比赛项目推广成个人休闲体育活动内容,最终推动越来越多的人群参与到休闲体育项目中。另一方面,休闲体育作为一种健康的休闲方式,被越来越多的人认知和接受,从而致使大众媒介不断增加对休闲体育的报道和宣传,为推动与普及休闲体育发挥了积极影响。当前,电视和网络等大众媒介已经发展成为影响体育活动参与人数的重要因素之一。

(七)休闲体育将带动相关产业的快速发展

深入分析休闲体育的发展历程,当前休闲体育已经发展成为现代人健康生活方式的一个重要组成部分,休闲体育参与人数的不断上涨将会推动体育消费的整体数量不断增加,带动体育场馆、体育设施、体育服装、体育书籍以及体育报刊等相关产业的发展。当前,我国的休闲体育产业和休闲体育仍然处于发展阶段,然而却表现出良好的发展趋势。伴随着我国休闲体育产业的不断发展,参与休闲体育活动的人数将不断增加,人们对休闲体育产品的需求也将会不断增加,从而最终使得休闲体育产业呈现出迅猛发展的态势。今后,推动休闲体育产业稳步、可持续发展的关键是怎样处理好满足人们对休闲体育产品的多样化需求与保证休闲体育产品质量的关系。除此之外,伴随着我国休闲体育产业的发展,对休闲体育专业人才的需求量将不断加大,所以休闲体育专业人才的就业市场也将会有较好的发展前景。

(八)身体锻炼模式将转换为休闲体育模式

过去人们参与体育锻炼的主要目的是促进身体健康。体育锻炼的动机、运动项目的选择以及健身计划的制定,均紧紧围绕身体健康或者某项特殊疾病的治疗和康复,人们大多会选择促进身体健康的身体锻炼模式。就某种意义来讲,以维持和增进健康为主要目的的体育锻炼具有一定的强迫性,在某些情况下可能会因过分关注身体健康,从而使体育锻炼变成一项任务或者负担。

在中国百姓对休闲体育含义了解得更为全面的情况下,休闲体育必将发展成为广大群众选择健康生活方式的重要内容。休闲体育重点强调的是人们的一种自由体验,强调人们能够充分获得心理的愉悦和满足,而并非任务与负担。广大群众参与休闲体育运动的目的不再局限于强身健体,他们还渴望通过个体的自由选择获取心灵的愉悦与精神的释放,这一转变将在很大程度上改变人们在休闲体育方面的传统观念。最新的调查研究表明,我国体育锻炼人群的动机已经由之前的单纯健身动机发展为强健体魄、释放心灵的双重动机,所以可以从侧面得出我国群众体育活动正在向休闲体育模式不断转化。与此同时,休闲体育研究还表明人们参与休闲体育活动的目的各不相同。例如,有些参与者的目的是增加社会交往机会,改善交际能力,拓宽自身视野;有些参与者的目的是释放生活和工作的压力,调整自身的生活节奏;有些参与者的目的则是因为休闲体育能够实现特定目标,实现自我满足。将休闲体育系统管理好,将能够在最大限度上满足参与者的不同需求,这也将成为今后我国群众体育活动的一项重要发展趋势。

(九)民族休闲体育文化将受到越来越多人的推崇

我国是一个拥有 56 个民族的多民族国家,每个民族均有属于自己的休闲体育项目,这些富有特色的休闲体育项目包含着不同民族深远的文化内涵,如蒙古族的赛马项目、朝鲜族的秋千项目等。深受中国传统文化价值观影响的武术、气功以及围棋等项目,是我国传统休闲体育文化的主流。

第二章　休闲体育的多元理论阐析

休闲体育是体育的重要构成内容,同时也是一种特殊的社会文化现象,休闲体育的发展与人类社会的发展有着密不可分的关系,因此,无论是从人的体育发展需要的休闲论,还是与个体健康发展的健康论,抑或是从体育普遍具有的教育功能和娱乐功能出发,对休闲体育展开多角度和多方面的理论分析与研究均具有重要的理论与现实意义。本章主要就休闲体育的休闲论、健康论、教育论、娱乐论与游戏论等多元理论进行全面阐析,以为休闲体育与人类社会的进一步融合及个体的自我体育需要和发展的促进提供理论指导。

第一节　休闲体育的休闲论

一、休闲与人的发展

(一)休闲促使人回归自然

休闲是人内心的一种感受,它不依附于外在的时间。"自由"是人参与休闲活动的一个最主要的特征,活动的"自由时间"是人参与休闲活动必须具备的条件,它与"束缚时间"是一个相对的概念。如今,人类已经进入到高度文明的社会,但人们却更想争取更多的自由时间,回归自然。

休闲,是使人回归到自然状态的最有效的方式,消除工作中产生的紧张与疲劳,恢复体力、智力以及情感功能的人生时段。传统的休闲方式是让身体闲静下来好好休息,弥补机体的损伤和劳累。而在现代生活中,最积极有效的休闲方式是让工作中没有得到活动的身体部位得到更好的锻炼。如果精心安排的"休闲活动"缺乏身体运动,那么便违反了当前信息时代的休闲之道。"做真正想做的事"是人们进行休闲的基本目的,既可以在工作时间进行,也可以在个人自由支配的时间进行。

人们对休闲的认识是随着社会生活的不断发展和变化而逐渐全面、深化的,在"休闲"这一概念被正式提出之前,人们对休闲的认识并不深刻。现如今,休闲意识已经被越来越多的人所认识,休闲已经成为现代新生活方式的明显标志。让体育运动的形式进入生产活动之外的"休闲",是倡导一种健康、文明、科学的新生活方式。现代社会的快速发展,经济愈发达,人们所面临的压力就会越大,更需要通过参与体育活动来享受快乐和疏导压力。具体来说,随着现代社会的不断发展,激烈的社会竞争将人变成工作的机器,给社会文明带来了异化,而休闲体育能让人回归自然,把人从"工具化"的状态中解脱出来。休闲体育具有自我发展、自我完善、自我实现的人文特性。休闲的价值在于构建出一个有意义的世界,增加了人的归属感和存在感,而不是在于提供实用的技术与工具或物质财富,极大地丰富人的精神世界。因此,休闲体育运动使人们从被动地消磨空闲时间,转变为对高质量娱乐休闲的追求;体育活动的方式也从群体的指令性锻炼逐渐过渡为个体主动性锻炼。体育与休闲相结合,已成为回归自然的新生活方式。

(二)休闲可以改善人的身心

当前,对现代休闲的研究主要有三种观点,具体如下。

(1)休闲是一种做事的方法和心灵状态。

(2)休闲是为塑造人而自由选择的活动。

(3)休闲是在处理好其他事情后最后剩余的事。

上述三种观点都是将人从必要或责任义务的羁绊中解脱出来作为基础的。在大多数休闲专业的人士看来,更容易接受休闲是生活的态度或状况的观念。

从个人健康心理发展和个性塑造的角度来看,休闲在促进人格的发展方面有着非常重要的作用。事实上,激发人们潜在的欲望是开展休闲活动的目的。所以,经营者和管理者应该把休闲体育看作是教育人的良机。尽管一些理想主义者和理论家倡导和研究健康的休闲方式,但在追求商业利益的驱动下,在一些地方,休闲活动的粗俗化愈演愈烈。例如,赌博、色情、吸毒是这些粗俗化的休闲活动中最负面的东西,这些东西侵占了人们特别是青少年大量的闲暇时间。此外,一些有趣看似无害的游戏,使人们得到休息和娱乐的同时,又因其高科技的吸引力和比赛得奖的诱惑,使得休闲变得单一和平面化,这一特点在电视、网络等电子媒介的休闲活动中体现得非常明显。相比之下,休闲体育成为使休闲变得健康的一种积极手段。

从个人适应社会发展和实现个人价值的角度来看,休闲为个人更进一步地提高社会适应能力、构建良好社会关系、提高创造力奠定了良好的心理环境。现代社会密集型的生产和对时空的高度组织、学习方式以及信息社会中高虚拟式的室内活动方式,使得很多城市的居民已经进入到了消极休闲的状态之中,产生了一种失去了拥有自己身体的感觉。消极的休闲容易使人懒惰和懈怠,降低人的运动能力。对有目的性的活动进行强调,是"个人性"的且能够获得相对有利的结果,提倡将休闲作为对身心进行改善的过程。

(三)休闲成为人们工作的目的

与劳动相比,休闲是一种非常有意义的活动。所谓劳动是指将劳动者组织到一个社会网络中,其目标是要提供产品和服务;而休闲是将个人的生活作为中心,使个人恢复体力,在满足人们兴趣的同时,提高人的智力。休闲是保持身心健康的必要环节,它可以看作是个人的再生产活动。休闲带有非常明显的个人喜好,是具有特定文化特征的活动。在以前,倡导个人生活的目的就是为了工作,作为培养劳动力服务于生产;工作的目的是为了更好地生活。通过休闲,能提高工作效率,以更好地促进个人的可持续发展。

现代休闲,更侧重于强调从责任义务中解脱出来:休闲是你想要做的事,而不是必须做的事。这样一来,休闲成为工作的目的,同时也成为生活的目的。例如,对于那些极度享受工作成果的工作狂或哲学家、音乐家来说,最好的休闲就是工作。

随着现代社会的快速发展和人们闲余时间的增多,人们对休闲更加重视,休闲逐渐成为现代生活中非常重要的部分。休闲与劳动是相对的两个概念,并且两者互为目的与手段。利用闲暇时间进行体育活动,已成为人们新生活的方式。

对于工作与休闲之间的关系,应该全面和客观地进行分析,工作与人们其他活动之间的关系,是现代社会文明中人们所要面临的重大问题之一。休闲与工作并不是对立关系,休闲不是为了忘却工作,而是为了让生活过得更加美好。工作的真正目的是为了促进人的发展而制造出更多更好的休闲。现代的休闲观念,并不是要将必要的动作免除,而是将休闲当作自我放松及自我成长的时间,并使之成为现代社会个人的一项权益。大多数人认为,个人成长的重要性要远远高于工作。因此,休闲成为生活的主要目的,工作成为支持休闲成长所必需的前提。现代的休闲是为使工作富有个性和获得生活乐趣而服务的。体育服务的对象由群体转向个体,这是时代的进步。

二、现代休闲娱乐新生活方式

(一)休闲体育娱乐活动的特点

1.运动形式丰富多彩

休闲体育娱乐活动是人们在闲暇时间里以个人的方式从事的活动。因此,休闲体育娱乐既可以是单独的活动,也可以是集体活动,还可以在音乐伴奏下进行活动,如慢跑、散步、大众健美操、交谊舞、气功、扭秧歌等,休闲体育娱乐并不拘泥于形式。

总之,休闲体育内容丰富、形式多样,运动者可以在任何时间、以任何形式参与,并可以突出自己的个性特点进行活动。

2.对技能和体能要求不高

和竞技性体育运动相比,休闲体育娱乐活动没有过高的要求,只要有健身欲望,即使运动者以前从来没有接触过,也能很快熟悉技能并积极参与到休闲娱乐活动中来。

3.自由选择性强

在休闲体育娱乐活动中,每个人都可以根据个人的爱好和兴趣来选择适合自己的运动形式。同时,人们还可以寓工作于娱乐,在交往中增进自身的亲和力和凝聚力。对于长时间进行竭力运动,一般来说是不被提倡的,要选择自身生理能够承受的运动,在人们选择和进行休闲娱乐活动时,丰富多彩的中华民族传统体育恰恰能够给予人们启示、提供参照。

此外,在活动时间选择上,人们可以在工作闲歇的时间进行,也可以在茶余饭后进行,还可以在早、晚进行,时间安排可长可短,完全根据个人的兴致、体力、忙与闲的具体情况进行制定。

4.体育消费成本低

随着现代社会经济的快速发展,生活节奏的加快,现代人的工作和生活呈现出快节奏、高效率的特点。在进入社会经营性场所后,许多休闲体育娱乐活动需要收费,如健身房、游泳馆、滑雪场等。这对普通老百姓来说,因为经济条件的限制而不能经常坚持参与。休闲体育娱乐活动对场地、器材要求不是很高,在家中、广场或公园都可以进行。

（二）休闲体育融入生活方式是社会发展的趋势

休闲是一段闲暇、一种娱乐活动、一种愉快心境的共同体，它是健康生活方式的重要组成部分。大量的实验研究证明，经常参与休闲体育运动能有效降低心脏发病猝死的概率，经常锻炼能增强心脏功能，预防和减少患高血压、高胆固醇症和肥胖等疾病的危险；同时可以改善糖尿病、骨质疏松症、关节炎、情绪波动等病症。因此在现代社会，休闲体育运动已经成为现代社会生活方式的一个标志性的内容，它融入人们生活中去是社会发展的必然趋势。

首先，休闲体育娱乐活动能充分满足人们运动和享受生活的共同需求，使这两者得到最完美的结合。随着人们闲暇时间的不断增多，以及一些社会强力因素的影响，体育所包含的内容意义越来越广泛，并对个人发展、社会发展有着基本的价值。在以休闲为中心的社会，闲暇时间的增加，可能会对个体和社会的休闲质量产生影响。在高质量的生活中，休闲体育娱乐活动是对健康人生有价值的、可靠的投资。这些准备可以通过休闲体育娱乐教育来进行，这样的教育应该完全迎合个体需要和社会需要。当人们的生活水平达到一定的程度时，体育除了作为学校里的体育课，领奖台上的奖牌之外，也是千家万户生活中不可或缺的休闲娱乐必需品，它是人们安居乐业的基本条件。

其次，休闲体育娱乐活动能有效提高人们的生活质量，使人们能更充分地享受休闲娱乐带来的运动快乐，并在运动中促进个人发展。休闲体育娱乐活动的增多，人们可以通过闲暇时间的高效利用来促进生活质量的提高。休闲体育娱乐活动能使人对休闲生活良好适应，有助于提高人们享受生活的质量。通常情况下，高质量的生活被定义为有意义的、有效的、有趣的、富有的生存。这种生存是基于人的满足感、自由感、履行感、满足感。体育恰恰能够表达这样一种价值观，它是基于人们的身体、精神、社会的安康；基于最久远、最崇高的人类有益、和平的价值观念，不会对人们追求幸福造成阻碍，因而被广泛认同。

（三）时尚的交往方式——请人吃饭不如请人"出汗"

随着市场经济的发展，人们交往的空间不断扩大，感情通融和交流的需要日益加强，感情沟通的工具和方式也变得多种多样。传统的请客吃饭的社会交往方式使很多人苦不堪言，逐渐被人们所淘汰。于是，一种新的生活观念应运而生：请朋友"出汗"要比请吃饭更有利于身体健康，更有益于交流感情。人们开始离开烟雾弥漫、酒气熏天的饭桌，走向健身房、走向运动场、走向空气新鲜的野外。

现代社会,人们更加追求健康,尤其是处于社会上层的精英们,无论是谈生意还是日常社交,更倾向于换上一身休闲装,轻松潇洒地约对方到健身房玩保龄球、台球、沙壶球,到网球场、羽毛球场上交战几局。

事实证明,在蓝天白云下的绿色草地上,一边切磋球艺,一边谈笑风生,能在提高人的品位和增加情趣的同时,增加互信和好感,促进交流和合作。

第二节　休闲体育的健康论

一、现代健康新概念

健康是一个综合概念,是人类生存发展的一个最基本的要求,随着社会、经济、科学技术的发展与进步,人们对健康的认识和要求也发生了变化,健康的概念也经历了"神灵医学模式""自然医学模式""生物医学模式"的演变。

1946年,世界卫生组织将健康定义为:"健康是指身体上、心理上和社会适应等方面完美的状态,而不仅仅是没有疾病和虚弱。"随后又对健康的定义进行了丰富,增加了道德健康的内涵。1984年,世界卫生组织提出健康新概念:"健康不仅仅是没有疾病和不虚弱,而且是躯体上、心理上和社会适应能力上三方面的完美状态。"1990年、2000年世界卫生组织又提出了道德健康和生殖健康。

根据现代健康的定义,可将健康分为身体健康、心理健康、社会健康、道德健康、生殖健康五个方面的内容,具体分析如下。

(1)身体健康。身体健康是指人的身体生长发育正常,能够抵抗一般性感冒和传染性疾病,有着良好生活习惯和生活节奏,主要表现为体态匀称,食欲好,睡眠好,气色佳、有精神,不易感到疲劳,具有良好的体能,能够满足日常生活的需要和完成各项任务活动。

(2)心理健康。心理健康可大致分为两类,即广义上的心理健康与狭义上的心理健康。具体而言,狭义的心理健康指的心里没有出现忧郁、烦躁、易怒等障碍及问题,广义的心理健康除了包括狭义心理健康的概念外,还包括心理的调控能力、心理效能的发展能力等。

(3)社会健康。社会健康,即社会适应性,具体是指个体与他人、个人与社会环境之间的相互作用,并具有良好的人际关系和实现社会角色的能力。

目前,学术界尚未对社会健康所包括的内容做出统一的定论。肖丽琴将社会适应能力划分为:学习能力、独立能力、人际关系、自我归属、耐挫力、道德规范、心理压力、合作竞争八个维度(《体育运动与大学社会适应能力的关系研究》,2007)。一个具有良好的社会适应能力的人在社会交往中往往表现为与人友好相处,心情舒畅,少生烦恼,有自信感和安全感;知道如何结交朋友、维持友谊,知道如何帮助他人或向他人求助;能聆听他人的意见,表达自己的思想,能以负责任的态度行事,并且能够在社会中找到适合自己的位置。从某种意义上来说,一个人社会适应能力的高低可以表明其成熟程度。对于青年学生来讲,具备良好的社会适应能力对其步入社会,谋求生存和发展更是具有非常重要的意义。

(4)道德健康。道德健康是指能够辨别真伪、善恶、荣辱、美丑等是非观念和能力,并且不以损害他人、集体或国家的利益来满足自己的需要,遵纪守法,并按照社会道德规范、社会认可的准则来约束、支配自己的言行,坚持为别人、为集体、为国家做好事、做贡献。

(5)生殖健康。生殖健康是指生殖系统及其他功能和在整个生殖过程中的体质、精神和社会适应性等方面处在良好状态。它包括生育调节、母婴安全健康、生殖系统疾病预防、性保健及性病防治等方面。

综上所述,现代健康新概念具有全面、广泛与多元的特点,涵盖了生理、心理及社会等方面。在健康的三个主要内涵中,一个人生理与心理的健康状况对其社会适应性具有决定性影响。身体健康以心理健康为精神支柱,心理健康又以身体健康为物质基础。一个人如果其在心理方面具有良好的情绪,那么就有利于促使自身的生理功能同样处于良好状态,反之,如果情绪状态较差,那么就会影响到生理功能的发挥,从而导致疾病的产生。有些心理问题也是由于身体状况不稳定而导致的,生理有缺陷、疾病的人通常会表现出一些不良的情绪,如焦虑、烦恼甚至是抑郁等。人的身心是统一的,身体健康与心理健康是互为影响的,紧密连接的,因此要注意身心的和谐与健康,从而促进社会适应性的增强。

二、现代健康新标准

随着人们对健康的关注程度日益加深,为了便于普及健康知识,世界卫生组织提出了衡量人体健康的 10 条标准,具体内容如下。

(1)精力充沛,能从容应付日常生活和工作。

(2)处事乐观,态度积极,乐于承担责任。

(3)善于休息,睡眠质量好。

（4）应变能力强,能适应各种环境的变化。

（5）对一般感冒等传染性疾病具有一定的抵抗力。

（6）体型匀称,体重适当,身体各部分比例协调。

（7）眼睛明亮,思维反应敏捷。

（8）牙齿清洁,无损伤,无病痛,齿龈无出血。

（9）头发光泽,无头屑。

（10）走路轻松,肌肉、皮肤富有弹性。

世界卫生组织也对身心健康提出了新标准。在日常生活中,人们也逐渐形成了一些关于健康的标准,实际上也是对世界卫生组织提出的标准的延伸。当前认为,生理健康和心理健康必须符合以下标准。

（1）生理的健康标准:"五快",即快食、快语、快走、快便和快眠。

①快食:指胃口好,吃饭迅速,不挑食,表明人体内脏功能正常。

②快语:指说话流利,语言表达清晰、准确,这表明思维敏捷,心肺功能正常。

③快走:指行动自如,步伐矫健,说明身体状况良好,精力充沛。

④快便:指大小便通畅,便时无痛感,便后感舒服,说明人的肠胃功能良好。

⑤快眠:指入睡快,睡眠质量高,醒后精神状况良好,说明人体神经中枢系统的兴奋与抑制功能协调,内脏无病理信息干扰。

（2）心理的健康标准:"三良好",即良好的个性、良好的处事能力和良好的人际关系。

①良好的个性:指心地善良,处事乐观,为人谦和,正直无私,情绪稳定。

②良好的处事能力:指沉浮自如,客观观察问题,有良好的自控能力,能较好地适应复杂的环境变化。

③良好的人际关系:指待人接物宽和,不过分计较小事,能助人为乐,与人为善。

三、健康的影响因素

现代社会,个人的健康受多方面因素的影响,具体分析如下。

（一）遗传因素

遗传是影响人体健康的先天因素,它是指自然界中的各种生物通过一定的生殖方式,将遗传物质传给下一代的一种生物现象。遗传是决定或限制健康表现的直接原因,而遗传物质在一定程度上决定着人们能否达到健康目标。许多人的身体健康与否就是由各自的遗传潜力决定的。不过,对于遗传对健康的制约作用到底有多大,尚无法推断。目前,已经发现的遗传病达到 5 000 多种。随着科学技术的发展,各基因功能的明确,遗传病是可以治愈的。

从遗传学的角度分析来看,遗传因素直接影响个人的体质健康水平。生物学家认为,身体机能之中有 60%～70%是由遗传因素决定的,个体从父母遗传的先天机能是身体发展的重要基础。先天遗传体指标中的肺活量、立定跳远以及台阶指数等都对体质健康具有很大的影响。

(二)营养因素

营养与个体的健康有着密切的关系。合理的营养是保证个体身体健康的重要因素,它是促进个体正常生长发育的基础,也是增进健康、防治疾病的有效手段之一。

现代社会对于人们的审美观念和生活价值观的改变是巨大的。例如,一些女性热衷于节食减肥,往往导致营养摄入不足或不全面,导致各种营养缺乏病;而一些青少年热衷于快餐消费,往往导致营养摄入量过多或失调,又会导致一些"现代文明病"的发生,如肥胖症、糖尿病、心血管疾病等。就个人的健康成长而言,科学饮食,合理摄取营养是非常重要的。这就需要对个体的营养状况进行合理地评价,主要包括以下几个方面。

(1)每天摄入的热量是否能维持正常的生理功能。

(2)对所摄入食物中的营养素比例的合理性进行分析。根据食物提供的热量计算,人均蛋白质、脂肪、糖类(碳水化合物)三大营养素摄入的适合比例为 3:4:13。这种标准既保证了机体对各种营养素的需要,又有利于预防常见的慢性病的发生。

(3)膳食中各种微量元素是否足够,比例是否合理,与一些地方病及营养缺乏病的发生有着密切的关系。

(三)卫生保健与资源

1.卫生保健服务

卫生保健主要包括三个方面,即预防服务、治疗服务和康复服务。卫生保健服务质量的优劣,对个人和社会群体都有着重要的影响。

现阶段,各种文明病高发,生态环境的恶化也导致多种新的疾病的发生率大大提高,因此,对医疗卫生资源的合理利用,不断提高医疗卫生服务的质量,是保障人类健康的重要因素。

2.医疗卫生资源

健康需要医疗卫生资源做物质支持,日常生活中,个体在考虑其健康问题并作出行为选择时,都可能受到卫生资源的制约。例如,在缺医少药的贫困边远地区,由于条件的不同,卫生医疗机构不健全,医药资源短缺,忽视医德风尚等,会导致疾病的多发,直接影响人类的健康。

目前,全世界有大约 10 亿人,正由于贫穷和卫生保健及卫生资源缺乏而陷于营养不良、疾病多发的恶性循环之中。在发展中国家有近 2/3 的人口得不到长期的卫生服务,这是地区致病、致贫的重要因素。

(四)行为与生活方式

行为和生活方式因素是指由于自身的不良行为和生活方式直接或间接地对健康带来不利影响的因素。

1.运动行为

体育运动对于人类健康的作用和影响,可以通过一些民谚来说明,如"运动运动,百病难碰"。民间格言、谚语是人们在追求健康过程中的真实体验,也充分说明了体育运动的强身健体、防病治病、延年益寿作用。因此,参与体育运动对个体健康也有着非常积极的影响。

需要特别强调的是,要想通过体育锻炼获得理想的健身效果,必须注意锻炼的科学性。例如,如果运动量过小,体内的各组织器官得不到应有的刺激,就达不到提高生理功能的目的;如果运动量过大,身体可能因承受过重的负荷而受到伤害。总之,大学生只有在适宜的运动过程中,机体才能产生一系列适应性的良好变化,从而达到健身防病、增进健康的目的。

2.生活方式

良好的生活方式是使人体健康和延年益寿的保证;不良的生活方式可能会导致各种疾病的发生,对人的身体健康和寿命造成严重的损害。

现代化的生活方式不断改变着人们的社会日常生活,乘坐电梯、体力劳动的减少、吃快餐的饮食习惯等现代生活方式同样造成了体质健康习惯不够规律以及营养的失衡。例如,现代很多大学生经常暴饮暴食、营养不合理,容易造成营养过度导致肥胖,给身体增加了很大的负担,成为其他疾病发生的诱因;还有经常抽烟、酗酒,甚至吸毒,都会对人的神经系统的正常功能造成严重的损害。可见个人的生活方式和行为是造成其健康状态显著下降的主要因素。人们的生活习惯各不相同,良好的生活习惯能够有效促进个体健康成长。日常生活习惯的形成除了受到家庭环境因素影响之外,其他的社会因素也同样具有重要的影响。

因此,要获得理想健康,主要挑战在于如何改善个体生活行为和方式,促进生活质量的提高,这样才能降低健康危险因子,最终实现整体的完美。

(五)环境因素

1.自然环境

自然环境是由大气、水、土地、矿藏、森林、野生动物、人类遗迹等共同构成的。自然环境是人类赖以存在和发展的物质基础。

人类的健康与环境质量密切相关。生态平衡,对人体健康有着很好的促进作用。但由于地理或地质等原因,有些地区的土壤或水中存在过多或缺少某种元素,从而会使生活在该地区的人们体内某种微量元素过多或过少,造成地方病。随着人类社会的进步,由于工业和农业的发展,以及某些人为因素,使得自然环境受到严重污染,破坏了大自然与人体之间的生态平衡,使人体的健康和寿命受到威胁,有的甚至引发某种疾病或死亡。

拥有一个清新、健康的自然环境,是保证人们拥有健康身体的重要前提。当今,人们逐渐意识到环保的重要性,为了自身的健康、可持续发展和整个地球的可持续发展 ,世界各国政府和人们对环境保护与防治污染的问题高度关注,并采取了一系列的措施。大学生更应该加强环保意识,爱护一草一木,注意环境卫生,积极地为营造良好的生态环境做出贡献。

2.家庭环境

家庭环境对于个人的健康也具有重要的影响作用,主要表现在两个方面,详细分析如下。

一方面,家庭体育观念对青少年儿童参与体育行为、提高体质健康水平的影响。家长的体育价值观念对于青少年参加体能锻炼、促进体质健康同样具有非常重要的作用。目前,很多青少年的家长将他们对于孩子教育的关心与照顾局限于生活与物质方面,却忽视了对于青少年意志品质以及吃苦耐劳精神方面的培养,从而造成了青少年群体缺乏刻苦锻炼的意志,怕苦怕累的思想非常普遍。如今,在青少年体力劳动明显减少的同时,体能锻炼促进体质健康的时间也在不断减少,导致体能锻炼促进体质健康的运动缺乏足够的强度。同时,由于家长对于子女过分偏爱,加之体能锻炼本身潜在一定的危险性,怕孩子受到意外的伤害而对孩子的体育活动加以限制,青少年体能锻炼促进体质健康的效果不佳。此外,随着我国经济文化生活的不断改善,家庭环境以及交通工具的升级,青少年参与体能锻炼来促进体质健康的机会就更少了。

另一方面,家庭和谐的环境和氛围对青少年儿童心理健康发育的影响。家庭和睦对于青少年儿童的良好个性具有重要的影响作用,尤其是父母的日常行为、习惯、作风以及父母之间的相处模式与关系会直接影响孩子的心理健康,如为人处事态度、个性塑造、气质等。

3.社会文化环境

社会文化环境对国民体质健康具有重要的影响作用。以我国为例,受到我国文化发展背景的影响,在我国根深蒂固的传统文化中很少有注重青少年体能锻炼促进体质健康的因素,体能锻炼促进体质健康的传统观念意识非常淡薄,大众体能锻炼促进体质健康下降的现象也对青少年参加体能锻炼促进体质健康的活动产生了一定的消极影响。

以我国青少年学生的心理健康现状与发展为例,当前,在我国应试教育制度下,大部分的青少年学生为了应对文化课的考试,必须把大部分的精力投入到文化课的学习与作业当中,忽视体能锻炼促进健康活动或者是在升学考试的关键时期(初三、高三)被迫中止体能锻炼促进健康活动的现象比比皆是。如果长期如此,随着青少年学生年龄的不断增长以及身体的发育与心理的发展,他们对于体能锻炼促进体质健康的态度、兴趣以及理解等都会产生消极的变化。实际上,大多数的青少年学生非常了解体能锻炼对于体质健康的重要意义,但是为了提高自身的体质健康水平、进行有目的、经常性的体质锻炼的青少年学生越来越少,加之社区适合青少年体质锻炼的设施器材很不完善,很多青少年学生体能锻炼促进体质健康的健康意识正在逐渐淡化。

当前,随着互联网的不断发展,我国互联网用户青少年群体所占的比例逐年增加。网络文化的兴起让如今的青少年将室外的健身活动转入到室内,手眼能力得以提高,而身体腿脚的能力却逐渐退化,体能效果越来越差,体质健康状况不断恶化。可见,社会风气对社会成员健康观念、健康意识、健康行为的影响的重要性。

(六)心理因素

随着人们生活质量的提高,对健康的追求也越来越迫切,心理活动对人体健康的影响也逐渐引起人们的重视。

对于健康的人来讲,心理因素所产生的不良情绪、情感会影响个体的健康发展。从影响个体体质健康的自身因素看,"压力大"是各种因素中的首要因素,其后依次为体能锻炼不够、睡眠不足、营养不均衡、生活习惯影响以及先天的遗传因素。

对于患病的人来讲,在治疗疾病的过程中,心理因素也会起到一定的辅助作用,主要表现在两个方面:一方面,它可以打消在疾病治疗中的顾虑,树立与疾病做斗争的坚强信念;另一方面,坚持心理疗法可以治疗由心理因素、情绪因素引起的疾病,即消除患者的消极心理因素,促进以积极的心态进行心理和生理健康恢复。

四、休闲体育与健康

(一)健康生活需要体育休闲

1.休闲时间需要体育锻炼

在以前,由于社会生产力相对较低,几乎所有的工作都需要体力,因此,身体运动并不是闲暇时间的主要活动内容。

随着社会经济的快速发展,闲暇时间越来越多,使人们身体活动量逐渐减少。特别是那些需要较长时段活动、需要特殊时段活动(白天)或是需要特殊季节条件活动(冬季),比起那些费时不多、在任何时间里都可进行的活动而言,其参与频率要低得多。

因此,越是有弹性的活动,其参与的频率就越高。休闲体育正是这样一种体育活动,它能使人们的休闲时间得到充分的利用,同时又能满足人们的健康发展需求。

2.消除文明病需要体育休闲

"文明病"是人类社会文明发展到一定阶段的产物,与传统疾病相比,"文明病"发生的原因特殊而复杂。这使得现代医学对文明病的治疗力不从心,具有一定的局限性。

在疾病预防和治疗方面,体育和医学具有明显的不同。相对于体育来说,医学具有一定的滞后性,只能在病情发生后进行治疗,尽管现代医学提出了预防医学的概念,也不能从根本上改变这种局面;医学的普遍适应性也不如体育,如过敏体质的人很多,但绝对没有能力参加任何体育运动的人则很少。经常参与休闲体育锻炼,能很好地抑制社会"文明病"的发生,实现身心健康。

（二）体育休闲能增进健康

1.体育休闲对个人健康的增进

随着人们物质生活水平的不断改善和提高，一些"富贵病"也随之而来。如高血压、高血脂、高血糖等，这对人类的健康造成了极大的危害。这种"文明病"仅仅依靠医疗手段并不能完全解决，需要依赖体育。

在闲余时间参与体育休闲活动，能有效提高体质水平、愉悦身心，养成良好的生活习惯和生活方式，有效应对"文明病"，提高个人的健康水平。

2.体育休闲对社会健康的增进

社会群体由于是以个体为单位组成的，因此，个体健康与社会健康有着密不可分的联系，换句话说，没有每一个个体的健康，就没有整个群体的健康。社会需要健康，体育可以满足人们对健康的需要，而社会的发展又为体育提供了促进个体健康的新目标——促进人类每一个个体的健康。

体育是促进人体健康发展的主要手段，知识经济的来临，使得人们对体育的功能，以及功能与目标之间的关系得以重新审视，人们期望将体育纳入健康发展的轨道，使体育与人类文明共同发展和进步。

第三节　休闲体育的教育论

一、休闲体育教育思想概述

（一）国外的休闲体育教育思想

1.古希腊休闲体育教育思想

古希腊人在两千多年前就认识到休闲和教育的关系，他们认为："自由人如果不想使自己的生活沦为灾难，就一定要接受休闲人生的教育。"古希腊人认为，进行休闲教育是人生幸福的保障和前提。

古希腊哲学家、教育家亚里士多德对休闲教育做了研究，他认为，只有为休闲而进行的教育才是崇高的，他特别强调"教育的目的不是为了谋职或挣钱",而是"使得人们做出理性的行为,并通过精神洞见使人的行动升华,从而让他们成为自由的人。"亚里士多德指出,休闲教育是实现教育目的的重要途径之一。

2.西欧休闲体育教育思想

前苏联著名教育家苏霍姆林斯基是休闲教育的最好践行者,他领导的帕夫雷什中学是实行休闲教育最好的典范。苏霍姆林斯基认为"午后不安排紧张的脑力劳动,并不是为了完全摆脱智力劳动,而是为了让学生能过上富有意义的、丰富多彩的精神生活,也只有当孩子每天按自己的愿望随意使用5~7小时的空余时间,才有可能培养出聪明的、全面发展的人。"在这种教育思想的指导下,帕夫雷什中学成为苏联公认的教学质量高,真正使学生得到全面发展的学校。

法国著名的思想家让·雅克·卢梭认为,人在自然条件下,一定是身体和心灵结合发展,绝不会只求心智发展,而使身体虚弱,也不会叫身体与心智都处于衰弱之中。他主张用跳跃、舞蹈、爬墙、爬树、登山、游泳、竞走、打猎和各种球类游戏等体育运动方式来充实、丰富青少年的生活和世界。

美国哲学家、教育家约翰·杜威在《民主主义与教育》一书中专门对"劳动和闲暇"问题进行了讨论,他认为:"在教育史上出现的根深蒂固的对立,也许就是为用劳动做准备的教育和为闲暇生活做准备的教育",过多偏向哪一边都是不对的。他主张"以效率和爱好为目的的教育,应该培养情感和智力的习惯,促进崇高的闲暇生活。"

伟大的思想家马克思认为,对于人的发展,仅有外部社会条件还不够,要想真正实现自身生活的休闲化,必须具备休闲生活的素质和能力,而这些素质与能力需要通过休闲教育来实现。

整体来看,西方教育思想一致认为,休闲体育是一个使人明确自己休闲价值观和休闲目的的过程;是一种提高生活质量、贯彻终身的教育。

(二)我国的休闲体育教育思想

1.古代休闲体育教育思想

早在两千多年前,我国先人就已经注意到了闲暇在人的生存和发展中的特殊意义和价值,认识到了闲暇的教育价值,如《论语》中的"子曰:'志于道,据于德,依于仁,游于艺'",指明了人的志向在"道"上,执守在"德"上,依据在"仁"上,游娱在"艺"上;《孟子》中的"设为庠、序、学、校以教之",此"庠"即养,养老、休养之场所。在我国第一篇教育专著《学记》中指出:"时教必有正业,退息必有居学";"故君子学也,藏焉,惰焉,息焉,游焉。夫然,故安其学而亲其师,乐其友而信其道,是以虽离师辅而不反也。"这是对休闲与个体学业的促进及德行的陶冶的较为深刻的阐述。

北宋教育家胡媛在教育中充分践行了休闲教育思想。除了重视书本教育外,他还组织学生到野外、到各地游历名山大川,并把此项活动列入教程之中,做到教育理论与教育实践的统一。他的教学思想与方法与当前所提倡的"素质教育"十分相似。

明代时期的教育家王守仁的休闲教育思想认为,游戏娱乐能使孩子身心愉悦、促进自然生长。他说:"大抵童子之情,乐嬉游而惮拘检,如草木之始萌芽,舒畅之则条达,摧挠之则衰萎。今教童子,必使之趋向鼓舞,中心喜悦,则其进自不能已。"意思是说,儿童的性情总是喜欢嬉游,害怕拘束与禁锢,应采取使儿童"趋向鼓舞"和"中心喜悦"的积极教育方法,满足少年儿童生长发展需要,游戏是实施有效教学的必要手段。

明末清初教育家颜元直接指出休闲教育的意义:"孔门习行礼、乐、射、御之学,健人筋骨,和人血气,调人性情,长人仁义。"他主张"习动",反对"主静"。提倡在教学过程中"常动则筋骨竦,气脉舒",不仅指出休闲教育对于学生强身健体的益处,而且对道德品行的修养也具有良好的引导作用。

2.近现代休闲体育教育思想

近现代时期,先进教育家、思想家蔡元培、陶行知等都提出了先进的教育思想,他们都非常重视对学生的体育教育。如蔡元培先生的崇尚自然、发展个性、培养健全人格的新教育主张;陶行知先生"生活即教育""教学做合一"的思想,都体现了立足生活、教育培养完整的人的教育理念,直透休闲教育的内涵和宗旨。

于光远先生是当代最早提出休闲学术研究的学者之一。1994年,于光远提出了"玩学"说。他认为:"玩是人生的根本需要之一,要玩得有文化,要有玩的文化,要研究玩的学术,要掌握玩的技术,要发展玩的艺术。"他的这些休闲思想引起了人们对休闲的深度思考,许多学者纷纷加入到休闲教育的研究中来。

我国休闲体育教育思想萌芽较早,但长期以来没有形成一个系统的体系,现代休闲体育教育系统研究的时间较短,仍处于拓荒期,还需要进一步的深入研究。

二、休闲体育教育的基本内容

(一)树立健康的休闲观

通过各种休闲体育知识和技能的传授,发展个体对休闲体育运动项目的志趣和爱好,培养他们的休闲体育意识,帮助其树立健康的休闲体育价值观和休闲体育态度,使个体做出有价值的、明智的、自主的休闲体育选择,以丰富和提高其休闲生活质量。

(二)培养良好的休闲行为

在休闲体育教育中,通过技能的学习,使个体掌握一定的休闲技能,形成正确、有效的休闲体育方式,并产生对休闲体育活动的良好兴趣,从而形成终身休闲的体育观。

在休闲体育教育的过程中,引导个体正确了解自己的休闲体育行为选择是否符合自己的休闲体育观,从自己的兴趣、期望和特长出发选择休闲内容,养成科学、文明、健康的生活方式。

(三)养成良好的生活习惯

通过休闲体育教育,引导个体合理安排自己的闲暇时间,摒弃落后、愚昧、腐朽的不良休闲方式,抵制精神鸦片,健康生活。

休闲体育教育的内容非常广泛,有表现为智力、玩的能力、欣赏美的能力,还包括价值观判断能力、心理承受能力,以及社会交往能力等。休闲体育教育的目标就在于提高运动者的上述能力,使运动者能享受更高质量的生活。

三、休闲体育教育在现代生活中的应用

(一)青少年休闲体育

休闲体育娱乐教育在社会文化再生产中占据着重要的角色,对青少年身心发展具有重要作用,具体表现如下。

(1)有助于松弛过度紧张的情绪。

(2)帮助学生远离消极、颓废的生活。

(3)促进良好的习惯和高尚品德的养成。

（4）有助于增进个人的心智和各种技能。

（5）能充分发掘学生的兴趣或增强身心的平衡。

（6）在参与休闲体育活动当中,青少年在延续传统文化的同时,学习如何再创造。

（7）青少年休闲体育教育提供了一个培养未来体育精英的广阔平台,给了他们实现自我价值的机会。

现阶段,通过休闲体育教育促进青少年健康发展,应重视做好以下工作。

（1）学校方面,创造良好的体育教育环境。体育计划应选择适合儿童身心特点的活动内容,应以玩和学为主,劳逸结合,不按正式项目的要求训练儿童,考虑体育教育的直接价值,适当降低对学生参与体育运动的成绩和结果的要求。让儿童尝试各种体育项目;鼓励参与户外运动,假日体育(体育夏令营)。

（2）社会方面,创造良好的体育社会环境。青少年体育协会、地方体育团体、邻近俱乐部等加强合作,共同开发适合青少年身心发展的休闲体育活动,共同为孩子们提供良好的体育教育环境。

（3）政府方面,在青少年休闲体育发展方面,政府应该积极引导,并制定相关的政策与法规,从而促进其更好、更快地发展。

（二）中老年休闲体育

目前,我国已经进入了老龄化社会,随着社会物质生活水平的不断提高,人们的寿命也在不断增加,中老年人如何度过占生命三分之一的闲暇,是每个人和整个社会都要面对的问题。

老年人的生活品质和身体健康关系到亿万个家庭的幸福和整个社会的健康发展,成为一个比较严肃的社会问题。运动健身是老年人提高生活质量、增进身心健康、享受生活乐趣的一个重要而且有效的途径,引导并科学指导老年人的运动健身至关重要。

老年人闲余时间非常丰富,是休闲体育运动的主要参与人群,通过休闲教育来提高他们的判断能力、选择和评估休闲价值的能力。鼓励中老年人积极参与社会活动,以避免孤独感,同时提高老年人的身体健康水平,使其安享晚年。

（三）促进社会和谐

休闲体育的功能是非常多的,休闲体育促进和谐社会的构建表现在以下几个方面。

（1）休闲体育能增进个人体质健康，提高国民体质水平。通过休闲体育，人性可以得到回归，"现代文明病"也可以得到预防和治疗，人们的身心得到抚慰，人际交往得到促进，从而使社会风气得到引导，使人们树立起正确的休闲生活态度，选择科学的休闲生活方式，促进人的社会化。通过休闲体育，人的身心和谐，人们之间和谐，人与社会、自然环境也变得和谐，同时休闲体育培养全面发展的人，也为构建和谐社会打下了坚实的基础。

（2）休闲体育教育能促进个人心理健康和思维发展，塑造良好社会风气。文化方面，休闲体育具有娱乐身心的价值，更有着文化价值，休闲体育本身就是一种文化现象，通过休闲体育，有助于人们形成科学的价值观念、思维方式、经营理念和生存智慧，从而形成良好的社会风气，为社会秩序的建立和维护发挥文化整合作用。

（3）休闲体育教育能促进个人的全面发展，提高社会成员综合素质。休闲教育是实现人的全面发展的教育，培养人的鉴赏力、兴趣、技能及创造休闲机会的能力，使人能以一种有益的方式安排自己的休闲时间，从而实现"成为人的过程"是其主要目的，人的素养和个性的提高是其着眼点，而知识的内化和人的潜能的发展是其强调的重点。休闲教育有着广泛的内容，智力、审美、心理、健身娱乐活动等都包括在内，休闲体育本身的功能与价值和人们参与休闲体育活动的环境、条件都与休闲教育十分符合。

（4）发展休闲体育教育能增强人们的休闲体育观念，有助于刺激休闲体育消费，扩大内需，增加就业，使休闲体育已成为新的经济增长点。另外，通过休闲体育，劳动者的体质得到增强，有助于提高劳动生产率，进一步促进经济发展，为构建社会主义和谐社会奠定良好的物质基础。

第四节　休闲体育的娱乐论

一、娱乐的健康促进

（一）身体娱乐

身体娱乐能促进身体的健康。在全面建设小康社会的今天，我们更应该充分认识和利用体育的娱乐作用，推动全民健身运动的发展，从而促进国民体质和健康水平的快速提高。身体娱乐对于促进身体健康具有良好的锻炼效果，并强调以创新来达到身心健康的目的。

现代体育运动项目,内容丰富、形式多样,这为身体娱乐提供了广阔的天地。新的运动项目、新的体育锻炼形式都在不断地出现,并将获得较快的发展。人们从事自己所喜爱的运动,可以使身心合一,达到身心健康的目的。

(二)心理娱乐

心理娱乐可以给人们带来愉快的情绪体验。而良好的心理状态,又是促进身体健康的基本条件。

运动可以改变人类脑部化学结构,对治愈忧郁症具有明显的效果。经常参与有氧运动,可以促进人体血清素的升高,令人感到身心康泰,充满满足的愉悦感。据相关研究显示,跑步20分钟,可促使脑部分泌内啡肽,内啡肽是一种像吗啡的化学物质,许多跑步者和其他从事过体育运动者,都产生过这种"天然的舒畅感"。所以,与从事身体对抗剧烈的竞技运动相比,人们更愿意选择那些充满乐趣的身体娱乐活动。

(三)文化娱乐

随着我国社会经济的不断发展,国家创造经济财富的能力增强,人们的物质文化生活水平都得到了很大的提高和改善。我们应看到历史发展的总趋势,看到人们日益增长的精神文化需求,而整个国家的管理和调控不仅需要经济、行政手段、法律手段等,更需要文化引导的作用和人文关怀的力量来推动社会的进步。人的观念是大众休闲文化发展的关键因素,在大众休闲文化发展中起到至关重要的作用。在以前,人们对社会生活的理解存在很大的片面性,认为社会生活就是生产劳动,社会关系只是生产关系,从而忽略了休闲娱乐在社会生活中的地位和作用。人的劳动以及由劳动而形成的社会生产关系,其最终目的是为了更好地生活,其中就包括休闲娱乐,这是人类社会健康发展的必需环节。

为了丰富人们的文化生活,提高人们的幸福指数,我国政府在遵循科学的劳动方式的基础上,制定了每周5天工作和2个长假期制度。人们闲暇时间的合理与否,是整个社会经济发达与否的标志之一。当然,走向休闲时代是一个渐进的逐步发展的历史过程。我们在提倡休闲生活时,必须要充分发挥体育娱乐的作用以提高人们的身心健康水平和幸福感。

快乐是幸福不可缺少的要素,只有有了快乐才会有幸福,而兴趣是使人们自觉参加锻炼的动机,养成自觉锻炼的习惯。体育可以通过休闲展现其审美价值,增加竞技项目的趣味性,可以有效满足人们休闲娱乐的需要。因此,我们必须改变以前乏味、枯燥的传统的身体锻炼方法,提倡主动性亲身参与,通过竞技活动来塑造人格,运用游戏的方式来调节情绪,提倡快乐休闲。

二、休闲体育与娱乐

(一)身体运动的娱乐原欲

在原始社会,人类在阳光下追逐,在风雨中打闹,以此来获得强烈的快感。这种本能的嬉戏与人的运动系统和生命活动的内在功利目的相符,并不存在外在的功利目的。换句话说,这样的活动满足了动物本身的活动欲望,被称之为"娱乐原欲"。

人体的喜悦往往是通过肢体来表现的,因此,可以说,一旦人类基本的生理需求得到满足后,其"娱乐原欲"就可能通过身体活动得以充分表现出来。他们或手舞足蹈,或欣喜若狂,这都是一种由人的身心需要所引发的活动,它对于维持生命所必需的活动过程并没有直接的帮助,也不追求直接的功利目的。

"娱乐原欲"在原始社会表现得更为单一和纯粹,原始人类的身体练习只是满足和享受这些活动所带来的快乐和愉悦,并不直接服务于生存的需要。原始娱乐文化形态大体上属于自然娱乐形态,属于人类社会低级开发阶段的产物,同人类原始思维方式相适应。那时的娱乐文化还没有成为一种独立的文化形态,而仅仅是一种人类初期智能和体能开发的表现形态,而这些表现形态都深深地渗入到那个时代的一切人类活动之中,特别是经济、宗教、战争、性爱等。

原始宗教是人类最早的、最主要的意识形态,是原始人类思维方式的自然化形式。其中,巫术和图腾是原始宗教最主要的内容。巫术是人们想靠神秘的力量来占有渔猎对象而施行的魔法。而图腾则是指和部落有神秘血缘关系的某种动植物的神圣标记。原始人类希望通过图腾祭祀的方式来求得安定。巫术和图腾代表了原始意识中两种不同的类型。为了使神灵与人类和睦相处并福佑人类,原始人设计出繁多的仪式取悦神灵,原始宗教的娱神、慰神仪式就是其主要内容。

原始社会的身体娱乐活动是以集体的形式开展的,它具有非常大的规模,既是劳动训练,又是军事演习和宗教仪式,在社会生活中扮演着十分重要的角色。

（二）娱乐是体育运动的基础

运动实践表明，人们在运动中能体验到快乐和乐趣，兴趣是引导个人体育行为的一个非常重要的要素，且兴趣本身就是一种娱乐需要。

身体娱乐的目的是为了个人健康、群体健康和全人类的健康，这种思想观念的转变对我国休闲体育的发展是至关重要的。随着人们对身体娱乐的价值的认识的加深，娱乐促进健康的作用，将会得到社会的广泛认同。

目前，体育娱乐观念已经深入人心，发达国家的大多数成功的体育组织都将自己看作是娱乐的提供者。与其他娱乐活动相比，体育娱乐具有自发性和结果不确定性的特点，这也为体育生产商提供了更大的机遇和挑战。体育组织者将注意的焦点放在赛事的内容以及与赛事有关的运动场地的吸引力上，而观众也将观看比赛视为一种休闲娱乐。

三、娱乐教育与体育发展

（一）体育文化发展

就我国而言，随着我国改革开放政策的实施，以及确立了以经济建设为中心的指导方针，我国的社会主义经济迈上了一个新的台阶，但我国的体育却很晚才向经济建设靠拢。尽管近些年来我国的体育产业取得了一定的进步和发展，但同西方发达国家相比还存在着较大的差距，还需要进一步的努力。

目前，我国体育界对于体育理论的研究还存在较大的缺陷，甚至很多方面仍是空白，如不同人群与地域休闲娱乐的研究、体育休闲娱乐法规的制定、身体娱乐的原理与方法研究、女子休闲的特殊性、时尚与潮流对大众休闲娱乐心理的影响、弱势群体如何享受体育娱乐权利的研究、少数民族传统体育活动中体育休闲娱乐因素的借鉴等。在这样的情况下，我们应该借鉴发达国家成功的经验并结合我国的具体实际，提出适合我国国情的促进体育娱乐性回归的可行性措施，从而构建出具有中国特色的身体娱乐理论，不断完善全民健身计划，加强体育娱乐教育，使整个社会都能形成一种良好的休闲体育文化氛围，为进一步发展体育文化、提高人们生活质量提供良好条件与环境。

（二）体育产业发展

发展体育娱乐，将会给我国体育产业的发展注入新的活力。体育产业作为第三产业，属于典型的服务型经济，体育产业服务于运动参与者和观赏者，体现出"体验经济"的特点。这就要使消费者在整个情感体验过程中获得某种心理满足，从而心甘情愿地为此支付一定的费用。体育竞赛就是这样一种特殊的体验。竞技体育是一种"注意力经济""眼球经济"形式，如2008年北京奥运会的成功举办，给国家和人民带来更多的经济利益，其中娱乐因素是关键。体育不仅可以使人身心得到愉悦，还可以带来巨大的经济利益。

随着现代社会经济的发展，以健身和娱乐为特点的体育消费成为经济发展新的增长点。这一时期的一个重要特征就是体育休闲娱乐已成为满足社会需求的一种供给。为此，在新经济时代，要进一步做好体育休闲娱乐工作，充分发挥体育的经济作用，分析体育市场的娱乐需求，促进体育与经济协调发展。

在发展体育产业的过程中，必须重视区域间体育经济发展不平衡的问题。在我国农村地区的体育活动开展得还不理想，而发达国家在这一方面利用娱乐来减小城乡差别并发展农村经济。农村娱乐活动的缺乏，是村民移居城市的因素之一。娱乐在减缓或组织农村人口向城市移居的过程中，起着非常重要的作用。另外，包括旅游在内的很多娱乐方式，都能给乡村地区提供许多新的就业机会。如今，在很多国家，为了提高乡村生活质量和确保经济稳定，正在筹建众多的娱乐场所。事实表明，这些努力也成功地遏制住了世界范围内的巨大的城市移民潮。因此，我国在全面建设小康社会的进程中，考虑缩小东西部沿海地区和内地之间的差距时，应充分考虑中西部地区休闲设施的兴建，大力发展体育旅游产业，促进当地经济更好、更快的发展。

第五节　休闲体育的游戏论

一、体育是游戏的系统化

游戏是一种古老而又普遍的社会文化现象，其在历史源流、形式及作用等方面与体育活动联系密切。[①] 体育运动作为一种社会文化现象，是全社

[①]　李晓栋. 对当前学校体育活动游戏性缺失的反思——基于西方游戏论的视角[J]. 搏击，2013(06).

会最重要的教育、娱乐活动。

人的体育活动参与与动物的运动游戏有着本质的区别，人可以认识自身，而体质作为人的生命存在的状况，它表征着人存在的实质性。体质是人类在生命繁衍中身体活动的结果。在原始社会，人类所有的身体活动都是为生存服务的，后来随着人类劳动的进步和意识的发展，人们终于"把自己身体的健康、强壮和优美作为文化目的，从而产生了体育。

体育运动在萌芽和起源之初多是游戏形式，因此，从游戏的角度来研究体育运动具有重要的理论意义。体育具有娱乐性，休闲体育对体育中的娱乐性进行了进一步的挖掘和突显，使其成为休闲娱乐的重要内容。

体育的每一步演进和发展，都是由人类自身创造的，同时，又标志着人类自身的进步。

二、游戏的身体运动观

从本质来看，休闲体育娱乐在世界范围内的普遍发展是身体运动观的一种转变。身体运动理论存在两种运动观，即运动手段论和运动目的论。

(一)运动手段论

运动手段论认为，运动的目的在于运动之外，它是用来培养某一特定历史条件下所需要的人才的一种手段，这一观点一直处于主导地位。运动手段论往往是以制度性的需要制定体育的培养目标，对身体运动的评价也并非对运动本身的评价。这主要归因于近代体育以带有军事身体训练特征的体操为开端而形成的身体运动观。

(二)运动目的论

运动的目的论是相对于运动的手段论而言的。19世纪，欧洲大陆开始采用体操制度，英国人提倡竞技运动、乡村运动和娱乐，动摇了身体运动手段论的思想。19世纪后期，以游戏为主要特征的身体运动目的论思想终于占了上风，为今天体育休闲娱乐的发展奠定了理论依据。

从需求的角度来讲，人们为了满足自己的需要，而从事一系列的活动，这些活动本身都没有独立的意义，它们只是为了满足那些基本需求而必不可少的手段。但是，如果一种活动仅仅具有手段的意义，那么对于我们来说它们势必显得是个负担。因此，人们自然要发现非功利性的艺术或游戏，使得那些作为手段的活动本身具有一种乐趣，使它们获得一种独立于原先目的之外的意义。换句话，就是使这些手段变成一种目的。

科学技术的进步给人类的发展创造了机会,但也限制了人的自由发展,使人的感性冲动与理性冲动无法协调,身体平衡遭到破坏。人们往往会留恋童年时代的无拘无束、悦心怡情的玩闹。个体从事体育运动,正是因为这一运动形式和内容使身体运动取得了独立的价值和乐趣。

人类活动的本质在于发展自身的能力,游戏以其最直接的感性实践方式使得人们通过参与体育实现了对参与游戏、取悦自己的向往。体育休闲娱乐以游戏论为理论基础,其中的运动目的论作为思想前提,人们通过参与休闲体育娱乐活动,享受游戏式的快乐,实现自我意识觉醒,提高健康水平,最终发展成为一个全面的、理想的人。

三、游戏与休闲体育

个体参与游戏,更重要的是享受游戏体验的过程。休闲体育娱乐活动充分满足了个人的这一需求,现代休闲体育事业和娱乐休闲运动的发展充分证实了人们对于游戏放松的需求。

当前,人们的闲暇生活方式也发生了较大的变化,以余暇运动和健身为特点的身体娱乐和消费也蔚然成风。体育休闲娱乐承载着全新的休闲文化,成为文化消费的宠儿。

作为一种社会文化现象和重要构成内容,体育休闲娱乐被纳入到社会生活体系中,就必然开始履行一定的社会职能,并为各种形式的人类社会文化活动所利用,游戏与休闲体育的发展状况,在很大程度上反映了一个国家、一个民族的面貌、文化素质和文明程度。从人们对余暇的处理即消遣方式的选择上,可以看出一个人、一个群体、一个民族文明程度的高低。

有学者认为,继农业经济、工业经济、服务经济之后,体验经济已逐渐成为第四个经济发展阶段,体育产业的经济形式属于服务性经济。体育产业服务性经济的特点典型地体现了新时代"体验经济"发展的状况。

所谓体验,就是以商品为媒介,激活消费者的内在心理空间的积极主动性,引起胸臆间的热烈反响。这就要求经营者将产品经营和企业运作变成一个舞台,为消费者体验不同角色提供支持,使消费者在整个情感体验过程中获得某种心理满足,并自愿支出一定的费用。

在体验经济时代,以健身运动与娱乐为特点的体育消费成为新的经济增长点,人们参与休闲体育活动,是对不同角色的游戏体验,这种体验满足了消费者释放情感的需求,因此,可以说,休闲体育娱乐已成为满足社会需求的一种供给。

第三章　休闲体育文化内涵及其体系的构建

　　休闲已成为现代社会生活中的一种时尚,而体育作为其中的一种手段,逐渐发展成为一种独特的文化形式,即休闲体育文化。随着现代社会的发展,休闲体育文化内涵也逐渐得以丰富和完善。本章就休闲体育文化内涵及其体系的构建展开论述。

第一节　休闲文化与体育文化

一、休闲文化

(一)休闲文化的基本建构

　　休闲文化是宏观文化的组成部分,是文化表现形态的一个特殊领域,也是建构整个文化的基本单位或者维度。如果把人类文化看作是一个整体或者系统的话,那么休闲文化就是构建这个整体的部分,或者是构成文化系统的子系统。从语义的逻辑关系来看,文化与休闲文化则是包含和包含于的关系。

　　把休闲视为人类的一种自由状态和生活形式的话,那么休闲文化就可以被认定为关于人类的这种状态和形式的外部表现的描述和表达。于光远先生在概括国外众多思想者的观点以后认为:休闲就是文化的组成部分。从这个意义上讲,休闲既是文化的组成部分,又是文化的表现形式。人类在休闲活动中,一方面享受其所创造的文化成果,另一方面又在不断地创造出新的文化成果。

　　关于休闲文化,国内一些学者对其有所论述,马惠娣认为:休闲文化是人在完成生活必要劳动时间后,为不断满足人的多方面需要而创造文化、欣赏文化、建构文化的生命状态和行为方式。楼嘉君认为:休闲文化是人们在工作、睡眠和其他必要的社会活动时间以外,将休闲时间自由地用于自我享受、调整和发展的观念、态度、方法和手段的总和。章海荣则认为:休闲文化是指与休闲相关的一切人类活动及其表现,它包括休闲的内容与方式、休闲的功能、休闲的历史走向和休闲的民族特色等,其核心是休闲这一社会现象所蕴涵的文化意义。有学者认为:无论对休闲文化做出何种描述,有一点是可以确定的,那就是休闲本身就是文化的一种特殊形态。因此,与文化的其他表现形态一样,休闲文化中也涵括了文化内部结构的四个层面,即物质实体体系、价值观念体系、制度规范体系、行为方式体系,或者说休闲文化也可以从上述四个层面上表现出来。

休闲文化在物质层面的表现为人们借助其业已形成休闲方式的物化形态的东西进行休闲活动,同时也在其休闲活动实践中创造产生新的物化形态的东西。这些物化的东西使休闲的思想观念、价值功能、行为方式和规范等隐形文化以外显形式表现出来;休闲文化在价值观念层面表现为人们对休闲的认识、看法、观点、态度以及作用、功能、意义等思想观念的东西,通常以物化物、语言、文字和行为等方式表现出来;休闲文化的制度规范层面是人们在进行休闲活动时需遵守的社会要求,这些要求以法律、规章制度、伦理道德、社会风俗和行为规范等形式表现出来。从某种程度上讲,休闲文化的制度规范层面的东西可以被理解为社会对休闲活动的度的把握和控制;休闲文化的行为层面主要表现为人们进行休闲活动的方式、方法,这是人的休闲活动的具体体现。休闲文化的全貌就是从这些层面上综合性地显现出来的。

(二)休闲文化的特性

文化与休闲文化是包含和包含于的关系,因此与文化的任何建构部分一样,休闲文化也表现出了文化所具有的一切特征。具体而言,休闲文化的主要特征表现在以下四个方面。

1.休闲文化具有民族性

不同的民族都有着自己独特的文化特色,反映出不同民族的独特个性和特殊的规定性。这种文化的特色是由一个民族在长期的生产劳动和生活实践中创造出来的。作为包含于文化之中的休闲文化,无论如何也不能独立于这种民族性之外。因此,在不同的国家,不同的民族地区,可以表现出不同于其他民族特质的休闲文化。这种休闲文化随着民族的发展而发展,始终保持着独特的民族性,并建构这个民族的传统文化。

同样居住在云南德宏州的傣族和景颇族,其休闲文化就有本质上的差异。傣族被称为水的民族,其休闲活动与水有关,如泼水节。傣族典型的舞蹈——孔雀舞,以独特优美的身段、节奏明快的舞步、变化多端的手形、灵活传情的眼神,给人以美的享受、美的熏陶,非常能够表现出傣族的民族性格。

景颇族被称为山之骄子,其休闲活动与山有关,景颇族的舞蹈分为祭祀性、狩猎性、军事性、生产劳动性和欢庆性五类。祭祀性舞蹈有"总戈""布滚戈""金再再"等,狩猎性舞蹈有"龙东戈",军事性舞蹈有"向戈(耍刀)""串戈""以弯弯"等。这些舞蹈动作粗犷豪放,形象生动,表现出山之骄子的大山性格。

2.休闲文化具有地域性

所谓地域文化是指在一定的地理环境的条件下,由于历史的原因形成的,具有一定特色的区域文化,包括当地的历史传统、风土人情等。就中国传统文化而言,可分为长白文化、齐鲁文化、中州文化、三晋文化、关东文化、西北文化、吴越文化、荆楚文化、巴蜀文化、滇黔文化、闽台文化、岭南文化等。作为被包容其中的休闲文化,自然也会表现出这种区域的特点,如同样作为休闲方式的喝茶,在福建、广东、四川都有自己的特点,其差异极其明显。

3.休闲文化具有传承性

一个民族也好,一个地区也好,其文化总是在代代相传的基础上有所创新,有所发展。文化传承机制有如下的基本属性。

(1)文化传承是一种社会强制。人的社会属性使每一个人生来就处在某个社会群体中,成为该社会的一员,并浸沉在一定的文化氛围中,毫无选择余地地承袭这种文化,并又把这种文化传给后代,形成一种基因复制式的社会强制。

(2)文化传承的核心是心理传承。文化传承是各种文化构成要素的传递,方式也相应地分为语言传承、行为传承、器物传承等,但最稳定最持久的是心理传承。在一个民族共同体中,这种心理传承往往表现为民族意识的深层次积累,成为民族认同感的核心部分。所以文化传承是民族共同体形成和发展的基础。

(3)文化传承形成文化传统。因为文化传承具有稳定和模式化的特点和要求,所以文化主体根据价值选择所承接的文化为社会所接受。

(4)文化传承机制包含着文化的选择机制。以价值判断为特征的文化选择机制不仅与文化传承机制相伴而行,而且制约并促进传承机制的运作,使文化具有阶段性、变异性的特质和时代特征。

在休闲文化的传承性机制中也具有上述这些基本属性,如一些休闲方式几乎是代代相传至今,尽管在传递的过程中受到时代变革和发展创新的影响,但这些休闲方式的基本模式似乎依然保持过去的风貌。

4.休闲文化具有时代性

文化是一种社会历史现象,每一个时代都有与其相适应的文化,并随着社会生产方式和生产水平的发展而发展。正如毛泽东所言:"一定的文化是一定的社会的政治和经济在观念形态上的反映"。作为被文化包含的休闲文化同样具有这种时代性。从某种意义上讲,休闲文化的这种时代性似乎更加领先于文化的其他领域。特别是在社会生产方式和生产水平高速发展的今天,自动化、新材料、新技术使得社会物质生产水平高度发达,各种休闲方式被不断地创造并运用于生活实践,又反作用于社会的政治和经济。

二、体育文化

(一)体育文化的概念

随着社会的不断进步,体育文化也在不断地发展,体育文化的概念被相关学者做出了新的解释,即体育文化是人们在促进自身健康、提高人类生活质量的社会活动中创造并形成的一切物质财富与精神财富的总和,包括与之相适应的社会组织及规范体育活动的各种思想、制度、伦理观念与审美理念,还包括为实现目标而采取的各种措施以及相应的成果。

体育文化的形成可以一直追溯到原始社会时期,但"体育文化"的概念出现于近代,它是一种特殊的文化现象。"体育文化"最早翻译为身体文化,德国学者菲特于 1818 年著的《体育史》中就已使用 Physical culture 一词。《韦氏国际大辞典》中将身体文化解释为"有关身体系统的保养"。19 世纪末以后,身体文化的概念被人们理解得更加宽泛,有观点认为身体文化就是以促进健康与增强体力为目的的运动体系,而有的观点认为包括身体涂油剂、颜料、营养摄入、沐浴设施以及身体训练的运动器械在内的文化现象都属于体育文化。第二次世界大战以后,身体文化被苏联以及东欧各国作为体育广义上的概念来使用。直到 1974 年,国际体育名词术语委员会出版的《体育运动词汇》对体育文化进行正式的定义:广义文化的一个组成部分,它综合各种利用身体文化锻炼来提高人的生物学和精神潜力的范畴、规律、制度和物质设施。在社会发展的过程中,体育文化的概念随着人们逐渐地深入认识而不断变化,而随着社会的继续发展,体育文化的概念也必将会与时俱进,不断得到创新。

中国存在有"人体文化"一词,与身体文化的概念相近。但是,人体文化并不局限于人体艺术的某些方面,它是一个拥有外观姿态、内部结构及多种因素和系统的完整体系,包括人体体质文化和人体动作文化两类。

Sport culture 的一种译法是运动文化。这个词在东欧国家使用较多,主要是指身体运动文化方面的性质,但内涵模糊不清。从字面上看,运动文化属于体育手段的范畴,但体育文化的概念更加广泛,内容也较运动文化更为丰富。Sport culture 的另一种译法叫作"竞技运动文化",这与体育文化也有一定的差别。一般理解,体育的概念包含竞技,那么竞技文化也应该属于体育文化的一部分,但有的学者观点恰恰相反。总之,各国理解 Sport culture 的概念多有差别。

通过对多个体育文化相关的概念进行认识和区分后,便有了更多的依据对体育文化进行界定。正是在这些与体育文化相关概念与事物的异同比较中,体育文化的内涵和外延才逐渐被确立。

体育是人类在发展过程中所创造出的一种身体文化,身体运动在人的物质生活得到满足后逐渐从体力劳动中分离,并摆脱了纯生物性和物质功利性。在身体运动被人们有目的并有选择性地进行促进身心发展的社会生活实践时,身体运动才真正具有了体育文化的意义。体育活动是人们以身体活动的形式对人类身体素质与精神进行改造的实践活动,西方 20 世纪 90 年代以来所流行的"Sporting culture"这一称谓与当前我国所说的"体育文化"更为接近。

(二)体育文化的性质

体育文化有助于克服人们缺乏竞争的心态,促进竞争心与进取心的形成,并对改善个人以至民族的精神境界和身体素质都有积极的作用。体育文化作为文化的一种形式,是社会现象与历史现象的综合体。体育文化与人类文化有很多共性,其性质主要表现在以下几个方面。

1. 民族性与人类性的统一

体育文化的民族性指的是一个民族由于生产方式、生活区域环境等的不同而形成的异于其他民族的体育文化。体育文化的民族性建立在社会历史与文化传统的基础上,相同的地域空间会形成相同的体育文化,地域的不同只能对民族的体育文化产生间接的作用,而这种作用随着社会的进步发展而减弱。在一定意义上讲,任何的体育文化都是民族性的,超越民族的文化是不存在的,民族的体育文化在发展到一定阶段会向外扩散或者受到其他民族体育文化的影响,相互接触并相互作用。体育文化民族性的核心体现在它是在民族性格、心理等基础上形成的一种文化模式,而不同的民族性格、心理等差异造成了民族体育文化的不同,而这种差异性更加加重了民族体育文化的民族性。

体育文化的人类性是指一个民族体育文化中所蕴含的普遍性也能够被其他民族借鉴并吸收。体育文化的人类性具有世界性的价值和意义,这是民族体育文化最具有生命力的要素。"越是民族的,越是世界的",体育文化的人类性存在于民族性之中。一种体育文化既有民族性又有人类性,民族性着眼于不同民族体育文化之间的差异性,而人类性侧重于不同民族体育文化之间所存在的普遍性。虽然民族体育文化在运动观念的某些方面存在着难于相互借鉴的问题,但是不同民族间的体育文化在形式、运动等方面存在一定的普遍性,甚至某些民族性很强的民族体育文化能够跨民族而存在。

2. 时代性与永恒性的统一

体育文化的时代性指的是体育文化的内容与形式会随着社会的发展而产生变化,它反映出各民族在同一发展阶段体育文化的共同审美追求。体育文化的时代性由于生产力的不断发展而产生,其物质层面、精神层面、制度层面的变化并不统一。体育文化精神层面往往落后于制度层面的变化,而制度层面又落后于物质层面的变化,三者在时代发展过程中都在不断变化,并在不同时代有着不同的表现形式。

不同时代的体育文化有着不同的体育价值观。对于体育文化的评价,我们要以历史发展的眼光,在看到体育文化进步性的同时,还要认识到其所处时代的局限,没有一个固定的标准能对体育文化进行评论与衡量。例如,我国的不同朝代对于人体的审美观不同,汉代"以瘦为美",唐代"以肥为美",正是由于不同时代体育文化的不同造成了对于人体审美观的差异,我们不能简单对某一种人体审美观进行评价或批评。

然而,任何一种体育文化不仅是时代的,而且是民族的、永恒的,体育文化的民族性寓于时代性之中。体育文化的时代性与永恒性是辩证统一的。体育文化在发展过程中存在着普遍性,各民族与地域之间的体育文化都有着共同的追求,因此体育文化能够实现永恒。体育文化在发展过程中先进与落后并存,并且相互作用与转化。

3. 继承性与变异性的统一

所谓体育文化的继承性是指体育文化经过不断的发展依然能够保存某些特质。体育文化是人类一种有意识的创造,它通过语言、文字等方式存在于人们的意识领域与社会价值体系中并得以传承。由于身体动作是体育文化重要的表现形式,因此体育文化的传承包括经过身体动作的形式。而体育谚语、电影等实物也是体育文化进行传承的媒介,这些往往被人们所忽略。此外,体育文化传承中的动作记忆相比其他方式更加的深刻与持久,因此它的传承作用独具优势。

体育文化的变异性指的是体育文化发展过程中内容、结构或者形式的改变。体育文化在自身的发展过程中通过不断地吸收与借鉴实现自我的调节,而没有交流与变化的体育文化就无法存在与发展。体育文化在发展过程中的变异并非全都是积极先进的,它充满曲折甚至挫折,但最终的发展方向是进步的。体育文化的变异过程纷繁而复杂,不仅会受到外部地域环境等因素的影响,同时也会受到自身内部因素的限制。

4.经验性与科学性的统一

体育文化的经验性是指体育文化的创新与传承总是会依据既有经验而进行的一种属性。体育文化的服务对象是人,体育文化是人们为了适应自身身心发展的需求而创造出来的一种文化形式,人才是体育文化的根本立足点。社会性是体育文化发展的显著特征,体育文化的价值在于为人类社会的发展服务,人类会根据自身的经验与需求来塑造体育文化,这种行为往往具有局限性。原始人类由于身体教育的方式而促成了体育文化的产生,而人所具有的记忆功能也使体育文化的发展传承与经验息息相关。

体育文化的科学性指的是体育文化的发展与传承除了需要经验作用外,还需要科学的参与和指导。人的存在是客观的,其中也蕴含着客观规律性,认识和把握规律性并对体育文化进行科学的指导。体育运动在发展早期由于没有科学的认识与指导,因此发展的水平十分有限。而体育要得到实质性的飞跃或者大发展,必须要建立在认识和把握自然界的客观发展规律以及体育运动的客观规律基础之上,大量体育精密仪器对于体育运动水平的提高就是最好的证明。只有在体育文化中不断提高对客观规律的理解与认识,才能使体育文化更加富于科学性。

体育文化的经验性和科学性也是辩证统一的。体育文化的经验性虽然对于体育文化的发展与改造具有一定的优势,然而科学性对体育文化的发展作用也是必不可少的。体育文化的经验性需要科学性进行证明,而体育文化的科学性也需要经验性的支持,两者相互作用并存在于体育文化的发展过程中。

5.地域性与世界性的统一

体育文化的世界性表现为体育文化不管怎样的发展改变、独具特色,但根本上都是属于世界的范畴。世界是连接在一起的有机整体,体育文化也包含其中,无论是原始社会区域体育文化的落后、平等,还是资本主义体育文化的成熟与商业化,都体现出体育文化的世界性。体育文化这种动作文化具有符号性,不同民族之间虽然会形成不同的民族文化,但是对于体育文化的符号性的选择却是一样的。

体育文化的地域性表现为体育文化由于地理环境或者区域的不同而造成的不同特性。不同地域的体育文化各具特色,即便不同区域的体育文化会存在某些共性,但各自的特征必不可少。不同的地理区域环境的体育文化会存在不同的体育运动方式,即便是资本主义体育文化具有很强的世界性,但同样会由于地域环境的不同而显示出不同的体育文化特色,体现鲜明的地域性。

体育文化的世界性与地域性之间也是辩证统一的关系,没有地域性的体育文化不能够在世界体育文化中存在,而没有世界性的体育文化也不可能融入世界体育文化之中。

三、休闲体育文化

(一)休闲体育文化的概念

"休闲体育文化是人们通过体育运动的方式,在休闲的实践过程中创造并共同享有的、关于这一社会现象的物质实体、价值观念、制度规范及其行为方式的总和。"

从上述对休闲体育文化的界定来看,这一定义主要是从文化的视角进行切入,即将休闲体育作为社会中的一种文化现象来看待,这一文化现象是休闲文化与体育文化的综合。体育文化与休闲文化的内涵都能够通过休闲体育文化表现出来。物质实体、价值观念、制度规范和行为方式等方面的因素是建构休闲体育文化这一表现方式的主要内容。休闲体育文化也正是由这些建构因素综合而成。

(二)休闲体育文化的主要层面

休闲体育文化的层面主要包括物化层面、价值观念层面以及制度规范层面。下面作具体阐述。

1.物化层面

休闲体育文化的物化层面有着非常丰富的内容,具体有以下两个大的方面。

(1)人造物。人造物主要是指为了使体育活动项目顺利开展,人们建构的场地器材、硬件设施等。对人造物的命名主要是以其功能与作用为依据，如球场、体育馆、球杆、球拍、球等。

（2）自然物。这里的自然物指的是被改造后的自然物，而非纯自然物。改造自然物主要是为了满足参与体育活动的需要。常见的自然物有滑雪场、高尔夫球场、游泳池、漂流场等。

体育的形成离不开人类运动本能，同时也需要经过社会化改造，体育是由二者而成。在人类的社会实践活动中，文化的物化形态通过体育这一方式被完美地体现出来。人们在参与休闲体育运动的过程中，在自然世界和人造世界中对自己的有机体进行改造，从而对物态文化的成果加以体验与享受。与此同时，人们在参与过程中也在对体育物态文化进行改造。

2.价值观念层面

人们的休闲观念与体育观念是休闲体育文化价值观念层面的主要内容。当人们在了解与认识休闲体育的功能与作用时，也包括人们对休闲体育的价值的理解。下面主要从三点来阐述休闲体育文化价值观念层面的内容。

首先，人们参与休闲体育活动，这是其将自己对体育的态度与看法通过实际行动表现出来的主要方式。人们如何看待体育的意义、价值及功能能够通过直接参与的行为反映出来。

其次，人们通过参与休闲体育，能够表现出自己对不同休闲方式的倾向性。

最后，人们在参与休闲活动的过程中，不仅能够使自己对体育的了解不断加深，而且能够充分发挥自身的主观能动性，对休闲体育的价值体系进行积极的挖掘与构建，从而使休闲体育的功能不断得到强化与发展。

3.制度规范层面

社会的制度规范体系的特点也能够通过休闲体育多角度地表现出来，具体如下。

（1）社会对人们的行为的评判倾向、社会对余暇时间的规定以及社会劳动生产制度和社会发展的水平等都可以通过休闲体育文化体现出来。

（2）社会中每个公民对休闲体育的参与都必须履行一定的准则，体育法规便是公民这一休闲行为的最高法律规范准则，同时体育法律也可以保护公民的参与权利。

（3）为了使人们参与共同活动的权利得到保障，不同的休闲体育活动项目都属于自身的统一的活动方式和规则要求，这有利于规范人们的参与行为。

（4）很久以前，人们就在休闲活动中融入了体育活动这一运动性的休闲方式。在每个人看来，体育活动本身就是一种行动，这一行动主要包括的内容有以下两点。

第一，表现出人的自然属性，即以人的特属方式进行运动并且满足着人的本能的运动需求。

第二，休闲活动的运动方法大都已经经过了社会化处理，人们能够通过参与其中来满足自身的其他社会需求。所以说，休闲体育文化是一种社会文化现象。与此同时，人们在闲暇时间参与不同的休闲活动正体现了其价值倾向。

第二节　休闲体育与终身体育

一、终身体育的概念及理念

（一）终身体育的概念

人们对终身体育的看法是多种多样的。关于终身体育的定义目前主要有两种说法，具体如下。

（1）终身体育，是指一个人终身都要接受体育教育和从事体育锻炼，使身体健康，身心愉悦，终身受益。

（2）终身体育，是指一个人终身进行体育锻炼和接受体育教育，即要在人一生中实施教育等。

尽管上面两种定义的表述并不完全一致，但在我国，"终身体育是指人们在一生中所进行的身体锻炼和所受到的各种体育教育的总和"是较为赞同的观点。简单地说，就是一个人从生命开始，到生命结束，不管是为了适应环境，还是要满足个人的需要，都要进行身体锻炼，以取得生存、生活、学习与工作的物质基础或条件。

（二）终身体育的理念

在人们的传统意识中，一般把人生分成两半，"前半生用于受教育，后半生用于劳动"，这是很长一段时期社会形态所要求的必然模式。保罗·朗格朗改变了这种想法，他认为"教育应该是每个人从生到死的继续过程"。保罗·朗格朗是 20 世纪 60 年代的法国著名教育家,上面的观点也就是他所提出的终身教育的思想。终身教育的思想在国际上具有很大的影响力。正是在终身教育思想的影响下,终身体育的思想逐渐形成。终身体育思想的形成,终身教育思想的影响是一个重要的原因,体育功能、社会经济发展和人们生活随社会发展变化及人们行为方式也是其中的重要原因,社会发展是终身教育和终身体育的前提,从个人发展的角度来说,起点都是个人如何适应社会发展的需要,而最终,培养全面发展的人的问题是包括终身体育在内的人类的各种教育发展围绕的重点。终身教育与终身体育有相同之处,不同之处也是存在的,两者之间的对比见表 3-1。

表 3-1　终身教育与终身体育的对比

终身教育	终身体育
是指对于一个人从生到死的整个一生所进行的教育	是指一个人终身进行身体锻炼和接受体育教育
目的是维持和改善个人社会生活的质量	目的是保持健康,增强体质,提高生活质量和体育教养水平
从事一定的活动——学习活动	从事一定的活动——身体锻炼等
接受一定的教育——一般是以职业教育或专业知识教育为主,也有寻求掌握个人爱好方面的知识技能	接受体育教育——一般以体育锻炼原理、体育技能、休闲、娱乐活动的知识、技能等为主
形式灵活,内容多样	形式灵活,内容多样
不断增长和积累知识	丰富体育知识,顺应身体发展的规律,坚持身体锻炼

二、休闲体育与终身体育的关系

(一)增强人们终身体育思想

运动能使人们的身体得到锻炼,从而促进人们的身体健康。人们对运动的需求越来越迫切。在远古漫长的时期内,人们对体育的需求几乎是不存在的,因为人们需要整日忙于维持生存的生产劳动,这些生产劳动在一定程度上代替了运动,在劳动过程中,人们的身体得到了锻炼。但是到了现代社会,体力劳动逐渐减少,脑力劳动逐渐走向主导地位,这就意味着人们无法从劳动中获得运动的功效,因此人们对于休闲体育运动的需求越来越强烈,一方面,休闲体育运动能使人们在通过体育运动获得锻炼身体的效果。另一方面,休闲体育运动能放松人们的身心,愉悦人们的情感。通过参加休闲体育运动,人们的体育意识得到了增强,终身体育思想也随之得到增强。

(二)作为人们参与体育运动的最佳手段

终身体育是让人在生命的各个不同阶段都坚持参加体育活动,并达到身心健康、愉悦身心的最佳目标,而休闲体育作为一种健康、科学、文明的生活方式,它正以独特的休闲性、自主性、自由性及积极的亲身体验性吸引着现代人,释放着当代社会快节奏给现代人带来的种种压力和负担,休闲体育是终身体育的具体内容,休闲体育的最终目的就是坚持终身体育思想,并坚持终身参与体育锻炼,休闲体育也是人类改造自我、发展自我的最佳手段与方法。

(三)增强人们参与体育运动的兴趣

近年来,休闲体育运动得以顺利开展,深受人们的喜爱,其主要原因在于两个方面:一是休闲体育可以激发人们的集体荣誉感和团体凝聚力,二是休闲体育满足了人们"玩"乐的兴趣。兴趣是对某一事物推动最大的力量,这是休闲运动的起始。兴趣发生于运动的过程中,快乐发生于运动所得到的结果。心中有着无限的快乐且有快乐的结果,人们就会终生去从事。因此可以说,休闲运动是奠定终身体育的坚实基础。在现代社会,人们对较高层次的精神文化生活有着迫切的需要,对追求余暇生活的丰富多彩,尤其对既能使身心健康发展、直接健美形体,又能陶冶情操、使人获得精神和物质满足的体育娱乐活动有较大的兴趣和参与热情。在这种形势下,休闲体育成为人们生活中不可或缺的一部分,这为人们坚持自我锻炼,形成终身体育的意识奠定了良好的基础。

休闲体育是一种文明、健康、科学的余暇生活方式,能够为人类建造美丽的精神家园。休闲运动来自人们对健身、娱乐等的需求,能够满足人们身心、健康、愉悦等的需要,因此休闲运动潮日趋高涨。通过休闲运动的开展,人们在养成体育运动习惯的同时,体育意识和终身体育意识也会得到不断增强,从而为终身体育的形成起到重要的作用。

第三节 休闲体育与人的社会化

一、休闲体育运动社会化概述

(一)社会化的概念

目前对社会化的解释有很多,从不同的层面、不同的角度进行分析,可以得出不同的阐释,但是围绕的主体都是人,关注的都是人的社会化问题。美国社会学学家戴维·波普诺认为,"社会化是人们获得人格、学习社会和群体方式的社会互动过程,它从出生就开始,就会持续一个人的整整一生。人类相对较长的生活依赖期使得社会化成为可能,而我们在本能方面的缺陷使得延长社会学习的实践至关重要。"从这一观点中我们可以看出,人在社会化的进程中需要不断进行自我调试,使自身从有机体的生物人发展成为社会人,终身接受社会文化、行为模式、群体要求,这是一个不断更正、完善与发展的过程。

(二)休闲体育运动社会化

休闲体育运动社会化的研究,最早是由美国学者凯尼恩及麦克弗森等人开始的。他们将休闲体育运动社会化的研究划分为"进入休闲体育运动的社会化"和"通过休闲体育运动进行的社会化"这两个方面。"休闲体育运动社会化的落脚点应为人的社会化,应从休闲体育运动所具有的促进个体社会化功能的角度去研究休闲体育运动对人的社会化的作用。"通过参考社会化的解释并结合上述表述,可以得出休闲体育运动进行的社会化就是通过休闲体育运动促使人们适应社会、环境、他人,使人们从物质的人发展成为社会的人,从个体的人发展成为群体社会的人,并在休闲体育运动的过程中不仅使人对休闲体育运动、对自身身体进行正确认识,而且使人建立正确的符合社会发展的认知、态度、价值观,培养人们遵纪守法的道德品质,使人们懂得相互尊重协作的重要性。总而言之,休闲体育运动社会化是人类的自主性与规范性、竞争性与适度性、自然性与社会性辩证统一发展的过程。

二、休闲体育运动社会化的特征

(一)社会化过程的持续性

现代社会中的人一般都是以家庭为单位的。虽然家庭是人的活动核心领域或主导领域,但是人们仍旧在扩展自身活动的领域,妄图获得一些领域的外延,以求得自我平衡的系统。因此,在这个过程中,休闲体育运动自然成为其中可以被拓展利用的部分。

在休闲体育运动中,人们的角色会不断地调整、适应或更改,这是一个动态的过程,而且受到人们所处社会环境、文化的影响,因此休闲体育运动社会化过程具有持续性。不但使人们体验休闲体育运动的真实性,而且会使人们对休闲体育运动、对社会、对自身有不同的认识。

(二)社会化过程的互动性

社会化过程的互动性重点强调的是休闲体育运动、人、社会三者之间的互动关系。休闲体育运动并不是为人们提供逃避现实的避风港,而是使人们在休闲体育运动中找到自我,重新定位去适应社会。同时休闲体育运动也在人们对世界、对社会的认识中不断变化。在主导文化的影响下,休闲体育世界里的休闲体育运动的本质不会改变,休闲体育运动的崇高精神不会质疑,休闲体育运动的本体信仰不会偏离,休闲体育运动对人社会化的积极的影响得到了良好的保证。休闲体育运动社会化最终是通过伴随着参与休闲体育运动的社会关系而发生的,而不是通过参与本身这一纯粹的事实,也就是说,与休闲体育运动相联系而产生的关系,要比参加休闲体育运动更重要。

(三)休闲体育运动文化与所处社会规范的统一性

休闲体育运动是人类实践的产物,虽然它的功能、属性是客观存在的,但是人类赋予它活的动力。休闲体育运动中更高、更快、更强的竞争精神;信奉民主、平等、和平、协作、参与、友谊的道德准则;发展体能,掌握生活技能,展示自我的要求;还有休闲体育运动中权利与义务的关系等,都与社会要求的道德、规范、模式相互一致。休闲体育运动帮助人们完成社会化过程中的每一次适应,是人类自我创造的一个自愿、愉快、自由的社会化领域。

三、休闲体育运动中人的社会化过程的阶段分析

对于人类在休闲体育运动中的社会化过程的问题,主要可以从进入、平衡与发展和退出或改变三个阶段进行分析,同时也充分应用了结构功能主义理论、互动理论、冲突理论和社会认知理论来认识人们在休闲体育运动中的社会化问题。

(一)进入阶段

做出参加休闲体育运动选择的人和不参加休闲体育运动的人,即使是做出同样选择的人,他们的起始状态都是不同的。结构功能主义理论认为这是由人们所处的环境不同而造成的,其中关键的环境影响因素是他人的影响,休闲体育运动的功能与人的能力,参与休闲体育运动的机会等。这些因素也是影响人们为什么选择休闲体育运动,如何进入休闲体育运动领域等等一系列问题的重要原因。

(1)人们在交往中拓展自己的空间,他人的言行举止直接影响着人们的行为。人们把参与休闲体育运动与生活中其他事情联系起来进行分析,如是否可以通过休闲体育运动提高他人对自己的认可或尊重;是否可以通过休闲体育运动延伸自己对生活的驾驭能力。

(2)影响人们参与休闲体育运动的行为也离不开休闲体育运动的本质功能这一因素。为此,可以将其分为以下两个部分。

一是休闲体育运动的主体功能即显性功能(如锻炼身体、动作技能的学习、养生等)。二是休闲体育运动的派生功能即隐性功能(文化功能、政治功能、经济功能等)。

在个人生命历程中的各个阶段上所做的休闲体育运动参与决定,都与感知到的休闲体育运动文化、功能、个人目标有着重要的联系。结构功能主义理论认为,人们通过休闲体育运动可以使个人与社会价值趋于统一,塑造社会规范中的个体并减少冲突,因此宣传休闲体育运动,吸引人们的关注,如休闲体育运动是衡量个体生活质量高低的标准。

(二)平衡与发展阶段

首先,当人们参与休闲体育运动时,他们所要考虑的是自己扮演的角色及所处的位置。而角色义务、角色权利和角色行为规范是角色构成的基本要素,也是角色学习的主要内容。戈夫曼在"拟剧论"中提出,个体要在群体中进行形象管理,使他人对自己的解释按照自己的愿望来进行。可这缺少

不了人们之间的互动。通常是在组织中使人们通过交换、合作来平衡境况，人们在这些组织中不断地考虑自己与他人，自己与组织的角色关系，其目的是融入组织中，被接纳为组织中的成员，受到组织的尊重与注视。在平衡休闲体育运动领域的活动中，人们必须按共同的规则来活动，一旦选择进入必然要接受休闲体育运动世界的要求。其实人们进入休闲体育活动中也是一个互动联系的过程，自由与规则始终是并存的，对规则的把握程度决定着在该领域活动的自由度，就像玩简单的游戏一样，人们不遵守共同的游戏规则，游戏便无法正常进行。

其次，继续参加休闲体育运动取决于人们如何把休闲体育运动融入现实生活中。人们在平衡组织的互动过程中，必须与社会相联系，这就要解决个体与组织、个体与社会、组织与社会之间的关系。如果在休闲体育运动领域中人们很舒畅，但与现实相距甚远，毕竟休闲体育运动不是全部生活，一旦人们离开休闲体育运动领域，就会感到失望、失落、失败。只有对三个领域不断进行调试，采用互动的方式积极思考，才能寻求平衡甚至发展的状态。

最后，当人们在休闲体育运动中的社会认同、个人认同（不同的人以不同的方式定义他们的休闲体育运动，即使他们是在同一项目里或在同一团队里也是如此，人们对于自己的行为有其独特的理解方式）与角色认同统一发展的时候，当得到他人的重视和尊重的时候，人们便会更加自觉地投入休闲体育运动中，更加完善自己的角色。

（三）退出或改变阶段

人们退出休闲体育运动领域分为完全性与半闭合性。完全性指人们一旦退出休闲体育运动活动领域，便不再接触休闲体育运动，也不关心休闲体育运动新闻、报道、明星等一切与休闲体育运动有关的事（不包括特殊重大事件）。半闭合型是指虽然人们退出了休闲体育运动领域，但是仍然关注休闲体育运动，而且在可能的情况下会再次加入休闲体育运动领域。显然第一种是不可能的，那么休闲体育运动是终生化的过程便无可非议。

（1）在人们选择退出的休闲体育运动领域中，冲突理论的解释似乎再恰当不过了，即"认同和接受不是一次完成的，它是一个持续的过程。"当人们不再能够找到合适的位置，可以做该做的事时，为他人所接受的程度就削弱了，人们的身份就难以维持，对人们参与的总体支持就变弱了，这里存在着冲突、强制性，因此迫使人们退出休闲体育运动领域，寻求其他更适合自身的环境与场所。

（2）人们退出休闲体育运动活动还取决于生活中的变化（职业、住所、家人、朋友),对自己以及与世界的联系的认知方式的变化,社会文化的影响。也就是说,这一过程不是简单的"社会化的进入休闲体育运动",也不是简单的"社会化的退出休闲体育运动",其中包含着个体与其他部分的变化和转变,参与的变化是一个与参加休闲体育运动的个体的生活、生命历程和其所处社会相联系的决策过程。

(3)当人们退出特定休闲体育运动时,他们既不是永远退出整个休闲体育运动领域,也不是切断与休闲体育运动的所有联系,而实际上,许多人通过媒体间接地参与休闲体育运动;改变活动方式,直接参加到不同的、竞争性较小的休闲体育运动中;或者改变其休闲体育运动参与角色,如教练员、陪练员、组织人员、管理人员、休闲体育运动经纪人或商人等。

第四节　东西方休闲体育文化差异分析

休闲体育文化主要从价值观念、制度规范、社会行为、物质层面四个方面体现出来,而东西方休闲体育文化的差异也主要体现在这四个方面。本节主要从价值观念、制度规范、社会行为、物质层面四个方面来对东西方休闲体育文化的差异进行分析。

一、价值层面的差异

(一)历史文化背景对东西方形成休闲体育价值观念的影响

在中国的传统文化中,休闲注重的是人的内在气质、品格、精神、信念、修养等,而人的身体则被认为是内在心理的外在表现,即所谓"神之于形"。在中国传统文化发展历程中,对人们价值观产生较大影响三大文化流派包括:一是道家文化。道家主张无为而治,追求一种自然的人格;二是儒家文化。儒家重视伦理规范,强调"克己复礼",追求合于名礼、积极有为的"君子"人格;三是佛家文化。佛家主张超脱世俗,提倡目空万物的超然人格。这三种文化流派都对中国传统休闲价值观的形成产生过重要影响。

中国传统休闲体育的一个显著特点就是通过身体锻炼以外达内,由表及里,由形而下的身体有形活动来促成形而上学的无形精神的升华,实现理想人格的塑造,其作用主要不在人体,对身体的发展并不作过高的要求,仅仅以养护生命、祛病、防病和延年益寿为主,注重保健养生和健康生命。

相比之下,西方传统的休闲价值观则明显不同。西方人民不仅重视身美体健,而且重视精神美,更强调二者应该和谐统一。与中国的传统信仰追求看不见摸不着的某种内在人格不同,西方传统体育信仰追求的则是有着匀称、健美的身体,并擅长各种运动的人。这种注重人体本身价值的文化观念,直接影响到西方的休闲体育价值观。

(二)不同人生观对东西方休闲体育的影响

在东方社会,人们认为人生的最大价值在于为社会做出力所能及的贡献。因此,在东方人民的意识形态中,"勤劳务实"素来是一种被称赞和提倡的美德,而"好逸恶劳"则是一种被极力否认的非理性的人性选择。对于东方人而言,嬉戏和玩耍是一种不务正业的表现,是浪费时间和精力。

西方社会则主张追求和平公正,尊重人的自由意志,塑造完美的人格。亚里士多德就认为休闲是一切事物围绕的中心,是人生的目的。西方人们认为正是因为对自由、休闲生活的向往,才会更加努力地工作,进而推动社会的发展。

(三)生产力水平对东西方休闲体育发展的影响

存在决定意识,经济基础决定上层建筑,在特定的社会环境中,人们一切观念的产生和行为方式的形成都不同程度地受到了当时经济发展水平的制约。

在 15 世纪以前,东西方同处于农耕时期,生产技术发展水平都较为落后,甚至东方经济曾一度领先于西方的发展。当时人们体育意识形态和休闲价值观念的形成在某种程度上,并没有因为东方封建制度和西方奴隶制而出现较大的差别。休闲被认为是只有王公贵族才能拥有和享受的权利。这一时期,由于科学技术发展水平较低,人们还没有创造出用于休闲娱乐的工具和实物,只是依赖自身先天的条件进行一些简单的身体或肢体活动。

工业革命后,东西方经济发展出现质的差异。这时期的东方,封建制度正在盛行,中国社会依然处于自给自足的封建小农经济,大量的生产劳动将人们的身体禁锢在田间,闲暇自由完全被剥夺,百姓的温饱问题有待解决,因此,休闲的发展也就无从说起。然而,西方已经开始大规模使用机器生产,进而解放了劳动对人的束缚,增加了人们的闲暇时间。欧洲启蒙运动使人们开始意识到休闲是每个公民的权利,这为西方休闲体育的蓬勃发展奠定了思想基础。

二、制度规范层面的差异

如前所述,休闲体育文化在制度规范层面上的异同主要表现在两个方面:一是影响休闲活动的社会制度体系;二是活动的规范要求。东西方休闲体育文化在制度层面上的区别则主要体现在以下两个方面。

(一)时间上的制度化

古代的闲暇观念是从农业的视角提出的,具有季节性。从这个角度来看,农业社会中人的生活节奏与自然界的一年四季和农作物的生长周期密切相关,由于这种自然周期没有严格的时间限定,人们的忙与闲可以有很大的自由度。在这个基础上,人们作息时间上的差别会因为不同的因素产生,包括不同的地域、不同的气候特点、不同的农作物种植等。因此,在农业社会中,人们只有节假日才能够有相对规定性的活动时间。不同的民族都有自己的传统节日,其中一些节日就是这些民族的玩耍节,许多传统的体育类活动都会在这些节日里举行。直至今日,一些农业国家、民族和地区依然保持着这种自然的节律,并在他们的文化传统中形成并认同的节假日里从事休闲活动。

近现代的休闲文化则是从大工业角度提出,具有时代性、制度化的特点,主要是对劳动生产率提高的主要因素——提高生产力自身的综合素质的全面关注。工业社会发展主要的基本社会特征就是制度化。大机器的运用使得人们的生活也被机器的节律所控制。但机器可以不停地运转,而人类会产生疲劳,不仅会跟不上机器的节律,还有可能出现伤亡事故。因此,工业社会通过制度方式对人的作息时间做出了安排和规定,使得这个社会中的各种人有了自己的生活节奏,也就产生了现代意义上的自由时间。

对于人口众多的现代城市来讲,时间的制度化具有重要意义。例如,对上下班时间的规定,对节假日时间的规定等,一方面,其保证了整个城市的正常运行;另一方面,也使生活在城市里的人有了一种规律性的节奏,并形成一种人们拥有自由支配时间的特有的生活方式。人们只有拥有自由支配的时间,才能使社会休闲变成可能,只有在这种背景下,才能产生现代休闲体育。

相比东方国家,西方国家进入工业社会的时间更早,因此,西方国家对时间进行制度化控制早于东方国家。如每天工作 8 小时,每周工作 40 小时等,这样就开始了一种不同于农业社会的生活节奏。

(二)活动规范的制度化

一般来说,为了达到保证活动能够顺利进行的目的,人类的共同性活动通常都有活动的规范。尽管休闲体育活动具有很大的自由度,一旦有多人参与,通常也会产生相应的活动规范,这也是多人参与活动的基本要求。在这个方面,东西方在活动的规范(要求)上也存在着较大差异,这是由东西方所产生的活动方式和运动项目等的不同决定的。

西方的活动方式大多产生于工业时代,制度化、规范化便是这些项目的共同特征。例如,球类作为其典型项目,其制度化、规范化主要表现在两个方面:第一,对场地器材有一致性规定,对活动方法也有统一要求;第二,球类项目通常是两人以上同时参加,参与人员的活动方式不一致会使活动无法进行下去,因此有必要对活动进行相应的规范,凡参加者均要照此规范行事。

而东方的活动方式产生于农业社会,其生产方式不具备一定的标准和准则,人们进行的活动也没有相应的活动规范。例如,产生于中国传统体育休闲方式的武术门派繁多,器械类型复杂多样,动作方式差异显著,单打独斗,个人特点突出,活动方式几乎很难规范统一,于是各门各派各具其自身门派的风格和特色,即使不同门派进行同台对抗,也是按自己的套路出招。各门派在同台对抗时,有一个唯一的共同要求,那就是"点到为止",他们将这种较为感性的要求作为评价指标。

随着东西方工业化程度逐渐趋向平衡,产生于农业社会的活动项目,也逐渐地实施规范性改造。例如,中国武术进行规范性改造后,形成了全国统一的标准,于是产生了全国的武术比赛。但是,武术作为个人参与的休闲体育项目,却仍然难以统一规范。

三、社会行为层面的差异

(一)行为活动内容的差异

行为是文化的外显形式,是文化的诸层面的综合反映。在古代农业社会,无论是东方还是西方,由于社会制度的制约,运动性的休闲行为并不是全社会休闲方式的主流。

在古希腊的社会中,休闲被认为是达到完美典范所需具备的基本条件。就休闲内容来看,古希腊人认为应该是艺术、音乐、讨论、运动(特别是身体运动)等能让人们生活愉快的事,是那些有闲暇时间的希腊的男性自由公民经常从事的休闲活动,但对于女性、奴隶等大多数人来说,根本就没有休闲可言。同时,古希腊的哲人们对于运动性休闲活动也有不同的看法,如柏拉图认为理想的休闲内容应包括音乐、体操、数学、哲学等,而他的学生亚里士多德则不强调体操、格斗等身体活动,在他看来,玩乐不属于休闲,思辨才是休闲。

在古代中国,运动性休闲活动有悠久的历史。据《吕氏春秋·古乐篇》记载:"昔阴康氏之始,阴多滞伏而湛积,水道壅塞,不行其序,民气郁于而滞著,筋骨瑟缩而不达,故作为舞以宣导之。"相传在远古时期的阴康氏时代(公元前5600年后),洪水泛滥,水道阻塞,到处阴冷潮湿,导致人们"筋骨瑟缩而不达",于是,有人创造了一种运动方式让人们跳,以伸展人们的筋骨,使人体恢复健康。据《帝王世纪》记载:"尧时有壤父五十人,击壤于康衢,或有观者曰:大哉,尧之为君也。壤父作色曰:吾日出而作,日入而息……帝力于我何有哉!"由此可见,早在原始时代,闲暇之时玩击壤之类运动性游戏已是十分流行的事。"摔跤"又叫角力、角抵和相扑,起源于古代"蚩尤戏","蚩尤戏"是为了纪念与黄帝逐鹿中原的蚩尤而在北方流行的一种民间的竞技游戏。到了东周时期,角抵戏比较普及,特别是北方少数民族中非常多见。在《史记·李斯列传》里也曾经记载秦二世胡亥在甘泉宫观看角抵的情景。由此可见,从东周到秦代角抵戏一直是较为普遍流行的休闲运动项目。

(二)行为活动方式的差异

东西方在运动行为方面的差异主要出现在工业革命之后。西方的运动行为主要体现在两个方面:第一,由于西方休闲体育项目大多为工业化产物,规范化、制度化特点突出,参与者在这种规则和规范的制约下,可以相对一致地开展活动,行为具有标准化特点;第二,双人或者多人活动,如球类运动,需要参与者相互配合,相互合作是活动的重要影响因素,活动过程中个人表现必须符合活动的最终目标,而这个目标往往又是所有活动参与者共同的目标。从这个意义上讲,个人的表现决定整体目标的实现,于是,个人行为被赋予了一定的责任。

与西方社会的运动行为相比,由于东方仍处于农业社会,其所产生的体育活动相对比较个人化,除了摔跤等少数项目为双人活动外,大多数项目都是个人活动,体育活动非标准化,也没有规范要求,东方休闲体育活动的行为特点就是个人独特性,以及个人风格。当然,我国古代也有集体项目产生,如"蹴鞠"。但这种活动终不能传承下去,显然与农业社会的生活方式有着密切的关系。

从休闲的角度来看,东方的行为方式更符合休闲的观念。这是因为西方工业社会的紧张、压力和竞争,使得西方强调竞争,其运动行为具有明显对抗性。与之相比,处于农业社会的东方,则重视随意,其运动行为表现的是自由和自然。

随着社会的发展,通过世界文化的相互碰撞和交流,东西方休闲体育文化的方方面面也有了相互融合的趋势。一些更有利于个人休闲的活动方式已经成为世界性的活动方式,无论是东方还是西方,人们都开始对这样的一些活动方式产生了浓厚的兴趣。例如,中国的太极拳,由于西方人对其健身休闲作用的了解和认识而引起了太极拳热。同时,一些新兴的运动项目也开始向个人化方向发展,尽管在活动器材上有统一的规格和要求,但在玩法上却更加个人化和自由化。

四、物质层面的差异

(一)生产方式的差异

东西方休闲体育的差异是在工业革命开始后逐渐形成的,而且很快将东西方拉开了差距。以英国为代表的资本主义工业化的早期历程,即资本主义生产完成了从工厂手工业向机器大工业过渡的阶段,是以机器生产逐步取代手工劳动,以大规模工厂化生产取代个体工场手工生产的一场生产与科技的革命,后来又扩充到其他行业。而此时的东方,依然生活在手工业、小作坊的农业社会中。

(二)生产的体育器具的差异

为了解决由于大机械生产、生产节奏加快及城市人口剧增等带来的一系列社会问题,英国新兴的资产阶级在全国积极推行发展狩猎、钓鱼、射箭、旅行、登山、赛艇、帆船、游泳、水球、滑冰、疾跑、跳远、跳高、撑竿跳高、投石、掷铁饼、羽毛球、板球、地滚球、高尔夫球、曲棍球、橄榄球、足球等户外运动和游戏。随着英国的对外发展,户外运动和游戏的影响很快传到了美国、法国及世界其他国家。工业革命,使西方进入了一个为了空闲时间的玩耍而发明和制造专门娱乐工具的时代。

与此同时,尽管东方也有一些娱乐工具被设计和生产出来,但大多与体育运动无关,如麻将、棋类。当然,在中国,也曾有过专门设计和制造体育项目的历史。资料显示,"蹴鞠"就是专门创造并制作用于玩耍的体育娱乐活动。蹴鞠起源于春秋战国的古老体育项目,分为三种形式:一是直接对抗;二是间接对抗;三是白打。到了隋唐,蹴鞠出现了充气的蹴鞠球,与当今的足球已经比较接近了。另外,中国古代还创造了"捶丸",这与现代体育中的高尔夫十分相似。据元世祖至元十九年(1282年)一个署名宁志斋的人写的一本叫做《丸经》的书记述,捶丸最早出现在宋徽宗时期,在宋、元、明朝曾经大盛。不过,到了近现代,这些体育项目都逐渐消失了。

考察东西方休闲体育项目的盛衰,可以发现东西方休闲体育物化形态的差异主要表现在以工业化方式生产出来的体育器具上,一方面,它从量上解决了物质的满足程度;另一方面,人们也更加容易将自己的想象和创造变成新的现实,这是手工业依靠个别的能工巧匠所不能实现的。

物化形态的差异的影响主要体现在两个方面:一是东西方休闲活动的内容;二是人们进一步创造和发展新的休闲娱乐方式的可能性。当今世界流行的体育项目,大多出自西方世界。以奥运项目为例,出自西方国家的项目大多需要器材工具,而出自东方国家的项目几乎都不用器材和专用工具,如柔道(日本)、跆拳道(韩国)。

综上所述,近代东西方生产方式的差异是造成东西方休闲体育文化的物质层面的差异的具体因素。但是,随着东方国家工业化的快速发展,一方面使这种差异逐渐地变小;另一方面,也缩短了东西方国家的物质财富的差距。因此,休闲体育开展和参与的物质条件差异也在逐渐减小。

第五节 休闲体育文化体系的建构

休闲体育文化是休闲文化和体育文化的复合体,主要体现在两个方面:第一,休闲体育是人们以休闲的意识、观念、态度和情感去参与体育活动的一种社会现象;第二,在众多的活动方式中,人们自愿选择了体育活动作为休闲方式,并在活动中体验和满足其身心的需求。由此可见,休闲体育文化是建立在休闲文化和体育文化两个文化维度基础上的一种特殊的文化形态,具有交叉和复合的特征。因此,休闲体育文化体系的基本构建,如图3-1所示。

图 3-1

从图中可以看出,休闲体育文化被包含于休闲文化和体育文化之中,也就是说,休闲体育文化是一种交叉或者复合的文化,其内容的来源主要有两个部分：一是休闲文化，二是体育文化。如果将休闲体育文化视为一个整体，那么它的内容结构依然涵盖了文化的四个层面，即物质层面、价值层面、制度层面和行为层面。或者说，作为一个子系统，休闲体育文化应该完全具有与文化母系统同样的结构成分。休闲体育具有健康、经济、教育、人文及促进人的全面发展等价值功能，与现代和谐社会的发展形成了非常紧密的联系。为了使休闲体育文化在和谐社会发展中继续发挥积极作用，促进我国休闲体育文化体系的建构，需要采取一系列有力措施，具体如下。

一、针对休闲体育积极开展相关教育

教育能为休闲体育文化的构建提供一定的理论基础。和谐社会下，休闲体育文化体系的建构离不开休闲体育的教育工作，积极开展休闲体育的教育可以从以下两个方面进行。

(一)加强休闲体育教育

要充分认识休闲体育教育的社会和个体的价值和意义。尽快将休闲体育教育列入国家和学校教育规划和议程。做到有组织、有计划、有目标地培养学生的休闲态度、行为习惯和价值观，这也是推进素质教育、落实全民健身计划、促进人的全面发展的必然要求。

在学校开设休闲课程，有利于培养学生终身休闲的意识和习惯。以学校为主要活动场所，以学生为主要对象，通过有效利用学校体育场馆设施开展体育活动是责、权、利明确的可持续发展休闲体育模式，是开展全民健身活动，推广终身体育极佳的形式。

(二)培养休闲体育相关人才

通过休闲体育教育，积极培养符合时代发展的休闲体育的专家和休闲经营人才。另外，为了保证休闲体育的科学性，还可以建立休闲体育的相关咨询机构，培养大量的休闲体育指导人员。

二、针对休闲体育建立专门组织管理机构

休闲体育专门组织管理机构的建立能有效促进休闲体育在社会中的开展，这也是和谐社会下休闲体育文化构建的组成部分。在建立休闲体育专门组织管理机构的同时，也要加强体育骨干队伍的建设，其具体措施如下。

（一）建立相关专门组织管理机构

要发展休闲体育还需要建立一套完善的组织管理机构,从国家到省、市、县要专门设立分管群体工作的部门,再由这些部门组建群众体育协会、体育指导中心、俱乐部,形成广泛的大众体育社会管理网络,有效地组织、指导群众进行科学的健身活动,特别是老年人口的体育工作,是发展休闲体育的重要因素。

（二）加强体育骨干队伍建设

进一步加强社会休闲体育指导员建设,主要从以下四个方面进行。

第一,加强社会对休闲体育指导员和休闲体育骨干的培训和使用。

第二,不断提高他们的业务素质和服务能力。

第三,努力发挥他们的中坚力量作用。

第四,加强和完善体质检测工作,建立一套科学、合理的体质评价系统。

三、对人们正确的休闲体育消费意识予以积极引导

作为休闲体育的消费主体,人们有了正确的休闲体育消费意识,才能使休闲体育的开展顺利地进行下去。和谐社会下,休闲体育文化的构建离不开人们正确休闲体育消费意识的形成。积极引导人们正确的休息消费意识可以从以下两个方面着手。

（一）加大对休闲体育的宣传力度

作为群众体育的基础,休闲体育是文明、科学、健康生活方式的组成部分。发展休闲体育与我国全民体质的增强,健康水平的提高和生活质量的改善都有着密不可分的关系。因此,各级政府部门要加大对休闲体育的宣传力度,利用各种传媒进行宣传,通过宣传,引导、强化广大群众的休闲体育消费意识,提高参与休闲体育的积极性。增强全民的健身意识,使休闲体育步入一个良好的舆论环境。

（二）积极培养消费主体

引导人们形成正确的休闲体育消费观念,完善休闲体育设施的建设,提供丰富多彩的不同层次的休闲体育服务。为了满足不同消费者的需求,还应根据消费者不同的年龄、职业、收入和兴趣爱好,开发出多类型、多层次的休闲体育消费品市场,从而达到积极引导消费,激发消费者购买体育服务欲

望的目的。

四、加强完善休闲体育相关消费和服务体系

只有健全的休闲体育消费和服务体系才能更好地促进休闲体育文化的发展。和谐社会下,加强完善休闲体育消费和服务体系对休闲体育文化的构建具有重要意义。可以从以下几个方面进行加强和完善。

(一)制定休闲体育的消费标准

有关部门应制定相应的休闲体育市场管理法规及行业指导价格,其主要体现在两个方面:第一,规范休闲体育市场经营行为;第二,制定合理消费价格。

(二)完善休闲体育的服务体系

积极完善休闲体育的服务体系,这就要求休闲体育经营者必须从以下几个方面出发。

第一,树立正确的观念,包括"市场营销""市场导向"等观念。

第二,从市场现实和潜在的需求出发,加强对休闲体育市场的调查、研究和预测。

第三,重视经营体育外围产业,同时要积极开发和经营一些以服务为主的体育外围产业,如观赏体育、体育知识技能培训以及集休闲、健身、娱乐、商务等于一身的各种俱乐部,以满足大众休闲体育需要。

(三)努力实现体育服务均等化

实现体育均等化服务,能有效缩短发达地区与欠发达地区的休闲体育差距。努力实现体育均等化服务需要从以下两个方面进行。

第一,各级政府应扩大公共财政覆盖农村体育的范围,增加对农村体育的投入力度。

第二,要组织发达地区采取相关措施,如对口支援、社会捐助等帮助中西部欠发达地区和东北老区发展群众体育事业,以达到逐步缩小发达地区和欠发达地区体育差距的目的。

五、对休闲体育市场进行积极开发

休闲体育市场的开发,不仅是休闲体育发展的必然趋势,还是和谐社会

下休闲体育文化的构建的组成部分。积极开发休闲体育市场的主要对策如下。

(一)转变休闲体育产业经营机制

引导、强化休闲体育市场意识，积极开发休闲体育市场，以达到使大部分体育场馆由事业型向经营型转变，由计划机制向市场机制转变的目标，其具体做法如下。

第一，对一些已具备条件的体育场馆应逐步实行企业化经营或转变为自主经营。

第二，借鉴西方国家先进经验，构建适应我国国情的、提供休闲体育产品和服务的组织、管理体系和运作机制。

第三，积极促进休闲体育产业在中国的发展，其主要手段包括促进观念更新、制度创新、企业组织创新、产业布局创新和行业管理创新等。

(二)重视休闲体育消费的大众化、普及化

休闲体育市场的建立可以刺激人们对体育的需要，人们对体育的需要更能促进休闲体育市场的形成和发展。因此，休闲体育市场与人们的体育需要是密切相关的。由于传统文化的积累，未来的休闲体育消费主流必然是大众型的，因此，休闲体育的主要标志应该是大众的、普及的。为了更好地发展我国的休闲体育产业，一定要注意两个方面：第一，在经营休闲体育项目的选择上，一定要重视大众的消费需求和认同在经营上的重要性；第二，在经营理念上一定要以人为本，结合实际情况和消费文化，从大众的消费需求和消费条件出发。

(三)积极开发户外休闲体育项目

在很大程度上，休闲体育的体验质量取决于环境条件。因此，休闲体育的服务机构要把对环境的保护和改善作为首要任务。我国蕴藏着丰富的户外运动资源，利用这些资源可以大力开展陆域、水域、空域多种休闲体育项目。但是，值得注意的是，在大力开展户外休闲项目的同时一定要倡导"生态休闲"的理念，也就是说，为了达到促进社会与人类的可持续发展的目的，人们在进行休闲体育活动时要尽量避免对自然环境的破坏。

六、对休闲体育进行多渠道资金投入

不论是休闲体育的发展，还是休闲体育文化的建构，都需要一定的资金

投入。对休闲体育的资金投入,离不开国家相关部门的支持和人民群众的支持。

(一)国家相关部门的支持

资金短缺一直是困扰各级政府部门引导和开展群众体育活动的难题。因此,政府部门应对群众体育活动增加财政拨款并形成制度,以用于扩建体育场馆和辅助设施等。

(二)人民群众的支持

对于休闲体育资金的投入,光靠国家财政拨款是不可行的,还需要人们的共同努力。首先,需要相关部门积极引导和鼓励依靠社会力量对群众体育进行赞助;其次,要积极促进国民花钱买健康的思想观念的形成;最后,在国家、社会、个人共同出资出力的条件下,需要人们共同努力做好利国利民的大事。

第四章 休闲体育运动的科学保障理论与方法指导

休闲体育运动之所以能够得到较好的发展,与其深厚的理论基础和内涵有着不可分割的联系。同时,休闲体育运动实践的顺利进行,则与科学的营养保障、医疗保障、医务保障有着密切的关系。本章主要对休闲体育运动的疲劳与恢复、营养保障、创伤与处理以及医务监督这几个方面的理论与方法进行科学分析和研究。

第一节 休闲体育运动的疲劳与恢复

在休闲体育运动中,锻炼者往往会产生疲劳,适当的疲劳在得到较好的恢复以后对于锻炼者的身体和运动能力是有好处的,但是,如果过度疲劳,就会产生消极影响,要尽可能避免这一情况的发生。

一、疲劳的概念

疲劳是人体正常的反应,它在身体受到一定的运动负荷时产生,是一种机体出现暂时性的机体机能下降的现象。当疲劳出现后,经过适当时间休息和调整可恢复。从某种意义上讲,生命是生物能量存在的一种形式,是能量集聚、转换和耗散的一种过程。不论参与到何种活动之中,都会消耗人体内的能量,即便是在睡眠时也会有一定的能量消耗以维持最基础的生命活动,而活动越激烈,消耗能量的速度就越快,表现为活动效率在持续一定时间后都会出现下降现象,这就是机体疲劳的表现。

二、运动疲劳产生的原因

导致运动疲劳产生的原因主要有以下三个方面。

(一)体内能源贮备的减少和身体各器官功能的降低

从相关研究中发现,人体从事运动导致疲劳时体内能源物质的消耗往往较多。如快速运动 2～3 分钟至非常疲劳时,肌肉内的磷酸肌酸可降低至接近最低点;而长时间的持续运动中,由于糖的大量消耗,肌糖原及血糖含量均大幅度下降。能源贮备的消耗与减少,会有效降低各器官的功能。另外,再加上肌肉活动时代谢产物的堆积及水、盐代谢变化等影响,机体工作能力就会下降,从而导致疲劳的出现。

(二)运动能力与身体素质的变化

人体的运动能力和身体素质与身体各器官、系统功能的关系非常密切。身体素质能够将人体各器官、系统的功能在肌肉工作中的情况充分反映出来。各器官功能下降就会对人体的运动能力与身体素质产生相应的影响。

(三)精神意志因素

神经系统是人体各器官、系统的"指挥官",神经系统功能的降低,神经细胞抑制过程的加强都会使疲劳加深。此时人的情绪意志状态与人体功能潜力的充分动员有着非常密切的关系。实际上,人体在感到疲劳时,机体往往尚有很大功能潜力,能源物质远未耗尽,良好的情绪意志因素可以动员机体潜力,使疲劳发生的时间得到一定的延迟。

三、运动疲劳的恢复

在休闲体育运动中产生疲劳之后,要想尽快消除疲劳,需要从以下几个方面入手。

(一)做好热身和整理活动

休闲体育运动前,做好热身准备,可以充分发挥运动者的机体适应能力,提高运动者身体各项运动能力对负荷的适应和机体活力,可有效延缓运动疲劳的产生。休闲体育运动后,做好放松与整理活动。放松与整理活动是消除休闲体育运动中疲劳、促进体力恢复的一种有效的主动恢复手段。休闲体育运动后的放松与整理活动能够使呼吸系统、神经系统、心血管系统和内分泌系统等从适应运动的状态慢慢地恢复到安静状态。休闲体育运动者可以通过慢跑和呼吸体操消除疲劳,或在休闲体育运动后通过做肌肉、韧带拉伸等放松练习来消除运动疲劳。

(二)保证积极性的休息

积极性的休息十分有利于运动者疲劳的消除和机体能力的恢复。积极性休息是指人们在休息时进行其他放松性活动。作为活动性休息而安排的练习,应是习惯的练习,同时强度不应过大,时间不宜过长,否则会影响活动性休息的效果。

在现代体育休闲健身养生运动中,当运动者局部肌肉疲劳时,可利用未疲劳的另一些肌肉进行一些适当活动,借以促进全身代谢过程,加速疲劳的消除;当运动者全身疲劳时,可通过一些轻松的、兴趣高的体力活动,来达到加速消除肌肉代谢产物的目的。

(三)保证良好的睡眠

良好的睡眠可有效消除疲劳,研究表明,人体在睡眠状态下,各器官、系统活动会下降到最低水平,这时,机体的物质代谢减弱,能量消耗也维持在最低水平,合成代谢有所加强,可使机体消耗的能源物质逐渐得到恢复。

在休闲体育运动后,保证良好而充足的睡眠是使身体得到恢复的重要措施。充足的睡眠可以有效缓解运动性疲劳。参与休闲体育运动的人必须遵守一定的作息制度,从而保证睡眠的时间和质量,并讲究睡眠卫生。

(四)合理补充营养

研究表明,营养物质的消耗会导致疲劳产生,那么适当补充营养物质自然可以减缓和预防运动性疲劳,并促进疲劳的恢复。休闲体育运动者的健康体质的养成以及运动水平的提高,适当补充营养是必不可少的。

进行合理的营养补充能够使机体消除疲劳并恢复到最佳生理状态。在日常参与休闲体育运动期间,运动者可结合自身情况适当补充营养,以此来补充机体生理活动所消耗的物质,并且修复体内结构受损以及消除疲劳。通常,休闲体育运动者需要及时补充的物质包括糖、蛋白质、矿物质以及各类维生素(如维生素 A、维生素 B_1、维生素 B_2、维生素 C 和维生素 E 等)。

(五)必要的物理疗法

一些物理疗法和中医治疗措施能有效缓解运动者在休闲体育运动中的运动性疲劳,虽然运动者不能全面掌握这些知识,但是通过简单的按摩或者求助于医师,都可以实现运动性疲劳的恢复。常见的物理疗法有以下几种。

1. 按摩

按摩是健身后疲劳消除很好的方法。用推拿按摩消除休闲体育运动中的疲劳是经济简便的,既不需要特殊医疗设备,又可以避免时间、地点和气候等因素带来的限制,随时随地都可实施。常见的按摩的方法主要有人工按摩、机械按摩、水力按摩以及气压按摩等,休闲体育运动者可结合自身经济条件进行选择。按摩的手法要以揉捏为主,并且交替使用按压、扣击等手法。以消除疲劳为目的的按摩要在运动后方可进行,按摩时间根据疲劳程度通常设定在 30～60 分钟之间。休闲体育运动后,运动者根据自身感觉等情况可以进行局部或全身按摩,并对按摩的时间、深度、力度等方面加以适当的调整。

2. 拔罐

拔罐法是一种中医疗法,主要是针对运动后局部严重疲劳并伴有损伤的局部性疲劳的恢复。拔罐法的原理在于,在拔罐时,身体的局部负压作用能够使组织内的瘀血散于体表,使组织代谢产物的排泄更加顺畅,从而可以有效消除疲劳。

3. 理疗

理疗法主要包括光疗、蜡疗、电疗等,运用这些方法能够对身体局部或全身的疲劳肌肉的代谢过程有非常好的促进作用。同时促进血液循环、改善血液供应,有利于营养物质的吸收,促进代谢产物的排泄,从而达到消除疲劳的目的。

4. 针灸

针灸主要是针对不同的疲劳程度进行的治疗,在相应的疲劳位置进行相应的针灸方法是非常有效的。对于肌肉疲劳可采用穴位针刺的方法。消除全身疲劳,则主要采取针扎强壮穴足三里的方法。局部疲劳的消除则可采取配合间动电电针消除疲劳的方法。

5. 温水浴

温水浴是非常有效的疲劳消除方法。在进行温水浴时要注意水温的适当,具体来说通常水温应以 40℃ 左右为宜,温度不宜过高,时间为 10 分钟左右。

6. 吸氧及空气负离子疗法

吸氧能够促进新陈代谢,改善体内的微循环,有助于消除疲劳。对于休闲体育运动者来说,休闲体育运动后可采用高压氧治疗,对消除疲劳有明显的效果。空气负离子能改善肺的换气功能,增加氧吸收量和二氧化碳排出量,改善大脑机能,刺激造血机能,使红细胞、血红蛋白、血小板增加,血流速度加快,心搏输出量加大,扩张毛细血管,加速乳酸的代谢,消除疲劳。

(六)音乐疗法

音乐是有规律的声音波动,可对人体(尤其是神经系统)产生刺激,从而影响人的心理活动,因此休闲体育运动者可以通过听音乐的方法来消除机体疲劳。在长时间的休闲体育运动后,舒缓的音乐可以帮助中枢神经系统的疲劳得到极大的缓解,同时还能够调节循环、呼吸系统和肌肉的功能。

(七)心理调节

心理学研究表明,可以通过调节大脑皮层的机能来消除机体疲劳。心理学方面消除疲劳的方法只要环境温暖、舒适、安静,没有直射的阳光即可,受到的限制很小。具体来说,采用心理调节是通过一系列引导词来帮助休闲体育运动者做一些适当的放松练习,练习时间以持续20~30分钟为宜。具体方法如下。

(1)表象和冥想:每天睡前、醒后都像过电影一样。

(2)自我积极暗示:休闲体育运动者在运动中产生疲劳后可以自己对自己默念"自己没问题""还可以更好""不能放弃"等语言。

在进行心理调节过程中配上舒缓的音乐则效果更佳。

第二节 休闲体育运动的营养保障

休闲体育运动能够使人体的能量得到消耗,这就需要适当地补充营养,从而满足休闲体育运动对人体能量的需求。

一、人体所需的营养素

营养素对人体来说非常重要,它是维持人体正常生理功能的重要元素,能促进人体的生长发育和身体健康。一般来说,营养素主要分为七大类,即糖、蛋白质、脂肪、维生素、矿物质、水和食物纤维。

(一)糖

糖可以说是人体最主要的热源物质。糖的摄入有利于氨基酸的活化,对蛋白质的合成起到积极的促进作用。而且,葡萄糖的代谢产物可与脂肪在氧气不足条件下产生的中间产物相结合,使其继续氧化,降低体内的酸性,延长运动能力。另外,糖还是大脑的主要能源,只有血糖水平保持在正常水平,人的大脑才能正常工作,才能参加其他活动。

以分子结构的简繁为主要依据,可以将糖分为单糖(葡萄糖、果糖等)、双糖(蔗糖、麦芽糖等)和多糖(淀粉、纤维素等)。通常情况下,单糖吸收较快,多糖相对较慢。体内糖原可由蛋白质和脂肪异生,一般情况下不会缺乏,而且体内多余的糖会转化为脂肪,因此不要摄入过多的糖。淀粉是糖的主要来源,首先,淀粉的来源非常广泛,如粮谷等食物中都含有大量的淀粉;其次,淀粉消化吸收较慢,使血糖维持在较稳定的水平上。

(二)蛋白质

蛋白质是一切细胞和组织结构的重要成分,是生命的物质基础。蛋白质是供给机体生长、更新和修补组织的材料,它占细胞内固体成分的80%以上。当蛋白质长期供给不足时,会引起蛋白质缺乏症。一般表现为机能下降,抵抗力降低,应激能力减弱。具体表现为:儿童生长发育迟缓,成年人体重下降、肌肉萎缩、贫血、血压降低以及心律减慢等,妇女发生月经失调。

氨基酸是构成蛋白质的基本单位。食物蛋白质中的氨基酸一部分在人体内不能合成,或合成量甚微,不能满足需要,但又是维持机体生长发育所必需的,这部分氨基酸称为"必需氨基酸";其他氨基酸在体内可以合成,称为"非必需氨基酸"。根据所含必需氨基酸的种类是否齐全,可将蛋白质分为完全蛋白质、半完全蛋白质和不完全蛋白质。蛋白质在人体内的贮存量甚微,因此需要从膳食中摄取。但的,这里要强调的是,蛋白质的供给量不足,会造成蛋白质缺乏,引起人体的不适;供给量过多,过多的蛋白质分解成尿素等排出体外,不仅浪费了蛋白质,而且增加了肝脏和肾脏的负担,也对人体有害。目前,粮谷类蛋白质和豆类蛋白质是膳食蛋白质的主要来源。

(三)脂肪

脂肪属于高热能物质,1克脂肪可供热9千卡。在膳食中,脂肪供给的热量可占总热量的22%～25%。需要注意的是,脂肪过多容易导致高血脂病、高血压、冠心病等,并且与某些癌症的发生有关。脂肪的来源比较广泛,许多食物中都含有脂肪,肥猪肉含脂肪90.8%,瘦猪肉含28%,鱼含4%,鸡肉含2.5%。

(四)维生素

维生素是人体所必需的一类有机化合物,也是人体必需营养素之一。人体内不能合成维生素,尽管人体对维生素的需求量非常小,但是,维生素也是必需营养,是需要通过食物供给的。

人体中重要的维生素及其作用见表4-1。

表4-1 人体重要维生素及其作用

脂溶性维生素	维生素 A	维持正常的视觉尤其是人的暗适应能力,预防夜盲症、眼干燥病;维持上皮细胞组织健康,促进生长发育,增加身体的抵抗力;促进人的骨骼发育
	维生素 D	增进人体对钙和磷的吸收和利用,促进骨骼生长
	维生素 E	促进肌肉生长,提高肌肉耐力和力量;维持正常的生殖能力和肌肉代谢;增强循环、呼吸和生殖系统的功能
	维生素 K	可止血,构成凝血酶原,促进肝脏制造凝血酶原
水溶性维生素	维生素 B_1	组成酶,参与碳水化合物代谢,影响代谢过程;保持消化、循环、神经系统和肌肉的正常功能;预防脚气
	维生素 B_2	即核黄素,是体内许多辅酶的组成部分。它是酶的重要组成部分,是人体能量系统必需的物质,促进细胞的氧化,促进生长发育,保持皮肤和眼睛的健康
	维生素 B_5	即泛酸,有抗感染,解毒,消除术后腹胀的作用
	维生素 B_6	在蛋白代谢中起着预防神经衰弱、眩晕、动脉粥样硬化的作用
	维生素 B_{12}	抗脂肪肝,促进细胞成熟和抗体代谢,促进肝脏对维生素 A 的贮藏,防治恶性贫血
	维生素 C	促进红细胞成熟,促进人体生长;增强抵抗力,连接结缔组织维持骨骼和牙齿的健康;增强对疾病的抵抗力,促进伤口愈合,增强血管的韧性,预防与治疗坏血症
	维生素 PP	又称"烟酸",是细胞生理氧化功能中不可缺少的物质,可以防治癞皮病
	维生素 H	又称"叶酸",有抗贫血,维持细胞正常生长和免疫系统功能的作用
	维生素 T	能够帮助血小板形成和凝血

(五)矿物质

矿物质,也称无机盐,原指地壳中天然存在的化合物或天然元素,人体内约有 50 多种矿物质。矿物质是人体重要组成部分,有些元素是身体保持适当生理功能所必需的,能够维持生理系统,强化骨骼结构和肌肉、神经系统,辅助酶、激素、维生素和其他元素发挥作用,需要不断地从食物中摄取。矿物质有常量元素和微量元素之分,它们都有着各自不同的营养价值,具体如下。

1.钙

钙是人体牙齿和骨骼的重要构成成分,在体内含量相对较多,约 1 300克,占体重的 1.5%～2%,集中在骨骼和牙齿中,约 99%的含量。食物中钙的主要来源有蛋黄、乳类、小虾皮、海带、芝麻酱等。

2.铁

铁在成人体内的含量为 3～4 克,它是人体重要的必需微量元素之一,是构成细胞的原料,并参与肌红蛋白、血红蛋白、细胞色素及某些酶的合成。食物中铁的主要来源有动物的肝脏、肉类、蛋类、鱼类和某些蔬菜等。

3.锌

锌主要存在于骨骼、皮肤和头发中。它与酶的合成有密切关系,是酶的活性所必需的元素。锌主要来源于牛肉、猪肉、羊肉和其他鱼类、海产品。

4.碘

碘主要来源于海产的动植物食物,其主要作用是用于机体甲状腺素的合成,促进能量代谢。

(六)水

俗话说,水是生命之源,只有充足的水分才能维持人体物质代谢的正常运转。人体内的水主要来源于直接饮用的液体、摄入食物中所含的水分及物质代谢过程中产生的水分。

水是机体的主要成分,约占成人体重的 50%～70%,其中,血液含水90%,肌肉含水 70%,骨骼含水 22%。流动的水在体内循环,运输养料,同时也排泄废物。另外,水还有调节人体体温的作用,一方面,水的比热大,使体温变化较小;另一方面,通过水的蒸发可以调节体温,以维持体温的正常。

(七)食物纤维

通常情况下,可以将食物纤维分为两大类,即非溶性食物纤维和可溶性食物纤维。其中,非溶性食物纤维作为植物细胞壁的重要组成部分,含量丰富,大量的存在于禾谷和豆类种子的外皮和植物的茎和叶中;而可溶性食物纤维大量的存在于细胞间质中,通常情况下,日常生活中人们所吃的食物中,食物纤维的摄入量足以满足人体的需求。麦麸、米糠、嫩玉米、花生、菠萝和生食的蔬菜等中食物纤维的含量较为丰富,但是过多食物纤维的摄入会对钙、镁等矿物质的吸收和利用产生一定的阻碍作用。

二、休闲体育运动的营养消耗与补充

休闲体育运动中,各营养素都会有一定的消耗,因此,就需要根据营养素的实际消耗情况来进行相应的补充,以保证机体的健康,从而使锻炼者能够继续参与到休闲体育运动中去。

(一)糖的消耗与补充

1. 休闲体育运动中糖的消耗

糖是运动中的重要能源物质。体内糖原贮量与运动能力成正比关系,糖原贮备减少,机体的耐久力下降。在参加休闲体育运动前和运动的过程中通过合理地补糖,可以减少糖原的消耗,提高人体的运动能力。运动时肌肉的摄糖量是安静时的 20 倍以上,体内的糖大量消耗,因此,运动后应适量补糖以促进糖原贮量的恢复。

2. 休闲体育运动中糖的补充

糖类易于消化吸收,是身体热能的主要来源,在日常进食的大多数食物中几乎都含有糖。在没有及时补充而又继续运动的情况下,对糖类的大量需要只能来自体内贮备的糖原,从而造成糖原枯竭。严重的糖原枯竭可能对运动者造成致命的伤害。

在休闲体育运动中,运动者需要参与较强的身体负荷,运动频率和强度非常大,因此对能源的需求也很大,对糖的补充非常重要,但在补充糖类时要注意控制,不宜过多,否则过多的热量堆积在体内不仅不利于身体健康,甚至最终还会导致疾病,如糖尿病、高血脂等。

膳食中糖类的主要形式是淀粉,果糖很容易被吸收和利用,且在体内变成脂肪的可能性比葡萄糖要小,运动者可经常吃一些水果、蔬菜和蜂蜜等食物。

（二）蛋白质的消耗与补充

1. 休闲体育运动中蛋白质的消耗

运动使蛋白质的代谢发生变化，但是不同性质的运动项目对蛋白质的作用也不同。耐力性运动使蛋白质分解加强，合成速度减慢；力量性运动也使蛋白质分解加强，但同时蛋白质合成速度也加快，并且大于分解速度，所以，肌肉体积增大，肌肉力量增强。

2. 休闲体育运动中蛋白质的补充

休闲体育运动过程中，运动者机体的蛋白质以分解代谢为主，因此此时就更加需要补充蛋白质以应对较多的代谢消耗，可见，蛋白质的适时补充是极为重要的。

对力量素质和速度素质要求较高的休闲体育运动项目来说，运动者在运动期间的蛋白质供应量应达到 2 克/千克体重，优质蛋白质应占 1/3。

需要特别注意的是，由于蛋白质食物的特别动力作用强，蛋白质过多能提高机体的代谢率，增加水分的需要量，因此，运动前蛋白质的摄入不宜过多。

（三）脂肪的消耗与补充

1. 休闲体育运动中脂肪的消耗

脂肪是长时间运动的主要能源物质，但是脂肪供能时耗氧比较多。在氧气不充足的条件下，脂肪代谢不完全，不仅浪费脂肪，而且使体内酸性增高，降低身体机能水平和运动能力。在休闲体育运动中，脂肪中的脂肪酸参与供能，从而减少了体内的脂肪含量。

2. 休闲体育运动中脂肪的补充

适当摄入脂肪可延迟胃的排空，增加饱腹感。但脂肪的供给量应以满足生理需要为限，不能摄入过多，否则就会引起心血管疾病、脂肪肝等疾病。而对于运动者来讲，摄入过多脂肪，会影响体重，体重过重会导致运动者运动速度的下降，这对运动者专项能力的提高非常不利。

休闲体育运动中，运动者在补充脂肪时，对摄入脂肪的质和量都要加以限制，摄入的脂肪量以占摄入总能量的 20%～25% 为宜，应注意选用一些含不饱和脂肪酸的食油，少吃动物性脂肪，如果偏好肉类可以多食用鸡肉、鱼肉等。

(四)维生素的消耗与补充

1. 休闲体育运动中维生素的消耗

参加休闲体育运动时,运动者体内物质代谢过程会加强,对维生素的需要量也会增加。维生素的需要量与运动量、机能状态和营养水平有关。剧烈的运动可使维生素缺乏症提前发生或症状加重,并且由于运动者对维生素缺乏的耐受力比正常人差,所以在参加休闲体育运动时,应及时补充维生素。

2. 休闲体育运动中维生素的补充

参与休闲体育运动,机体需要消耗大量的能源物质,运动中,运动者体内物质代谢过程会加强,对维生素的需要量也会增加。剧烈运动可使维生素缺乏症提前发生或症状加重,且由于运动者对维生素缺乏的耐受力比正常人差,所以应及时补充维生素。

(五)矿物质的消耗与补充

1. 休闲体育运动中矿物质的消耗

参加休闲体育运动时,运动者体内矿物质和微量元素的代谢均可能发生变化。运动量大时,尿中钾、磷和氯化钠的排出量减少,而钙的排出量增加。如果运动者对负荷的运动量适应,体内矿物质的变动幅度就会降低。

2. 休闲体育运动中矿物质的补充

休闲体育运动中,运动者应特别注意以下几种矿物质的补充。

(1)钾(K^+):运动期间,口服钾可迅速恢复生长素水平和促胰岛素样生长因子的水平。

(2)铁(Fe^{2+},Fe^{3+}):运动中,运动者对铁的需要量较高,铁丢失严重,再加上摄入不足,普遍存在铁营养状况不良。因此,运动者在膳食中应加强铁的摄入。

(3)锌(Zn^{2+}):锌与运动能力之间的关系非常密切,它是多种酶的组成成分和激活剂,能调节体内各种代谢,并影响睾酮的产生和运输,可饮用含锌饮料来补充锌。

(4)硒:硒是机体内谷胱甘肽过氧化物酶的辅助因子,由于具有消除过氧化物,增强维生素 E 的抗氧化能力等作用,因此它与运动关系密切。运动期间,建议运动者硒的摄入量应为平时的 4 倍,每天约 200 微克。

(六)水的消耗与补充

1. 休闲体育运动中水的消耗

人在参与运动的过程中,首先动用的就是肌糖原供能,接着脂肪燃烧供能,最后才是蛋白质分解供能。因此,在参加休闲体育运动前,运动者要贮备足够的营养物质,运动后要补足营养,以促进机体的尽快恢复,这样才能为参加休闲体育运动提供安全保障。需要注意的是,为了保证在参加休闲体育运动的过程中有充足的热能供应,运动者应摄入较多的糖、磷和维生素 C;而为了维持血红蛋白的水平,应摄入较多的蛋白质、铁、维生素 B_2 和维生素 C。

2. 休闲体育运动中水的补充

运动中的补水非常重要,运动过程中运动者机体水分主要是通过出汗流失的,因活动量大,机体会排出大量的汗。合理的补水应该遵循以下原则。

(1)预防性原则:休闲体育运动前,提前补水,避免脱水的发生,防止运动能力下降。

(2)少量多次原则:避免一次性大量补液,以免对胃肠道和心血管系统造成的负担加重。

(3)补大于失原则:为了在某些对体力和体能素质较高的休闲体育运动中能保持最大的运动能力和最迅速地恢复体力,补液的总量一定要大于失水的总量,尤其是钠的补充量一定要大于丢失的量。

第三节　休闲体育运动的创伤与处理

休闲体育运动中,往往会因为各种原因导致锻炼者受到一定的创伤,也就是我们所说的运动损伤。运动损伤会对锻炼者的身体健康造成不利影响,对继续参与休闲体育运动也会产生一定的制约,因此,需要及时处理,以尽快康健。

一、运动损伤的概念与分类

(一)运动损伤的概念

在运动过程中所发生的各种损伤统称为"运动损伤"。运动损伤与人们日常生活中所发生的一般损伤有所不同,运动损伤的发生与运动项目、运动环境、运动者的身体素质等有着极为密切的关系。如果面对发生的一些运动损伤,不给予必要的治疗和处理,则会给人带来一定的伤害。

(二)运动损伤的分类

按照划分标准的不同,运动损伤有着不同的分类,表4-2中就按照不同的分类标准,对运动损伤进行了分类。

表 4-2　运动损伤的分类

分类标准		常见损伤
按损伤组织的种类划分		肌肉肌腱损伤、滑囊损伤、关节囊和韧带损伤、骨折、关节脱位、内脏损伤、脑震荡、神经损伤等
按损伤组织创口界面划分	开放性损伤	指损伤组织有裂口与外界空气相通,如擦伤、刺伤、切伤等
	闭合性损伤	指损伤的组织无裂口与外界空气相通,如挫伤、肌肉韧带损伤与闭合性骨折等
按运动能力丧失的程度划分	轻伤	发生运动损伤后仍能够进行运动的损伤
	中伤	运动损伤后不能进行运动,需要减少或停止患部活动的损伤
	重伤	运动损伤后完全不能进行运动的损伤
按损伤病程划分	急性损伤	多发生在一些球类运动中,是由于人体在一瞬间遭受直接暴力或间接暴力而发生的损伤
	慢性损伤	又可以分为劳损和陈旧性损伤。劳损是因人体局部负荷过重或多次微细损伤积累而成,陈旧性损伤常因急性损伤处理不当转变而成

二、休闲体育运动中常见运动损伤及其处理

休闲体育运动中的一些损伤往往是无法避免的,这就要求锻炼者要掌握一些科学处理运动损伤的措施。下面就对休闲体育运动中经常出现的运动损伤及其处理措施进行分析和阐述。

(一)擦伤

1.擦伤的原因及症状

擦伤是指有机体表面与粗糙的物体相互摩擦而引起的皮肤表层的损害。其症状主要表现为表皮剥脱,并伴有小出血点和组织液渗出。

2. 擦伤的处理措施

当出现轻微的擦伤时,可以采用生理盐水或其他的药水对受伤部位进行清洗,并涂抹红药水或紫药水,无需包扎,一周左右即可痊愈。若出现面部擦伤时,可以涂抹0.1%的新洁尔灭溶液。一般来说,擦伤伤口较大时容易受到感染,应用酒精或碘酒对伤口周围进行消毒,如果受伤部位嵌入沙粒、碎石、碳渣等时,可以先用生理盐水和棉球轻轻刷洗,将异物清除,消毒完成后,再撒上纯三七粉或云南白药,用凡士林纱布进行适当包扎。如果没有发生感染,两周左右即可痊愈。若关节周围出现擦伤时,在清洗、消毒后,可以用青霉素软膏或磺胺软膏等进行涂敷,否则会影响关节活动,并造成重复破损。

(二)挫伤

1.挫伤的原因及症状

挫伤是指在运动中机体某部分由于受到钝性外力的作用,导致该部分及其深部组织产生闭合性损伤,如在休闲体育运动训练中的跑、跳等动作都非常容易产生挫伤,最常见的挫伤发生在大腿的股四头肌和小腿前部的骨膜和后部的小腿三头肌、腓肠肌等部位。此外,头部、上肢和腹部的挫伤也时有发生。其症状主要表现为肿胀、疼痛、皮下出血和功能障碍等。

2. 挫伤的处理措施

当挫伤发生后,要立即对受伤部位进行局部冷敷、外敷新伤药等,并适

当进行加压包扎,抬高患肢,减少出血和肿胀。另外,股四头肌和小腿后群肌肉严重挫伤时,大都伴有部分肌纤维损伤和断裂,组织内出血形成血肿,应对受伤肢体进行包扎固定后,迅速送往医院进行诊治。头部、躯干部的严重挫伤可能会伴有休克症状,应认真观察呼吸、脉搏等情况,休克时应首先进行抗休克处理,使伤员平卧休息、保温、止痛、止血,疼痛甚者,可口服可卡因,或肌肉注射杜冷丁,并立即送医院诊治。

(三)拉伤

1. 拉伤的原因及症状

拉伤是指肌肉在外力的作用下过度主动收缩或被动拉长致伤。造成肌肉拉伤的原因有很多种,如准备活动不充分,动作不协调,训练方法不得当等。当出现肌肉拉伤后,受伤部位会出现压痛、肿胀、肌肉痉挛等症状,在诊断时可以摸到硬块,肌肉断裂是比较严重的一种拉伤,需要进行及时的治疗和处理。

2. 拉伤的处理措施

肌肉拉伤较轻时,可以立即冷敷,并进行局部加压包扎,抬高患肢,24小时后便可进行按摩或理疗。肌肉拉伤严重时,应立即送往医院进行医治。

(四)大腿后部屈肌拉伤

1. 大腿后部屈肌拉伤的原因及症状

在完成各种动作时,当肌肉主动收缩或被动拉长超出其所能承担的能力时,可造成大腿部肌肉的急性拉伤。准备活动不充分、不当地使用猛力、疲劳或负荷过度、技术动作有缺点、气温过低、场地粗糙是常见的致伤原因。该肌群训练不充分,肌肉弹性、伸展性差,肌力弱是发生损伤的内在因素。肌肉拉伤轻者,可仅有少许肌纤维撕裂或肌膜破裂;重者可造成肌肉大部或完全断裂。

2. 大腿后部屈肌拉伤的处理措施

肌肉微细损伤或伴有少量肌纤维撕裂者,伤后应迅速给予冷敷,局部加压包扎,休息时应抬高患肢。24~48小时后可开始理疗和按摩,按摩时手法宜轻柔,伤部仅能做些轻推摩,伤部周围可做揉、捏、搓等,同时配合点压穴位(宜取伤周穴位)。肌肉大部或完全断裂者,在局部加压包扎并适当固定患肢后,应马上送往医院诊治。

(五)腰部扭伤

1.腰部扭伤的原因及症状

腰部扭伤主要有腰部关节损伤、韧带损伤和肌肉损伤等,多发生在腰骶部和骶髂关节。一般是由于突然的间接暴力所致。当人体运动超过了腰部肌肉、韧带的伸展限度或收缩不协调,都会造成腰部扭伤。在腰部扭伤出现以后,会出现腰部活动受限和疼痛。

2.腰部扭伤的处理措施

腰部扭伤后,要立即停止运动。24 小时后,可采用热敷和外敷伤药,也可进行按摩等。若出现剧烈疼痛,应送医院诊治。

(六)韧带扭伤

1.韧带扭伤的原因及症状

韧带具有保护关节正常活动的作用,但如果受到持续的挤压、牵拉或外力使关节活动超出韧带所承受的范围时,就容易导致韧带损伤。轻度韧带扭伤会出现局部轻微的疼痛和水肿,皮下出现瘀血。严重时会造成韧带撕裂,丧失功能。

2.韧带扭伤的处理措施

韧带出现扭伤后,应立即进行冷敷,并进行局部加压包扎,抬高患肢。24 小时以后对受伤部位进行按摩或热敷。韧带扭伤较严重时,在用绷带固定后立即送往医院救治。

(七)肩袖损伤

1.肩袖损伤的原因及症状

肩袖损伤是指肩袖肌腱或合并肩峰下滑囊的损伤性炎症病变。肩袖损伤发生时,肩外展会感到疼痛,有时会向上臂、颈部放射。当肩外展或伴有内外旋转时,疼痛会加重,压痛局限于肩峰与肱骨大结节之间。肩袖损伤又可分为急性和慢性损伤两种,急性肩袖损伤常伴有三角肌痉挛疼痛,慢性肩袖损伤期间继发三角肌萎缩乏力。

2．肩袖损伤的处理措施

肩袖损伤发生后，应进行适当的休息、调整，可采用物理治疗、按摩和针灸等方法治疗。此外，还可以活动、运拉肩关节和上肢，促进其恢复。如果发生肌腱断裂时，应立即就医。

（八）关节脱位

1．关节脱位的原因及症状

关节脱位是指关节面失去正常的联系。出现关节脱位时，会伴有关节囊撕裂，关节周围的软组织损伤或破裂。关节脱位后，会伴有疼痛、压痛和肿胀，关节功能丧失，受伤关节完全不能活动，出现畸形，关节内发生血肿。如果不及时进行复位，血肿会肌化而发生关节粘连，使关节复位的难度增加。

2．关节脱位的处理措施

对于发生脱位的关节，应立即用绷带和夹板在脱位所形成的姿势下来使伤肢固定，并尽快送到医院进行治疗。肩关节脱位时，可采用三角巾两条，分别折成宽带，一条悬挂前臂，另一条绕过伤肢上臂，于肩侧腋下缚结。肘关节脱位时，要用铁丝夹板，弯成合适的角度，置于肘后，用绷带缠稳，再用小悬臂带挂起前臂，也可直接用大悬臂带进行包扎固定。

（九）胫骨痛

1．胫骨痛的原因及症状

在运动医学上，胫骨痛又被称为胫腓骨疲劳性骨膜炎。此病在休闲体育运动训练中较为常见。在现代休闲体育运动训练中，由于跑、跳等动作使大腿屈肌群不断的收缩而过度牵扯其胫腓骨的附着部分，导致骨膜松弛、骨膜下出血，产生疼痛、肿胀等炎症反应，从而造成此病的发生。胫骨痛常常表现为骨膜松弛，骨膜下出血，并产生肿胀、疼痛等炎症反应。

2．胫骨痛的处理措施

当胫骨痛发生后，要注意减少足尖跑和跳的运动量，不要加重下肢的负担，并进行少量的运动来促进慢慢恢复。在进行休闲体育运动训练前，要充分做好准备活动，训练结束后做好整理活动。胫骨痛较轻时，可以采用局部按摩的方法，促进恢复。严重者应立即就医。

(十)腰部肌肉筋膜炎

1.腰部筋肉筋膜炎的原因及症状

腰肌筋膜炎,又称为"腰肌劳损",其病理改变是多种多样的,包括肌肉、筋膜、神经、血管、脂肪及肌腱的附着区等不同组织都会出现异样的变化。通常多是急性扭伤腰部后,治疗不彻底便参加训练,逐渐劳损所致。

此外,在训练的过程中,出汗受凉也是其中重要的原因之一。其症状主要表现为局部酸疼发沉等自发性疼痛,最常见的疼痛部位是腰椎 3、4、5 两侧骶棘肌鞘部,很多患者同时感觉有疼麻放射到臀部或大腿外侧;大部分的伤者仍能坚持从事小运动量的训练,一般表现为训练前后疼痛;在脊柱活动中,尤其是前屈时常在某一角度内出现腰痛。

2. 腰部筋肉筋膜炎的处理措施

腰肌劳损发生后,可采用理疗、按摩、针灸、封闭、口服药物、用保护带及加强背肌练习等非手术治疗手段;对于顽固病例应进行手术治疗。

(十一)髌骨劳损

1.髌骨劳损的原因及症状

髌骨劳损指的是髌骨的关节软骨面与髌骨周缘股四头肌肌腱所形成的肌腱附着部分的慢性损伤。髌骨劳损产生的原因主要是因为运动负荷的安排不合理,训练方法不得当,过多或多于集中地进行膝关节半蹲位姿势下发力和蹬跳等动作练习。

其症状主要表现为膝软或膝痛,半蹲痛是此病的重要症状,即多在膝屈 $90°\sim150°$ 时出现疼痛,髌骨边缘有指压痛。

2. 髌骨劳损的处理措施

髌骨出现劳损时,除了对运动量和局部负荷进行相应的调整外,还应采用按摩、揉捏、搓等手法依次反复按摩和点压髌骨周围穴位等方法。

(十二)骨折

1.骨折的原因及症状

骨折是指在训练中由于身体某部受到直接或间接的外界力量撞击而造

成的损伤。常见的骨折主要有手指骨折、肱骨骨质、尺桡骨骨折、肋骨骨折、小腿骨折等。

当出现骨折时,会有明显的疼痛产生,患处出现肿胀的现象,肢体失去正常的功能。严重时,还会伴有出血、神经损伤,甚至出现发绕和突发性休克等现象。

2. 骨折的处理措施

发生骨折后,不要随意移动受伤肢体,应采用夹板或其他代用品固定伤肢;当出现休克现象时,应对患者进行人工呼吸。而对于伤口出血的患者,应及时采取止血措施,并送往医院进行治疗。

第四节 休闲体育运动的医务监督

医务监督在体育运动中具有非常重要的作用和意义,能够对体育运动起到积极的指导作用,并为其提供科学的依据和支持,这对于休闲体育运动也是如此。

一、医务监督概述

(一)医务监督的概念

以运动生理学、运动解剖学、运动心理学、运动生物化学、运动病理学等学科理论为基础,从医学生物学的角度来将体育运动、运动和竞赛的规律揭示出来,对从事体育运动的人的身体进行全面检查和观察,并且对其发育水平、运动水平以及健康状况进行评价,为体育教师和教练员提供科学锻炼的依据,从而使运动锻炼的顺利进行得到保证并取得好成绩的一种手段,就是所谓的医务监督。换句话说,就是医务监督是在医学观察下,合理、科学地进行体育运动,以达到保证健康、预防伤病、提高运动技术水平的目的。

(二)医务监督的内容

医务监督有广义和狭义之分,其所包含的内容也有所差别,具体如下。

广义的医务监督,其包括的内容主要有:体格检查、健康分级、运动性疾病防治、女子体育卫生、运动者的自我监督、学校体育的医务监督、运动锻炼的医务监督、比赛期间特殊问题的医务监督、运动环境和器材服装的卫生要求、消除疲劳和恢复体力的措施等。

狭义的医务监督，其包含的内容主要指对运动者的身体机能进行监测的过程。通过医学检查综合地评定运动者的一般适应能力和专项适应能力、运动状态和机能潜力，为运动安排提供科学依据。

二、休闲体育运动中的自我监督

在休闲体育运动的过程中，为了保证良好的锻炼效果，需要锻炼者经常进行自我监督，从而适当调整锻炼中的运动负荷和运动量等。具体来说，就要求运动者运用自我观察与检查的方法来调整具体的训练计划与处方。科学的自我监督，有着非常重要的作用和意义，具体来说，能够提高运动锻炼的效果，促进良好锻炼习惯的养成。具体而言，休闲体育锻炼者的自我监督包括两个方面，即客观检查和主观感觉，具体分析如下。

(一)客观检查

休闲体育运动中，锻炼者通过客观检查进行自我监督，主要是对锻炼者的体重和运动成绩进行检查，具体如下。

1. 体重

健康成人的体重是相对稳定的，在系统的休闲体育运动期间，体重变化呈现以下三个特点。

第一阶段：经过一段时间，因失去过多的水分和脂肪，体重有逐渐下降的趋势，一般下降2～3千克。持续下降3～4周。

第二阶段：体重处于稳定时期。运动后体重减轻，但在1～2天内得到完全恢复。这个阶段持续5～6周以上。

第三阶段：长期坚持运动会使肌肉等组织逐渐发达，体重有所增加，并保持在一定的水平上。如果体重减轻了2～3千克以上，则可能是运动量太大。如果减少运动量，体重仍不回升，应去医院检查。

2. 运动成绩

有规律的休闲体育运动，运动者的运动成绩能逐渐提高(主要指本身也具有竞技性质的休闲体育运动项目)，并保持在较高水平。如果运动成绩长期不提高或下降，则反映了运动者身体机能状况不良和早期运动过度两个方面的问题。

在休闲体育运动锻炼中进行自我监督时，要通过运动成绩的变化来对应地做出记录,如果运动成绩稳步提高,记录为"良好"。若运动成绩不变,记录为"一般",倘若运动成绩下降,则记录为"不良"。

(二)主观感觉

休闲体育运动中,锻炼者通过主观感觉来进行自我监督,涉及的内容主要有食欲、睡眠、运动心情以及精神状态,具体如下。

1. 食欲

健康的人应该有良好的食欲。在参加休闲体育运动的过程中,锻炼者会消耗较多的能量,因此应该有比较好的食欲。倘若在正常进食时间内,有食欲减退的现象出现,就说明其身体健康状况出了问题或锻炼过程中运动过度,这时就要对训练计划进行合理的调整。在对自己的食欲状况进行记录时,可填写食欲良好、一般、不好、厌食等。

2. 睡眠

如果锻炼者在参加完休闲体育运动之后,经常会感到睡眠质量不高,夜间多梦,失眠,睡眠不深及醒后四肢无力等症状,就表明其锻炼时的运动负荷不合理或运动量过大。经常参加休闲体育运动的人,其睡眠应该是良好的。在对个人的睡眠质量进行记录时,具体记录的内容应包括睡眠时间、睡眠状况等,具体的等级可分为良好、一般、不好。

3. 运动心情

运动心情可分为三种,即渴望锻炼、愿意锻炼、不愿意锻炼,主要反映有无运动欲望。如有运动的欲望则表明身体的机能状况良好。如果健康状况不佳或过度运动时,就会出现心情不佳、厌烦情绪。

4. 精神状态

一般来说,精神状态包括两个方面,即正常感觉和不良感觉。前者主要表现在运动后疲劳消除较快,功能恢复较快,精神饱满,无全身不适感;后者主要表现在运动后四肢无力、肌肉酸痛、关节疼痛、头痛、恶心、上腹部疼痛等,这多是身体状况不良或运动量过大的表现。

对自己的精神状态进行主观感觉之后要做出对应的记录,根据精神饱满、精神状态一般和精神不振等现象分别记录为良好、一般、不好。

第五章　休闲体育运动训练的科学理论与方法指导

人们在参加休闲体育运动项目时,不仅需要掌握相应的技术,还需要具有一定的身体素质基础,这样才能够更好地开展休闲体育运动项目。在进行运动训练过程中,掌握相应的运动训练科学理论,并采用科学的训练方法,能够有效提高人们的技能和身体素质。因此,本章对休闲体育运动训练的科学理论与方法进行了指导。

第一节　休闲体育运动训练的基本理念

一、注重兴趣导向

兴趣是最好的老师,它能使人指向愿意接近的对象,使人愿意对事物进行探索。兴趣是运动者从事各种休闲体育运动的重要心理动因,有利于个体进行建设性、创造性的活动。

很多体育运动具有很好的挑战性与趣味性,能够使运动者获得身心上的锻炼。运动过程中的乐趣性和艰苦性兼而有之,如果在运动过程中进行得非常枯燥,就会导致运动者失去运动的乐趣,导致其运动动机的下降,从而影响其身体健康水平的提高。

在休闲体育运动训练过程中,运动者能否体会到休闲运动的乐趣是非常重要的,影响着他们的成长和成功,这就要求,在进行休闲体育运动训练时必须体验到休闲体育运动项目带给他们的快乐。通过训练,人们认识到休闲运动项目是一种快乐的游戏,激发运动者进行训练的兴趣。总之,休闲体育运动是一项游戏,在运动训练中要让运动者享受到其带来的乐趣,激发其参与休闲体育运动训练和运动的动力。

运动者应正确使用强化手段来激发外部动机,同时注重对内部运动动机的培养。通常强化的效果要强于惩罚的方法,但适当的时候也要运用惩罚的手段。在运用强化手段培养动机时,应该特别注意以下几方面的内容。

(1)对应获得奖励的行为和条件进行规定。奖励要有度,不能使运动者觉得自己被控制。

（2）最好对达到标准的优异表现进行没有规律的强化。

（3）运动者之间的相互强化值得鼓励。

（4）人们必须明白奖励并不是目的，而是能力、努力和自我价值的标志。

（5）运动者应注重自我奖惩机制的运用。努力达成某一目标，当目标达成时，给予自己以适当的奖励。

二、注重终身体育理念

终身体育思想是让人们在一生中不断接受体育教育以及终身进行体育锻炼，使得人生各个阶段的体育能够有效衔接，保证体育教育的完整性和连续性。终身体育思想认为，人们应该在一生中的各个时期和各个阶段都根据自身的需求进行体育教育和体育锻炼。体育锻炼并不是一种"一劳永逸"的活动，其需要人们长期进行坚持，这样才能够起到良好的锻炼效果。在生活中，应随着自身年龄和身体状况的变化来更新体育锻炼的内容和方法，并树立终身进行体育锻炼的意识。

在现代社会下，体育事业的发展离不开终身体育，因此要将终身体育作为一项重要的工作来抓。在社会主义发展的背景下，社会劳动力是由不同年龄段的人所组成的，都面临着如何保持自己的体质水平以满足从事工作的需要的问题。提高劳动生产率，需要依靠人才更新各种科学技术，以提高社会生产力。而人才要想保持身体经常处于最佳状态，就要选择不同的身体锻炼形式与内容，以提高自己的体质水平。随着现代社会的不断发展，人们经常把从事身体锻炼作为生活方式的一个重要内容与标志，这是人类文明发展的必然。如果一个国家，全民族都能做到天天坚持身体锻炼，养成终身锻炼的意识和习惯，对整个国家的现代化发展就具有重要的意义。

（一）休闲体育锻炼时间的终身性

受传统教育思想的影响，我国学校体育教育的目标过于重视学生运动技能的掌握和培养，而"终身体育"理念的出现则突破了这一传统，使得学校体育得到了更好的发展和延续。传统的体育教育观念主张青少年接受体育教育的时间是在校期间，其体育学习内容也仅仅局限于体育知识、运动技能的学习和掌握。而终身体育则要求根据学校的具体实际，并结合青少年个人的身心发展特点和规律进行科学的体育锻炼，进而养成终身体育锻炼的意识和习惯，强调要把体育作为人的一生中不可缺少的重要组成部分。

(二)休闲体育锻炼群体的全民性

终身体育具有全民性的特点,各个年龄段以及不同范围的人群都有接受终身体育教育的权利,都能在自己的一生中参加体育锻炼。随着现代健身运动的不断发展,以终身体育为指导开展群众体育活动成为现代体育科学化和社会化的重要趋势之一,其实质也是群众体育普及化的趋势。国外终身体育论者认为,生活在现代社会中的人们都要学会生存,而要学会生存则离不开体育。体育能为人们的学习、工作及休闲等做好充分的准备,人们把体育与生活紧密联系在一起能终身受益。

(三)休闲体育锻炼目的的实效性

终身体育的最终目的是增强体质,提高和改善人们的生活质量,促进身心全面发展。人们可以通过终身体育来满足自己的各种需要,如人们可以根据自己的条件自由选择适合自己的体育活动方式,这种学习和锻炼具有明确的目的性,同时也具有较大的实效性,能使自己终身受益。

坚持终身体育训练理念,则要求休闲体育运动者应积极培养自身的运动能力,具体而言,应注意以下几方面的内容。

第一,自觉锻炼能力,运动者能够熟练地运用已经掌握的体育知识、技能,形成自觉参加体育活动的习惯。

第二,自我评价、自我管理和自我监督的能力,对自己身体的具体情况有一个正确的认识和评价,及时调整运动计划。

第三,适应自然环境和社会环境的能力,增强对疾病的抵抗力和免疫力,实现各方面的适应能力,提高运动锻炼的水平。

三、注重休闲体育运动训练的计划性

休闲体育运动具有很大的随意性,人们可以自发组织进行运动,受时间、场地等方面的影响较小。当时,这并不意味着休闲体育运动训练缺乏计划性和系统性。在进行运动训练时,应制定好相应的训练计划,促进训练效果的逐步实现。

人们在活动之前,会对所采取的行动进行考虑,然后进行具体的安排,这一过程就是行为活动或工作之前的理论设计过程。所设计出的行为步骤的理论性文字提纲,就是进行这一工作的具体计划。毫无疑问,运动训练计划就是在训练过程开始之前,为实现训练任务和目标,对训练内容、步骤及其要求所作出的理论设计和安排。

既然是为实现预定目标设计和安排的内容、步骤和要求,那么,就可以把训练计划作如下理解:训练计划是为实现预定目标而选择的达到目标的进程通路。

要达到预定目标的通路,有多种选择,即可选择各式各样的方案。训练计划的制定就是对这些不同途径进行正确选择的过程。运动训练计划应该具备两个基本属性:准确的预测性和灵活的可调性。

所谓预测性主要是指,可预测根据训练计划而取得的可能成效,体现着训练计划的目标。

可调性是指在主、客观因素的影响下,训练计划预期目标与实际训练效果可能出现明显偏差时,对训练计划的可调控性。

在制定训练计划之前,应确立训练目标,这是训练计划的核心。运动训练的具体过程受着主观和客观诸多因素的影响和制约,训练计划的预测性不可能达到完全准确。实践中所制定的训练计划常常要根据具体情况而进行一些修正或变动,以保持与训练目标的一致性。因此,训练计划又须具备一定的可调性。

运动训练较强的计划性特点主要取决于运动训练的长期性和阶段性。在制定训练计划时,运动训练的阶段目标和最终目标起到了积极的作用,具体表现是为训练计划的制定奠定了必要的前提。由于运动训练的过程是长期的,因此,训练计划就显得尤为重要,通过各个阶段小的训练目标的实现,来进一步实现运动训练总的训练目标。因此,在训练过程中,要想取得较为理想的训练效果,就必须坚持围绕目标,有计划、长期、稳定地进行运动训练。在制定训练计划时,应注意以下几方面。

(一)可操作性

在制定训练计划时,可操作性是最为重要的原则之一。如果训练计划缺乏可操作性,则其将失去意义。

可操作性原则要求在制定相应的训练计划时不仅要考虑自身的生理状况,还应考虑环境因素,确保训练计划可执行。在制定相应的训练计划时,应保证自身能够在相对较为固定的时间进行运动训练,这就要求对自身的余暇时间有所考虑。休闲体育运动训练需要一定的场地因素,这就需要运动者对运动场地器材状况以及天气状况有所考虑。在进行技术运用能力锻炼时,有相对固定的同伴共同进行练习也至关重要。不考虑这些因素,就无法保证锻炼的连贯性,因而影响锻炼的效果。

在进行训练时,运动量的安排应从小到大,技术动作应从易到难,并应注重基础技术动作的训练,在熟练掌握基础动作的基础上进行发展和创新。

(二)针对性

所谓针对性原则,就是在制定训练计划时,训练的方法、手段应与运动者的个性特点相适应,确保训练计划能够得到较好的实施。如果对运动者的体能和技战术水平不了解而盲目制定训练计划,则不可能起到良好的训练效果。

通常为了对自身的体质健康情况进行了解,可通过感受运动训练的负荷与自身疲劳的状况,并根据自身的生理反应来评价自身的体质状况。有条件的可以进行必要生理状况监测,提高对自身评价的科学性。而参加一些如力量练习、长跑等专门活动,也能够对自己的身体素质状况有比较清晰的了解。对于自身技战术方面的评价可通过在实际运动中攻防的表现以及与同伴之间的配合等方面来评价。

(三)可调整性

所谓可调整性原则是指,在进行运动训练时,应根据运动者自身的生理状况来对负荷量进行适当的调整。另外,随着运动训练的进行,运动者体能和技能水平也会相应提高,这也要求对训练计划进行调整。

休闲体育运动训练的过程是一个从量变到质变的过程,在逐渐掌握单个动作时,当掌握到一定的程度之后,自身的能力水平会得到应有的提升。技术能力的提高会具有一定的迁移作用,会对其他技术、战术和意识等方面有积极的影响,促进这些方面的提高,从而从整体上提升运动者的运动水平。

休闲体育参与者在进行运动训练时,所制定的训练计划并不是一成不变的。随着自身运动能力的提高,应对自身的训练计划做出相应的调整。在调整训练计划时,应避免训练计划与自身的情况不相适应。

需要注意的是,通常在参与休闲体育活动的过程中,别人对运动过程的安排可能是适合运动者的发展的,但是比他人更了解自身情况的人还是运动者自己。他们如果能够学会自己设置运动计划,那么可能就会使运动计划变得更加完善。因此,运动者不应该过分依赖他人,而应该依据自身的客观情况与水平对自身的责任心、自觉性和决策能力进行有意识的培养。这样除了能够培养和激发内部动机,自己在生活中获得的经验也会使自身受益匪浅。

第二节　休闲体育运动训练的负荷安排

一、运动训练中的负荷量与负荷强度

运动者在受到一定的外部刺激时,机体在生理和心理方面所表现出来的应答反应的程度,就是所谓的训练负荷。在进行运动训练前,一定要对训练负荷的基本内涵有较为深刻的理解。通常情况下,单纯的外部刺激是难以全面、有效、完整地将运动负荷的内涵反映出来的。只有把外部刺激与该刺激作用下机体内部应答反应的程度结合起来加以考虑,才能够达到全面地掌握和理解运动负荷的内涵的目的。

负荷量和负荷强度是训练负荷中两个重要的组成部分,需要注意的是,要在训练周期的各个阶段整体考虑的基础上,来有针对性地增加负荷量和负荷强度,并以实际情况为主要依据进行相应的安排和调整。

(一)负荷量

运动者持续身体活动的时间和练习次数,以及机体在承受外部刺激总量时所表现出来的内部负荷的程度,就是所谓的负荷量。在运动训练中,运动者要想达到较高的训练水平,一定要保证达到训练的必需的负荷量这一前提条件。运动训练的负荷量主要包括训练量、比赛量、心理刺激量、内部生理—心理量(多次测得生理—心理指标的总量,如反应时、注意力等)。

随着运动训练水平的不断提高,训练的负荷量的重要性也越来越大。只有通过足够的训练量,才能够较好地安排运动的负荷量。因此,可以说,如何科学而有效地增加训练量,是休闲体育运动训练必须要重视的问题。究其原因,主要是增加训练量对于体能类运动项目来说至关重要,如果一次运动训练的量本来已经较大,但出于实际情况的需要还要再增大训练的负荷量时,需要注意的是不要单纯地增加一次运动训练的量,而是应该增加每个训练单元中训练的次数。如果一次训练的量过大,超过运动者本身能够承受的范围,就会导致训练疲劳,使其训练效果有所降低,严重者还会产生不必要的运动损伤。

(二)负荷强度

单位时间里或单个动作中所完成的训练量或所表现出的生理、心理负荷的反应量,就是所谓的负荷强度。

由于竞技运动发展得越来越快,而负荷强度是竞技比赛中负荷的核心,就是运动员表现出的强大的运动能力,而运动成绩则是一种最主要的强度指标,运动成绩往往同负荷强度呈正比的关系。由此可以看出,训练已由以前注重训练的量转向突出训练强度,训练强度在比赛和训练安排中的地位越来越重要,是现代科学化训练中呈现出的一个趋势。

根据不同的划分标准,可以对负荷强度有不同的分类方法。比如,以训练过程为依据,可以将负荷强度分为瞬时强度、平均强度和最高强度;以训练的内容为依据,可以将负荷强度分为训练强度、比赛强度和技战术强度等。

只有运动者的负荷强度达到或超过一定的阈值水平,其才能够在运动训练过程中提高或达到预期的训练效果。经研究发现,在以爆发力为主的运动员的力量训练中,如果其符合强度比运动者最大力量 30% 的强度还要低,那么是没有训练效果的。而对于以耐力为主的运动项目来说,只有最低心率阈值达到每分钟 130 次以上,才能够取得较为理想的训练效果。当然,由于运动者的各个方面不同,其要求也有一定的差异性。一般来说,这一阈值应以运动者安静时心率加最大心率与安静时心率之差的 60% 为主要依据来确定,具体来说,就是:有效心率阈值=安静心率+(最大心率-安静心率)×60%。训练中采用较低强度训练,提高速度缓慢,但却可以保证运动者机体的充分适应及运动成绩的逐步增长。

对运动者施加大强度的负荷刺激,对其运动成绩的迅速提高有着积极的促进作用,但是,需要注意的是,这样做容易造成机体适应的不稳定,容易造成不必要的运动损伤,因此要以运动者的具体实际为主要依据,来采取相应的合适的训练负荷强度,并将负荷量与负荷强度之间的关系把握好。

休闲体育运动训练中,通常情况下,要采用训练量与训练强度交替增加的方法,具体来说,就在保持一定训练量的前提下,有计划地逐步提高训练强度,按部就班地进行,使负荷强度逐渐增加,这样才能够使运动者的科学化训练得到有效的保证,从而对运动者机体的有效适应以及发挥出较高的水平起到积极的促进作用。

(三)运动训练中负荷量与负荷强度的关系

以训练与运动的需要为主要依据,可以从四个方面来对训练负荷进行区分,从而对运动训练的负荷量与负荷强度进行合理的安排,具体如下。

(1)专项性程度可以对专项性负荷和非专项性负荷进行区分。

(2)所用负荷的作用,即针对提高身体素质和能力;针对发展机体不同的供能能力。

（3）以动作的协调难度为主要依据。

（4）以负荷的数值大小，可以对不同强度水平和不同量大小的负荷进行区分。

一般运动训练中都包含有两个方面，一个是运动负荷的量，一个是运动负荷的强度。在运动训练中，以项目的负荷量和负荷强度之间的对应关系为主要依据，可以将运动分为三大类：一类是以强度为主类的项目，如短跑、跳跃等项目；一类是以量为主类的项目，如长跑、竞走等；还有一类是强度与量均衡类项目，如中跑、游泳等。

负荷量将负荷对机体刺激的数量特征充分反映出来，而负荷强度将负荷对机体的刺激深度充分反映出来。两者彼此依存而又相互影响。任何负荷量都是以一定的强度为条件而存在的，同样，任何负荷强度也都是在一定的量的基础上而存在的。

二、运动负荷增加的要求

（一）渐进式地增加负荷的量度

在运动训练实践中，随着训练水平的提高，负荷的量度也需要适当加大，这样才能收到理想的训练效果。负荷的增大是一个循序渐进的过程，其增进的形式可分为以下四种（图 5-1）。

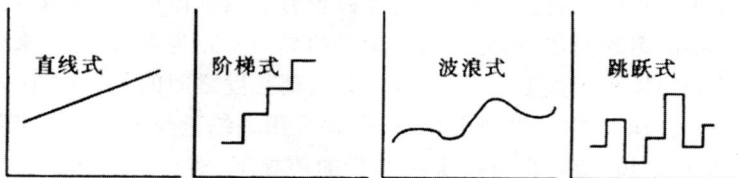

图 5-1

1. 直线式递增

运动负荷直线式的增加上升。直线式递增方式通常负荷的强度变化不是很明显。负荷的上升主要是基于练习的次数、时间、距离及重量的不断增加。所以，这种负荷增加的方法主要适用于负荷起点较低的初学者。

2.阶梯式递增

练习一段,保持一段,每增加一次负荷,几乎要保持一周的时间。若以日为单位,负荷呈阶梯式上升,若以周为单位,负荷则表现出斜线上升的趋势。这种增加负荷的方式,对优秀运动员、等级运动员及初学者都适用。

3.波浪式递增

负荷的递增负荷有以下的规律:负荷的增加要有起伏,每一次负荷的下降比上一次的最高负荷稍低,然后再提高到新的水平。这样的提高方式既能保持相对较高的运动负荷量,同时,又能使机体得到相应的休息。依此规律,始终按波浪式上升,此时无论连接波峰或波谷,都表现出斜线上升的趋势。这种增加负荷的方式对优秀运动员、等级运动员及初学者都适用。

4.跳跃式递增

训练负荷按跳跃式增加。该种方法主要适用于优秀的运动员,当运动者达到一定的水平后人体各器官会形成一定的行为模式,从而使运动能力停滞不前。突然增加训练负荷能够给机体强烈的刺激,有助于僵局的打破,从而提高运动成绩。跳跃式增加负荷的主要作用是:有利于运动员打破机体不同系统之间旧的牢固联系,促使其在新的水平上建立新的联系,使得运动者承受负荷的能力产生突破性的提高。

(二)科学地探求负荷量度的临界值

运动者负荷量度临界值的大小既随其发育程度、运动水平等较为稳定的状态的变化而变化,又受运动者健康状况、日常休息、心理状态因素的影响,因此对它的测定和评价必须要有充分的科学依据,要用科学的诊断方法力求准确地掌握负荷量度的临界值。在当前,人们对负荷极限的认识还不具备完全把握的时候,通常应注意留有余地,以避免过度训练的出现。

一般认为,负荷量度的增加会带来更好的训练效果,而且越接近运动者承受能力的极限,效果就越明显。国内外很多教练、运动者和学者都致力于寻找负荷量度的极限,并且取得了相应的成绩。

中国长跑教练员马俊仁,为他训练的女选手设计了"每天一个马拉松"的负荷计划,也造就了田径史上辉煌的一页。日本著名的女排教练员在充分挖掘运动员机体潜力方面进行了大胆的尝试,他的女排选手常常每天训练六七个小时,练出了顽强的毅力和熟练的攻防技巧,使日本女排多次登上世界冠军的领奖台。

(三)建立科学的诊断系统

同一负荷量度对于不同的运动者可能会起到完全不同的训练效果，同时，运动负荷还受到多方面因素的共同影响。为了在训练过程中及时把握不同时期运动者的运动能力状况，以便准确地判断负荷的适宜度及恢复程度，从而决定训练中应取的相应对策，就必须建立科学的诊断系统，选取可靠的指标，在恰当的时间用科学的方法客观地进行准确的诊断。

(四)正确处理负荷与恢复的关系

运动训练会增加人体能量的消耗，造成人体不同程度的运动性疲劳的出现，疲劳的恢复是运动训练中的重要环节。训练离不开恢复，没有恢复，负荷只会导致运动者机体能量物质的消耗，导致运动者机能的下降。有学者认为，运动训练产生的训练效果正是在机体恢复阶段显现的，因此良好的机体恢复有助于身体体能的巩固和提高。

为了使训练取得效果，提高运动者的运动能力，就必须高度重视恢复。现代运动训练中，越来越重视负荷与恢复的协同效应，不是在负荷后运动者业已疲劳时才考虑恢复问题，而是在计划负荷的同时，就应考虑到负荷后的恢复问题。疲劳如果不能及时恢复，不仅会对训练造成影响，甚至还可能造成机体的积累性劳损，危害运动寿命。

(五)注重超量负荷与应激原理的应用

运动负荷不可能永远停留在一个水平上，要想不断提高运动成绩，就得按"超量负荷原理"不断地提高运动负荷的水平，打破机体对原有负荷的平衡和适应状态，达到一个新的负荷水平。而超量负荷的生理学基础就是应激学说。

所谓应激，实际上是人体对于外部强负荷刺激(包括生理和心理方面的刺激)的一种生理和心理的综合反应。它是指当有机体受到一些"异乎寻常"的刺激(诸如大强度的负荷、创伤、剧痛、冷热、缺氧、中毒、感染和情绪激动等)时，身体就会引起一种紧张的心理状态，这种状态称之为"应激"。而这些引起应激状态的外部刺激因素则称之为"应激源"。在运动训练中，运动者所遇到的各种比赛强度和训练强度、伤病、与对手的冲突等都是能引起运动者应激状态的应激源。但这种应激源的刺激必须是"超乎寻常的"，也即超过日常的刺激量和刺激程度，否则就不会产生应激状态，这就是超量负荷的科学依据。

三、休闲体育运动训练负荷的监控

(一)休闲体育运动训练负荷的特点及监控的意义

休闲体育运动训练以促进身心健康、提高人体机能和增加机体环境适应能力和免疫力等为主要目的。休闲体育运动训练的负荷应该根据健身的目标来安排。如发展心肺耐力宜采用中等强度长时间的有氧练习。训练负荷的选择通常以安全为前提,以健身效果最大化为原则。若训练负荷太小,对机体的刺激太小,训练效果不明显;训练负荷太大,对机体过度刺激,不仅不会有明显的训练效果,甚至还会出现运动伤害,因此,适宜训练负荷的选择和实施有赖于运动负荷的科学监控。

(二)休闲体育运动训练负荷的监控原则与方法

休闲体育运动训练的负荷的监控应遵循安全有效、简便易行的原则。监控的基本内容见表5-1。除观察法、自我感觉法以外,常用心率、摄氧量、代谢当量值和主观强度知觉水平等生理指标监测法。

表 5-1　休闲体育运动训练的负荷监控常用指标及其优缺点

监控指标	优点	缺点
HR	测量使用方便	易受年龄、性别药物精神因素影响,THR 相同的情况下,不同人群对应的外负荷差别很大,不能给予具体的指导
$VO_2 max$	科学、准确可与 METs 互换	在大众休闲体育运动训练过程中很难采用直接测定方法,间接测量方法推算 $VO_2 max$ 比较可行
METs	直观、方便,常用于运动康复	难以标定某些运动的强度,如球类运动(受水平、动机等影响)
RPE	主观、方便,不受药物影响	受心理因素影响,如焦虑、情绪激动;应与 HR 相结合评定运动强度

运动训练负荷的主观检查与评定,有助于把握训练者的承担负荷能力,为安排训练负荷提供依据。评价训练的负荷是否合适,可从以下几方面着手:

(1)运动负荷安排适宜,则训练者的主观感觉应该是精神饱满,体力充沛,倍感舒服,渴望运动。每次训练后稍有疲劳和肌肉酸痛感,也是正常的,通过休息能较快地消除。

(2)当训练者运动后感到精神不振,运动兴趣降低乃至厌烦,且有无力、困倦、头晕、容易激动等不良征象,以及出现局部关节肌肉酸疼疲软、麻木,胸部憋闷、气短、腹胀、恶心、呕吐等,这说明训练负荷过大或内容安排不合理。

人体运动时的主观感觉与工作负荷、心功能、耗氧量、代谢产物堆积等多种因素密切相关,运动时的自我感觉是判断运动性疲劳的重要标志。

(三)基于心肺适能水平确定的靶强度训练的运动监控

健身目标决定了运动的负荷量,在大众休闲体育运动训练中,只有运动负荷和健身目标相匹配,才会安全有效。例如,当以心肺适能(有氧耐力)的提高为健身主要目标时,在训练之前就应该测定运动者的心肺机能水平,依据相关数据科学地安排负荷量。运动靶强度的设定参见表5-2。

表5-2 基于体适能水平的运动负荷安排

		体适能水平		
		低	中等	高
运动强度	运动频率(天/周)	3	3～5	6
	储备心率(%HRR)	40～50	50～60	60～85
	最大心率(%HRmax)	55～60	65～75	75～90
	自感用力度(RPE)	12～13	13～14	14～16
	运动时间(分钟)	10～30	20～40	30～60

以心率显示靶强度称为靶心率(THR),即运动者在休闲体育运动中应达到和保持的心率。THR是控制运动强度简单易行的指标,在运动处方中广泛使用。靶心率可以用直接测试的方法确定,也可根据%HRmax、%HRR或摄氧量的对应心率来确定。HRmax随年龄的增加而降低,可以用公式 HRmax＝208－(0.7×年龄)推算出。

由于公式存在一定的误差,因此,在条件允许的情况下,最好采用递增运动负荷试验直接测定HRmax,然后根据适宜的百分比确定THR。

在运动训练过程中也可以询问运动者RPE等级,10倍的RPE(20级量表)等级数字可以粗略地反映当时的运动心率水平,该方法适用于成年人,儿童和老人误差较大。

(四)以达到某一能耗量(或摄氧量)为主要目标的训练负荷量的监控

在以控制体重为运动目的的人群中,当安全运动强度已经确定,可以根据目标能耗量(摄氧量)来确定运动持续时间,以实现目标。

值得注意的是,在参加休闲体育运动训练之前一定要进行运动训练危险分层,主要依据是心血管疾病的危险因素,心血管、肺部和代谢性疾病的主要症状、体征和已经明确诊断的心血管、肺部和代谢性疾病。危险分层主要目的是:

(1)通过检测发现是否有运动禁忌,以免造成不必要的损伤。

(2)识别如患有临床疾病、应该在医务监督下进行运动训练的个体。

(3)发现有特殊需要的个体以及识别在运动中因年龄、症状及其他可能增加疾病危险性的因素。

总之,健身负荷的量化监测、运动处方的科学调控是运动训练安全性和有效性的保障。

第三节　休闲体育运动训练的原则与方法

一、休闲体育运动训练的原则

(一)主动性原则

参加休闲体育训练要有明确的目的,这样能够使运动健身的积极性和主动性得到有效提高,并使其长期坚持下去。而主动性对于他们是否能长期坚持运动健身也起着非常重要的作用。具体来说,应该做到以下两个方面的要求。

(1)要提高对运动健身的认识,树立良好的运动健身思想,在提高生活质量的过程中,将运动健身作为一种重要的方式和途径,从而使运动健身成为健身、健美和延年益寿的重要手段。

(2)要将运动健身的目的明确下来,一个人的动机对其行动的质量产生重要的决定性作用。比如有人参与运动健身的目的是更健全地生长发育;有人的目的则是对紧张的学习生活进行调节;有人是为了变得更健美结实;

还有的人则是为了进一步锻炼意志、防治疾病等。不管他们的目的是什么，都要首先将运动健身的目的明确下来，这样才能够更加积极主动地参与到运动健身中，进而取得理想的健身效果。

（二）针对性原则

针对性原则是指在休闲体育运动训练过程中，根据运动者的个人实际以及客观条件，合理确定训练的内容、方法、手段和负荷等，使之更符合健身者个人实际。健身者要以个人的具体实际来有针对性地选择适合自己的运动项目，同时，还要特别注意改善和提高自己的薄弱环节。

在运动健身中，针对性原则得到充分的体现，具体来说，主要表现在以下两方面。

第一，针对外界环境。参与运动健身时，要从季节、气候、场地、器材等外界条件的实际情况出发，以科学训练的方法为指导，来对运动项目、练习时间、运动负荷等进行有针对性地选择，从而收到理想的健身效果。

第二，针对自身的实际。由于健身者的性别、年龄、体质和健康状况都存在着一定的差异性，这就要求从自己的实际情况出发，有目的地选择和确定运动项目、练习方法，合理地安排训练的时间和运动负荷来进行运动训练，这样才能够取得理想的健身效果。需要注意的是，要在每次训练前对自己当时的健康状况进行客观的评估，要求使运动的难度和强度不超过自己的身体承受能力，以保证运动健身的安全性和科学性。

（三）经常性原则

经常性原则就是指人们参加运动训练要持之以恒，坚持长期、不间断地进行训练。不管是运动技术的形成和提高，还是人体各组织系统机能的改善，都是肌肉活动反复多次强化的结果。如果不经常进行运动训练，后一次进行运动训练时，前次训练的痕迹已经消失，这就使得训练累积性的影响作用消失，因此取得的运动训练的效果也就微乎其微，甚至起不到任何作用。除此之外，运动技能的形成，人体结构、机能的改善，身体素质的提高，都受着生物界"用进废退"规律的制约。如果不经常进行运动训练，已取得的效果也会逐渐消退。"逆水行舟，不进则退"就生动形象地说明了这一原理。

在运动健身过程中贯彻经常性原则，有以下几个方面需要注意。

首先，养成经常进行运动训练的习惯。休闲体育运动训练所带来的健身效果随着时间的流逝是会减小甚至消失的，因此，这就要求健身者坚持长期有规律地运动训练，这样才能使良好的健身效果得到有效的保持。

其次，健身目标和健身计划的设定要科学合理。把经常性训练作为培养毅力、锻炼意志、陶冶情操的手段和过程,尽可能地将各种因素的干扰排除掉。

(四)适量性原则

适量性原则是指人们在参加休闲体育运动训练时应该有适宜的生理负荷。运动刺激的强度在一定程度上决定着运动健身效果的大小,只有适宜强度的运动强度,才能够使消耗的能量得到恢复和超量补偿,运动刺激过大或者过小都不能取得理想的效果。如果运动刺激过小,就难以引起机体的有效反应,产生不了预期的训练效果;如果刺激过大,则会对机体造成一定的损伤,因此,只有适宜的强度,才能有利于能量消耗的恢复和超量补偿。人们在参加休闲体育运动训练时要量力而行,将自我感觉和生理测定有机结合起来,如果训练后出现头晕恶心、四肢无力、精神萎靡等症状,则说明所采用的运动强度过大,需要及时调整。

适宜的强度是由人体能量的消耗和恢复的超量补偿所决定的,能量消耗过多,就会导致疲劳的产生。适当的疲劳在经过一定的休息和恢复后,其症状是能够逐渐消失的,人体机能水平也会得到一定的提高,这时往往就会产生较为显著的训练效果。需要强调的是,过度疲劳不仅不会取得理想的训练效果,还会对身体健康造成影响。

另外,需要注意的是,在保证适宜负荷的前提下,运动健身中应注意逐步增加运动负荷,保证机体机能能力的不断提高,同时,还要对训练和间隔时间进行科学合理的安排,并进行良好的医务监督。

(五)全面性原则

1.对体育健身活动的内容和方法进行合理选择

在体育健身过程中,健身者在很多方面都存在一些差异,集中体现在性别、年龄、兴趣、身体水平、运动水平、职业特点等方面,即便是同年龄段的健身者也有很多方面的差异与不同。故而在组织与开展大众体育健身活动的过程中,要以每个健身者的身心特征与实际情况为依据,对与健身者身心特征和实际状况相适应的健身内容、方法和手段进行科学合理的选择,使健身者能够在健身的过程中将自己的优势展示出来,享受乐趣,实现身心愉悦与健康的健身目的。

大众体育健身的项目与内容丰富多样,不同的健身人群都能够找到适合自己的健身项目,不同层次的健身群体都能够从中满足自身的健身需求。不同的体育健身项目会从不同方面与程度对健身者身体机能与身体素质造成影响,产生作用。体育健身方法的不同也会影响人体方面表现出不同的特征。即使是同一健身项目与内容,如果健身的手段不同,也会取得不同的健身效果。人的机体具有完整与统一的性质,因此在健身过程中要注重机体的全面发展,使身体的各个器官、各个部位及各方面的素质都得到训练,如此才能使身体的全面发展得到保障。

2. 促进健身者身体机能与素质的全面均衡发展

尽管参与者参加大众健身运动的具体目的与要求不同,但绝大多数参与者均渴望通过体育训练来促使身心得以全面发展,原因在于只有这样,才能彰显出健康与协调的美。人体的各个器官与部位都是相互联系的一个统一体,身体某一方面的发展或功能的下降都会对其他方面的发展与健康状态造成影响。不同的体育健身内容与方法会在不同方面影响健身者,而且这种影响与作用也是非常有限的。因此只是单一地想要训练某一身体部位,或者促进某一身体机能的发展是不可取的,这样不会有效促进生理机能的全面提高,而且也会对身体素质的发展造成影响,容易使身体发展不平衡甚至是畸形的现象出现,从而影响到身体健康,无法达到预期的健身效果。因此大众体育活动的参与者要想促进自身身心的全面发展,就要对多种不同的健身内容进行合理的选择,要全面发展身体的各个器官与部位,保证健身的全面性。

(六)循序渐进原则

循序渐进原则是指运动健身的内容、方法和运动负荷等,必须根据人对事物的认识规律、动作技能形成规律和生理机能的负荷规律,由小到大、由易到难、由简到繁、由低级到高级地逐步进行。

在运动健身中,急于求成是最不可取的,如果想立竿见影取得健身效果,不仅会事与愿违,严重的还会对身体健康产生影响,造成不必要的伤害事故或给身体带来某些生理损伤。因此,这就要求在进行运动健身时,一定要做到:学习动作要由易到难,运动量由小到大,运动强度(刺激强度)应由弱到强。

(七)及时恢复原则

及时恢复原则的生理学依据是人体功能能力和能量储备的"超量恢复"机制。人体运动技能的增强是通过各个系统、器官、组织甚至细胞对运动刺激逐渐产生适应,并经过长时间的工作、疲劳、恢复、超量恢复以及消退等多个阶段的循环最终实现的。当前,大众体育健身活动的参与者在进行休闲体育运动训练时往往重视刻苦训练而忽视休息缓解疲劳,即为了获得更好的健身效果和运动技术水平,常常进行刻苦的训练,但是得到的结果却往往事与愿违,最终导致运动的不适应现象发生。究其原因,是这种方法违背了适时恢复原则,因此大众体育健身活动的开展过程中要引导健身者及时消除运动过程中所产生的疲劳。

因此,在指导健身者休闲体育运动训练的过程中,应该将负荷与恢复有机结合起来。在健身者的运动训练过程中,有机体在承受运动负荷的前提下消耗了能量,因此会产生疲劳,使机体机能暂时下降。恢复过程能使被消耗的能源物质得到补偿,而运动训练的超量恢复原理也指出,在运动训练中重视机体超量恢复是提高个体机体机能的基础。具体来说,在组织与开展大众体育健身活动的过程中,社会体育指导员可以安排"大强度素质训练与简单技术训练相交替"或"一种素质不同部位练习相交替"及"几种素质穿插进行"等方式使健身者进行"休息与恢复"。尤其是健身者在经过大负荷运动训练之后,应提示其充分休息。

(八)区别对待原则

区别对待原则是大众体育健身活动组织与开展的重要原则之一,具体是指在组织与开展体育健身活动的过程中,应根据不同健身者的年龄、性别、身体素质、训练水平、文化程度、个性心理特征等因素组织不同的健身项目,科学地确定健身任务、选择健身内容和健身方法以及安排运动负荷。

不同健身者之间存在着许多差异,不同个体各个方面的条件有所不同,且在健身中各人的起点不同,如有的开始进展很快,但后来反而慢下来;有的某些运动素质好;有的能适应大负荷量的训练。随着健身进程的进行,其发展程度也不同。因此,在开展与组织大众休闲体育锻炼的过程中,应针对健身者个人特点合理安排健身中的各个方面,重视不同健身者体育健身中的各种区别性因素。首先应该根据健身者的性别差异区别进行对待。有专家指出,在运动中,女子与男子对相同的训练计划具有相似趋向的反应,一般训练方法同样适应于女子,但这并不说明应该与男子进行相同强度的训练。其次,应该充分认识到不同人群、不同个体的健康水平存在显著的个体差异,而且由于训练的起始水平各不相同,人体的身体素质与器官系统的功能水平也存在差异。在运动的强度、频率、时间、手段以及环境等的选择上,更应该根据不同的对象的情况和具体问题科学合理地制定不同阶段、不同时期的运动处方与健身计划,使其更加符合不同健身者的需求,促进健身者健身效果的提高。

二、休闲体育运动训练的方法

(一)持续训练法

持续练习法,就是以保持有价值的负荷量为目的而不间断地连续进行活动的方法。持续练习法有着较为显著的作用,其主要表现为:把负荷量维持在一定水平上,使健身者的身体能充分地受到训练的作用。从谋求良好的训练效果出发,在讲究重复和间歇的同时,对连续也是较为讲究的。可以说,重复、间歇、连续三者都应在训练过程中得到统一,并发挥其各自的作用。除此之外还要以负荷价值有效范围来将持续练习时间的长短确定下来,这样可使机体的各个部位长时间地获得充分的血液和氧的供应,因而能够使有氧代谢能力得到有效增强。实践中,用于持续练习的主要是那些较容易并已为运动者所熟悉的动作,跑步、游泳,甚至是迪斯科舞等都是较好的选择。

(二)重复训练法

重复训练法是指训练者在相对固定的条件下,按照计划和要求反复练习同一内容的方法。这种方法并不是针对所有的情况都适应的,其有一定的适用范围,具体包括以下几个方面:运动负荷较小或用时较短的项目,重复练习可增加练习强度和时间,这对于练习效果的提高是有帮助的;适合于动作技术比较复杂、难于掌握的项目,通过反复练习,对动作技术的学习和巩固有一定帮助;适合于运动负荷安排较大、难以一次完成的练习。

重复训练法在练习过程中每组或每次练习都安排一定的休息时间,且每次(每组)练习的距离、时间、强度、间歇时间和练习的总次数要合理和固定。另外,在采用重复训练法进行运动健身时,有以下几个方面需要注意。

首先,要将包括重复的总次数、每次练习的距离或时间、每次练习的强度及间歇时间等在内的重复的要素合理确定下来。

其次,要使每次练习的质量得到有力的保证。

再次,要注意克服单调、枯燥及厌烦情绪。

(三)变换训练法

变换练习法是在改变训练内容、强度和环境的条件下进行训练的方法。变换训练法主要应用于对练习项目、练习要素,以及运动负荷、练习环境和条件等的改变。通过变换训练法的应用,能够有效地调节生理负荷,提高兴奋性,强化锻炼意向,克服疲劳和厌倦情绪,从而达到有效提高训练效果的目的。

在采用变换练习法时,要注意以长远计划和实际需要为依据,给机体有一个逐渐适应的过程,切忌急于求成。除此之外,还应该积极积累和收集反馈信息,并且以此为依据,不断对训练计划和方式进行适当的调整,与此同时,还要对练习结果进行及时的总结,为制定新计划提供相应的依据和支持。需要强调的是,变换练习法应是短期和非经常性的,这就要求在达到变换的要求之后,应尽快转入常规练习,如果变换时间过长或者过于平凡,那么这对于原练习方案的实施是不利的。除此之外,在采用变化练习法时,还要求把注意力集中到所要解决的任务上,要自始至终都对变换练习的目的引起重视。

(四)循环训练法

所谓的循环训练法,就是把具有不同训练效果的项目依次排列成若干个"站",然后按一定顺序作往复训练的方法。通过这种方法的应用,往往能够获得综合训练、全面发展的良好效果。运用本练习法时,要把握好的一个关键点,就是要按照全面性原则来对项目进行合理的搭配。针对青少年来说,他们在进行休闲体育运动训练时,既要发达四肢,也要发达躯干;既要运动胸背部,又要运动腰腹部。除此之外,机能、素质的全面发展也是需要注重的一个重要方面。为此,就必须科学地搭配项目。以已有的经验为依据,通常会选择 6～12 个已为训练者掌握的简单易行项目。另外,需要注意的是,搭配时,上肢动作与下肢动作、剧烈的跑跳练习与静力憋气动作之间的合理交替。

最后,为了保证训练的效果,需要强调循环训练的各个项目都要用比较轻度的负荷进行练习,通常为本人最大负荷量的 1/2～1/3 的强度即可。随着机体适应程度的提高,循环的次数和各个项目的练习强度也要得到及时的增加。

(五)间歇训练法

间歇训练法是在两次训练之间,规定一个严格的休息时间,在健身者机体尚未完全恢复的情况下,就进行下一次训练的方法。由于间歇练习法具有两次练习之间休息时间短、机体尚未完全恢复的特点,因此,这种方法能够使机体运动负荷得到有效的提高。

通常情况下,人们有着体质增强的过程是在运动中实现的观点,实际不然,体质内部增强过程主要是在间歇中实现的,是在休息过程中取得了超量恢复。如果没有休息中的超量恢复,运动就不存在任何意义。对于体质的增强来说,间歇的作用甚至要大于运动本身。

一般来说,可以以健身者个人身体机能状况为依据,来确定间歇练习法中间歇时间的长短。通常情况下,身体机能状况稍差者,间歇时间可稍长一些;反之,间歇时间应该短一些。一般的,以心率每分钟 120 次左右为宜。在间歇过程中,为了使血液回流加快,从而保证氧气的供应,应进行一些如慢跑、按摩和深呼吸等积极性的休息和放松。需要特别注意的是,间歇练习法对机体的机能能力有较高的要求,这就要求根据自身实际情况,加强对负荷的监测。

三、休闲体育身体素质训练的具体方法示例

(一)力量素质训练

1. 发展颈部、上肢和肩背力量

(1)双手扶头,然后颈部进行转动,双手给予抵抗力。

(2)在平地上放上垫子,然后做颈桥并推举哑铃、壶铃或轻杠铃。

(3)俯卧撑向侧、前跳移,双杠双臂屈伸,单杠引体向上。

(4)推小车练习。一人俯卧,两臂伸直,另一人两手抬起其两脚,俯卧的人用两手向前"行走"。

(5)两人相对而坐,两腿分开,进行抛、传实心球或足球练习。

(6)重叠俯卧撑。甲保持俯卧姿势,乙在甲的背上做俯卧撑,或者甲、乙二人同时做俯卧撑。

2. 发展腰腹力量

(1)仰卧起坐、仰卧举腿、仰卧快速屈体。

(2)侧卧做体侧屈、俯卧做体后屈。

(3)仰卧,两脚夹球离地 15～20 厘米,以腰为圆心画圆。

(4)肩负杠铃做体前屈或转体、抓举杠铃。

(5)展腹跳。爆发起跳并充分展腹,向后屈膝,两手尽可能地触脚跟。

(6)跳起空中转体或收腹用力顶球。

(7)跳绳中的两摇一跳和三摇一跳。

(8)联合器械的腰腹练习。

3.发展腿部力量

(1)各种跳跃练习:立定跳远、多级跳远、蛙跳、助跑跳远;肩负杠铃或手握哑铃连续向上跳;单腿或双腿起跳摸高或用头触球;连续向前并腿或单腿跳;利用不同高度的凳子、桌子或专设的跳台依次做连续的跳深练习。

(2)肩扛杠铃做提踵或脚掌走、肩负杠铃由站姿下降至深蹲。

(3)向前后连续快摆大、小腿。腿上可绑沙袋。

(4)远距离传球和大力射门练习。

(5)斗鸡。相互用大腿撞或挑、压对方大腿,用肩冲撞对方或闪躲对方撞击。以将对方撞击成两脚着地者为胜。

(6)背人接力。全队分成两组成纵队站在起点,听到"预备"口令时,一人将另一人背起,见教练员手势后起跑,跑过对面的标志后交换背人,跑回起点时拍第二对同伴手后第二对再跑。依次做完,最先跑到的一组为胜。

(7)小腿负重踢球。要求在不影响正确动作规格的前提下尽力踢球。

4.发展全身力量

(1)负重杠铃挺举。要求完成每一环节时都必须采取爆发性动作。

(2)拔河练习。

(3)二人抢夺球练习。

(4)持实心球侧蹲

该训练方法要求训练者双脚以肩宽左右开立,向左侧分步进入侧蹲姿势,重心移到左腿上。充分前伸双臂前送实心球,保持此姿势2秒钟。右腿蹬离地面形成开始姿势,左右腿交换重复练习。在训练过程中,大学生体能训练者应注意躯干不得扭转。加大难度可持重球或加快动作节奏。

(5)肩上侧后抛实心球

该训练方法要求训练者双手持实心球于胸前,背对投掷方向,双脚以肩宽左右开立。保持屈膝、收腹身体姿势。抛球前下蹲,将球沿身体一侧转到身后,然后以下肢发力带动躯干回转实心球,将球从身体另一侧肩上向后抛出。在训练过程中,大学生体能训练者应注意身体环节自下而上的用力顺序。加大难度可以持重球,改变多种动作方向或跳起抛球。

(二)速度素质训练

(1)采用后蹬跑、单腿侧蹬跑、短距离转身跑、各种追逐球跑等,发展爆发力。

(2)60～80～100米的全速跑、加速跑,提高位移速度。

（3）各种姿势的起跑（10～30米）。采用蹲踞式、站立式、侧身式、背向站立、坐地、坐地转身、俯卧、仰卧、滚翻后，原地跳跃（模仿跳起顶球动作）等姿势做起跑练习。

（4）利用快速小步跑、高抬腿跑、下肢跑和牵引跑等练习，促使运动者突破"速度障碍"，提高位移速度。

（5）在活动情况下的突然起动练习（5～10米）。在小步跑、慢跑、高抬腿跑、侧身跑、颠球、顶球、传球等情况下，快速起动跑。

（6）在长约20米的距离内，设置不同距离间隔和有方向变化的标杆或锥体，让队员以尽可能快的速度做绕杆跑，发展队员绕过对手的快跑能力。

（7）在快速跑中看教练员手势，或抛球等信号，做急停、转身、变向、跳跃和翻滚等动作。

（8）抢球游戏，全队分为两排，相距20米，面对站立，在中间10米处画一条线，每隔2米放一球，队员依次面对球站好。当教练员发出信号后，双方快速跑上抢球，抢球多的一方胜。

（9）追球射门，队员两人一组，可分为若干组在中圈外的中线两侧站好，利用两球门同时练习，球集中于中圈教练员脚下。当教练员将球向一个球门方向踢出时，两翼队员快速起动追球射门。

（10）仰卧高抬腿。仰卧两腿快速交替作高抬腿练习，要求以大腿工作。这练习也可做抗阻力练习，如拉胶皮带，将胶皮带分别固定在肋木上和两脚踝关节处。以高抬腿拉力抗阻力，胶带固定的一端要低于垫子平面约20厘米，也可拉完胶带后再徒手练习，以提高动作速率。

（11）原地快速高抬腿或支撑高抬腿。站立或前倾支撑肋木或墙壁等，听信号后做高抬腿10～30秒，大腿抬至水平，上体不后仰。

（12）两侧移动。两个物体相距3米，高1.20米，练习者站中间，做左右两侧移动，用左手摸右侧的物体，右手摸左侧的物体。

（13）让距追赶跑。两至三人一组，根据速度水平前后拉开距离，速度快者在前，听信号站立式起跑后全速跑，后者追赶前者，前者别让后者追上。跑30米、60米。

（三）耐力素质训练

1.有氧耐力训练方法

（1）确定距离跑。如3 000米、5 000米、8 000米、10 000米等不同距离的越野跑、公路跑。

（2）定时跑。如12分钟跑等。

（3）长距离跑,绕乡间小路的慢跑。

（4）100～200 米间歇跑,400～800 米的变速跑,距离一定要长。

2.无氧耐力训练方法

（1）100 米、110 米栏、100 米栏、200 米长段落间歇跑,可采用 100～150 米距离,间歇时间 2 分钟以上。采用 95％以上的大强度练习,持续时间 10 秒以上。要求运动者保持高训练强度。练习的重复次数可以较多,组数根据练习者情况而定。

（2）重复多次的 30～60 米冲刺。

（3）100～400 米高强度的反复跑和 1～2 分钟极限练习。

（4）原地快速跳绳,30 秒×10,60 秒×5（每次间歇 30～60 秒）。

（5）进行 5 米、10 米、15 米、20 米、25 米折返跑练习。

（6）100～400 米逐渐缩短间歇时间跑,一般采用 80％～90％的练习强度,心率达到 180～190 次/分钟。一次练习的持续时间和距离稍长,练习的重复次数不宜过多。要求运动者的间歇时间逐渐缩短,可采用段落相等或不等的练习。如果段落不等,练习顺序由短到长,在最后一组练习时基本保持规定的强度。

（7）100 米、110 米栏、100 米栏、200 米短段落间歇跑,可采用 30～60 米距离,间歇时间 1 分钟左右。采用 95％以上的大强度练习,持续时间 10 秒左右。要求运动者保持高训练强度。较多的练习重复次数,组数根据练习者情况而定。

（8）短距离追逐跑,教练员发出信号后①号追②号,当他们踏上 X 限制线时立即返回,此时③号和④号分别追逐②号和①号,冲出 Z 限制线为安全（图 5-2）。

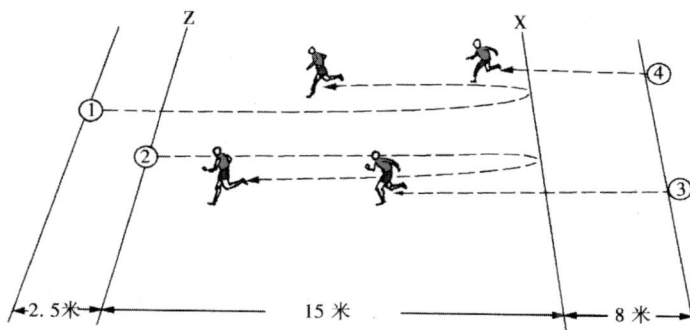

图 5-2

(9)100～400米固定间歇时间跑,要求运动者采用80％～90％的练习强度,心率达到180～190次/分钟。一次练习的持续时间和距离稍长,练习的重复次数不宜过多。要求间歇时间固定不变,可采用段落相等或不等的练习。如果段落不等,练习顺序由短到长,在最后一组练习时基本保持规定的强度。

(四)柔韧素质训练

(1)颈前屈、侧屈、后屈并绕环,体前屈、侧屈、后屈并振动。

(2)前弓步和侧弓步压腿,纵劈腿和横劈腿。

(3)前踢腿、后踢腿、侧踢腿和腿绕环。

(4)站立体前屈下压,或靠墙站立体前屈下压,背伸、展腹屈体练习及腿肌伸展练习。

(5)模仿内外侧颠球动作,单、双腿连续做内翻和外翻练习。模仿内扣、外扣动作,单腿连续做内转、外转动作。

(6)两腿交叉的各种跨步、转身动作。

(7)跪压正脚背(上体后仰、轻轻振压)及全脚背着地的俯卧撑练习(主要拉长脚背韧带和小腿前肌群)。

(五)灵敏素质训练

(1)交叉步前进或后退练习,前、后交叉加侧出步侧向移动练习。

(2)各种跑的练习。如快速后退跑、转身跑、快速跑动中看手势改变方向、快速连续绕障碍跑等。

(3)各种滚翻与起动跑。队员分散站开,听一声长哨做前滚翻,听一声短哨做后滚翻,然后向规定的方向起跑。

(4)听掌声或哨声起动跑,教练员可不断变换信号。

(5)喊号追人。将练习者分成若干组,每组若干人,分别坐在中圈内,教练员喊某一编号各组该号队员沿中圈快跑,以最快返回自己位置者为胜。

(6)躲闪摸杆。防守队员站于杆前,进攻队员用虚晃动作骗取防守队员的重心偏离,然后超过防守队员用手摸杆。

(7)两人冲撞躲闪。两人一组,在慢跑中试图冲撞对手,对手应尽可能运用躲闪,避免被撞到。

(8)多种动作过障碍。在场地一区域设若干障碍物,要求队员做跳、滚翻、爬、跑等多种动作并尽可能快地完成练习。

第六章　不同社会群体的休闲体育运动指导

根据年龄、性别、收入水平等方面的不同,可以将社会成员划分为不同的社会群体,这些不同社会群体在休闲体育运动的选择与参与方面也存在一定的差别。对于不同社会群体参与社会休闲体育运动应该进行相应的指导,从而使其所参与的运动获得更好的效果。本章主要对不同年龄群体、不同性别群体、不同社会阶层以及残障疾病群体参与休闲体育运动的指导方法进行分析。

第一节　不同年龄群体的休闲体育运动指导

由于身体发育状况等方面的不同,不同年龄群体在休闲体育运动方面也存在一定的差别,本节分别从少年儿童群体、中青年群体以及老年群体三方面对不同年龄群体的休闲体育运动进行分析。

一、少年儿童休闲体育运动指导

(一)少年儿童参与休闲体育运动的基本要求

1.对少年儿童的休闲运动兴趣进行培养

在开展少年儿童的休闲体育活动时,应注重负荷量的安排要适当,并且使其在"玩"的过程中有所受益。通过这种形式不断提高儿童参与体育活动的兴趣,并且形成进行体育锻炼的意识。这对于儿童的全面发展具有非常重要的意义。

2.对家庭体育教育的作用进行重视

少年儿童的父母应该注重开展相应的家庭体育活动,这样不仅能够促进儿童与家长之间的情感交流,还能够使儿童得到更好的锻炼,对于儿童的全面发展具有重要的作用。更重要的是,将家庭体育与体育课、课外体育活动等形式的体育运动结合起来,将能使各种体育运动形式形成优势互补,从而更好地发挥各项体育活动形式的功能。这对于增强儿童的身体健康、促进儿童的生长发育具有很好的促进作用。

3.经常组织合理的休闲体育活动

对于少年儿童的健身活动安排,应该确保运动的科学性、安全性。其科学性要求组织相应的活动时以少年儿童的心理特点为基本依据,以促进其身心的全面发展与发育为目的,促进儿童各方面素质的提高。在活动组织过程中,还应该确保运动负荷的科学合理,运动强度不宜过大,各项动作技术应以基本动作技术为主,重点在于培养少年儿童养成健身锻炼的意识和习惯,而不是提高其运动技能。

(二)适合少年儿童的休闲体育运动

以少年儿童的身心发展特点为依据,同时结合少年儿童的兴趣爱好等,适合少年儿童的体育健身项目主要包括自由活动、走、跑、攀爬类的活动,跳绳、游泳、体操、足球、篮球、滑板、投掷等活动。这里就以健身跳为例,对少年儿童的健身方法进行分析。

1.高度跳健身

(1)原地蹲跳起。原地全蹲或半蹲,两臂后摆,两腿迅速用力向上蹬伸,两臂向上摆动,使人体尽可能获得最高的腾空高度。

(2)原地跳起直腿收腹跳。两腿半蹲两手后摆,接着两腿蹬伸跳起,两臂同时向上摆起,空中两腿并拢直腿收腹,两手尽量触及脚尖。落地时注意缓冲。

(3)直膝跳。身体直立,两手置于体后,一手握住另一只手腕,两膝微屈,主要靠踝关节蹬伸的力量跳起,身体垂直向上,落地时以脚前掌着地,连续富有弹性的跳起。每组可做20次以上,可重复多组。

(4)团身收腹跳。原地半蹲跳起,两腿并拢,屈膝团身大腿尽量触及胸部,两臂协调配合摆动。

(5)弧线助跑起跳。弧线助跑3~4步起跳,起跳时摆蹬配合,摆动腿屈膝带胯前摆,起跳腿充分蹬伸向上跳起。

2.障碍跳健身

(1)原地弓步并腿跳跃过障碍。距障碍80厘米处站立,障碍高30厘米左右。原地弓步站立,两臂向前上方摆起,支撑腿用力蹬伸向前上方跳起,两腿并拢收腹越过障碍后落地。

（2）跳深。跳箱高 60～100 厘米,栏架高 80～100 厘米,栏架距跳箱 2 米左右。站在跳箱上两腿并拢跳下,接着继续跳起越过栏架。

（3）单腿跳上跳箱向远跳。跳箱高 20～30 厘米。单腿跳上跳箱然后继续用力蹬伸向前跳落沙坑。

（4）连续跳越栏架。栏架高 70～100 厘米,距栏架 30～50 厘米处双腿起跳越过栏架。

二、中青年群体休闲体育运动指导

（一）中青年群体参与休闲体育运动的基本要求

1.注重对休闲体育知识与技能的掌握

科学的运动离不开正确健身知识的指导和技能的掌握,加强和注重对中青年健身知识和技能的传授,使其储备相应的基本知识和运动技能具有重要意义。在组织相应的体育运动时,应注重其运动的科学性和有效性,提高锻炼的效果。中青年休闲体育活动的组织和安排应根据其工作和生活的实际情况,制定合理的锻炼内容和运动安排,并使其养成有规律的锻炼习惯。持之以恒地进行运动锻炼,可改善和提高身体的健康水平。

2.重视休闲体育运动在促进科学健康生活方式方面的重要性

在社会竞争日益激烈的社会环境下,中青年所肩负的负担也越来越大。因此,很多中青年表现出不健康的生活方式,具体表现为熬夜、睡眠不足、饮食不规律以及吸烟、饮酒等不良生活习惯。在不良的生活方式的侵袭下,中青年的体质健康状况受到了一定的威胁。因此,中青年群体应该积极参与休闲体育活动,通过参加社会体育锻炼还可以扩大其社会交往,融洽人际关系,增进感情交流,在运动过程中培养顽强的意志品质和拼搏精神,增强自信心,丰富业余文化生活。

（二）适合中青年群体的休闲体育运动

适合中青年的休闲体育运动大都表现为竞赛性较强,并且具有较为显著的休闲特点,比较常见的运动项目包括篮球、足球、羽毛球、网球、拳击、武术等对抗性和竞技性强的运动。这里就以网球运动为例,来对其基本健身动作进行分析。

1.基本姿势

在击球之前,应该从一个准备姿势开始起动,准备姿势的正确与否关系到起动快慢以及击球的效果,同时也关系到比赛的胜负。

击球之前,双脚开立比肩略宽,脚掌着地、脚跟抬起,身体重心置于两脚前脚掌之间,两膝微屈,上体微前倾,两眼注视对手或来球。球拍置于腹前,拍头指向正前方,微上翘,手腕低于拍头。同时,两脚也可不停地轻微跳动,使身体重心随时可以向任何方向起动,即呈现一个轻快而富于弹性的准备姿势。不持拍手轻扶着球拍的颈部。

2.握拍方法

网球运动的基本握拍法通常可以分为东方式、大陆式、西方式、双手握拍式、半西方式等,这里只对其中的东方式与大陆式进行阐述。

(1)东方式握拍法

东方式握拍法最先在美国东海岸一带流行,故而取名为东方式。东方式握拍法为正手握拍与反手握拍两种。

①东方式正手握拍法:先使拍面与地面垂直,右手如同与拍柄握手一样,使虎口正对拍柄右上侧楞,拇指环绕球拍柄至与中指接触,食指应向上一些与中指分开,无名指和小指紧握拍柄(图6-1)。

图6-1　　　　　　　　图6-2

②东方式反手握拍法:在正手握拍的基础上,左手向顺时针方向转动球拍,使右手虎口对准拍柄左上侧棱,拇指一般贴在左垂直面上,拇指垫稍弯曲贴住左下斜面。部分优秀选手在上网截击时或击高的反手地面球时,灵活地使拇指伸直与左垂直面贴紧,这样可以做到加强拦截的力量(图6-2)。

(2)大陆式握拍法

虎口对准拍柄上面棱面正中间,手掌根抵住拍柄上部的小平面,拇指直伸围住拍柄,食指紧贴拍柄右上斜面,无名指和小指都紧贴拍柄。大陆式握拍法对正、反手击球都无需变换握拍,而始终如一。将球拍侧立,从上而下握拍,犹如手握铁锤柄的姿势(图 6-3)。

图 6-3

3.发球的基本技术

(1)站位

双脚自然分开站立,两脚的连线根据球员的习惯可与底线相垂直,同时也可保持另外一个合适的角度。全身放松,侧身站在端线外中点旁(单打),左肩对着左边网柱,面向右边网柱两脚分开约与肩同宽,左脚与端线约成45°角,右脚约与端线平行,身体的重心转移到左脚上,身体要自然前倾。左手持球,右手握拍,拍头指向前方。

(2)抛球

①抛球的方法:在准备姿势的基础上,持球手的肘部渐渐伸直并向下靠近持球手同侧的大腿,之后从腿侧自下而上将球抛起。抛球时,用拇指、食指和中指第一二关节将球平稳托住,掌心向上,整个手臂伸直向上托送,利用手臂向上惯性使球平稳地离开手指,避免屈腕屈肘动作,尽可能让球垂直向上。

②抛球的高度:抛球的高度通常是手握球拍充分向上伸直时,球拍的顶部再稍高一些。但是,由于此高度限定了挥拍击球所用的时间,因此抛多高才合适要视个人情况而定。

③球脱手之后在空中的位置:第一,发球强调出球的速度与攻击力,击球点较靠前,因此球也抛得较靠前。第二,发球较为保守,在保证成功率的前提下强调球的旋转和控制球的落点,击球点也就相应后移,因此球也要抛得靠后一些,基本上与背弓时身体的纵轴线相一致。

(3)引拍

同步开始后摆拉拍动作与抛球动作。球拍从前方开始往下向后上方摆起,当握拍手摆至肩高时,转体展肩弯臂,使拍头垂于背后如"搔背"状,两膝前弓,身体后仰,眼睛注视着球。

（4）挥拍击球

当左手抛出球时，球拍继续向上摆起，这时握拍手的肘关节放松，可以使向前转动的身体和右肩自动地使手臂产生一个完美的绕圈（不是故意地做挠背动作），当球下降到击球点时，迅速向上挥拍击球，左脚上蹬，使手臂和身体充分伸展。当身体向前上方伸展击球时，肩、手臂已经回转，双肩与球网平行。

（5）随挥

身体在击球之后向场内倾斜，继续保持完整的随挥动作，球拍随惯性挥至身体的左下方，身体的重心向前移，右脚率先越过底线区落地，同时迅速调整好位置，准备接对方来球。

4. 接发球的基本技术

（1）准备姿势与站位

接发球的站位一般是站在有效发球最大角度的分角线上或者略偏于反手位置，接近于单打边线处。前后的位置应该根据对手发球方式与力量大小来确定。接发球的准备姿势与前述相同。

（2）击球

接球时，击球动作与正常击球动作基本相同。当对方球发出后，接球员应该向预测击球点及时起动，迅速做出转体引拍动作，后摆距离应该短一些，幅度大小应该根据对方不同的发球来调整，握紧球拍，手腕固定，并向击球方向踏出异侧脚，同时，向前迎击球，击球点是在体前侧胸部高度处，对着球击出的方向，送出球拍，尽量加长球拍接触的时间，要像打落地球那样，做出随挥动作。

（3）随挥

球拍的后引虽然缩短了，但不要限制击球后的跟进动作。应该尽量加长球拍接触球的时间，球拍应该先跟着球出去，之后进行充分的随挥动作。随挥动作结束后，身体应该迅速移动到自己场地中央，准备迎击下一次来球。

三、老年群体休闲体育运动指导

（一）老年群体参与休闲体育运动的基本要求

1. 根据自身不同的身体状况选择相应的运动项目

老年群体的体质状况存在很大的差异性，因此在选择休闲体育运动项目时应该做到因人而异。在参与休闲体育活动时,应根据其身体机能状况以及相应的心理需求制定相应的运动内容和方法。老年人在进行休闲体育时不能够根据其他人的运动量来确定自身的运动量。老年人体育锻炼应该符合自身的身心接受能力,并且要有针对性与实效性。此外,在参与休闲运动时,老年群体应该做到有动有静,动静结合,要把动静这一对矛盾很好地统一起来。

2.做到量力而行,不可争强好胜

老年群体的休闲运动应该量力而行,不可争强好胜,运动形式主要是严格控制负荷量的有氧运动,如果负荷量安排不当,则可能对身体造成一定程度的损害,甚至引发意外事故。此外,在参与休闲体育运动过程中还应进行自我监控,并定期对身体进行健康检查。

(二)适合老年群体的休闲体育运动

适合老年群体参与的体育项目主要包括健身跑、游泳、门球、气功、太极拳、太极剑、体育舞蹈、慢跑、散步、游泳、垂钓、棋牌等。这里就以健身跑为例,来对其基本健身动作进行分析。

1.健身跑的基本技术

(1)基本姿势

在跑步过程中,运动者的身体应该保持自然放松,脚步也不要过度用力,落地应该柔和。在落地时,通常以前脚掌着地,之后迅速过渡到前脚掌着地,两臂配合脚步协调摆动。在跑步时,呼吸频率要与脚步保持一致,尽量保持呼吸的均匀。在健身跑时,跑的速度不应太快,步频放慢,步幅也要相对小些。研究表明,一般健身跑应保持在每分钟 150 步左右,可根据自身状况自行调整。跑时一般以不喘粗气为宜,跑的时间也应根据自身状况确定,一般而言,每次跑的时间在 20～30 分钟左右。

(2)呼吸

在跑步过程中,随着机体的运动,人体对于氧气的需求量会不断增加,会出现一定的氧气供应不足的状况。因此,跑步时应该掌握正确的呼吸方法,积极调整呼吸的频率和深度,保持必要的肺通气量,保证体内的氧气供应。一般情况下,跑步中的呼吸应该采用 2～4 步一呼,2～4 步一吸的方法,具体应该因人而异。当呼吸的频率被破坏时,应积极进行深呼吸或通过跑速进行调整,使呼吸与跑步的频率到达协调。在跑速相对较快时,一般采用鼻和口同时呼吸的方法,加大人体的氧气供应量。在跑步时会出现"极点"和"二次呼吸"现象,应积极地进行适应。

2.健身跑的基本动作

(1)头部动作

在跑步过程中,运动者的头部应该保持直挺,尽可能避免后仰或者前俯,眼睛应该盯住前方10~20米的位置,而不是看着双脚。在低头或是后仰时,关节会承受来自头部的重量和跑动中的颠簸,脊椎骨的排列十分不整齐,这会加大关节和脊椎骨在跑动中的磨损。因此,在跑步过程中应保持头部的平衡。

在跑步时,运动者的脸部应该保持放松。研究表明,当人体保持微笑时,下巴会得到放松,那么它会向人体发送保持放松的信号。因此,在锻炼时保持微笑更有利于健身。

(2)肩部动作

在跑步过程中容易出现肩部紧张的状况,这是由于在跑步时紧握双拳。在跑步时,运动者应该尽可能不紧握双手,可以采用轻轻虚握或是双手展开的方式。另外,在跑步时,人体的疲劳很容易造成肌肉的紧张,从而引起肩部的紧张。在跑步时,应尽量保持肩部的放松,采用放松的肩部姿势,当感觉肩部紧张或僵硬时,应积极调整肩部肌肉之间的平衡。在运动之后可以进行适当肩部按摩,保持肩部的放松。

(3)臂部动作

在跑步时,运动者的两臂应该进行积极的摆动,这样能够起到维持身体平衡的作用。如果摆臂动作不协调、不正确,会对动作的节奏感产生影响,也会造成不必要的能量消耗。在健身跑过程中,双臂弯曲约90°左右,并以肩为轴进行自然摆动。当前摆时,手臂应稍向内,后摆时则稍向外。当跑步速度快时,摆动的幅度和速度也应相应的加快。在跑动时,前后摆动胳膊时才需用力,其他时候应随着身体自然摆动。当进行快速跑时,应该积极利用手臂的力量进行摆动。

(4)上肢动作

在跑步时,运动者上体应该保持正直或有5°左右的前倾,背部保持挺直。在上坡或下坡跑时,应该保持一定的前俯或后仰。在跑动过程中,应避免左右晃动,使头部与躯干形成一条直线。如果平常路段跑时前倾或后仰,则会增加背部、腹部肌肉的负担,还会影响人体呼吸,使跑动显得十分困难。因此,在跑动中应采用正确的上体姿势,这不仅有利于跑步,更能够塑造体型并能够培养人积极、自信的态度。

（5）腿部动作

在跑步时，髋、膝、踝要充分地舒展，并以大腿的发力带动小腿向前迈进。在大腿摆动过程中，小腿要保持放松和自然下垂；当小腿前伸时，支撑腿的各个关节应迅速伸直。大腿前摆动作应积极迅速，不要拖太长时间，并快速进行下压，小腿前摆。另外，膝关节在跑步过程中也应该保持适当的动作，膝盖一般应该抬到合适的高度，双脚不要有任何的擦地动作。

（6）踝部动作

在跑步时，踝关节的前部肌肉应保持适当的放松，使步法轻松、平稳。需要注意的是，踝关节的其他部位肌肉应保持一定的用力感和紧张感，在运动过程中避免由于太过放松而造成崴脚。在跑步锻炼时，后蹬不用全力进行，步长不要过大，步频不应过快，这样能够一定程度上节省体力，从而有效防止受伤的发生。

（7）双脚动作

在健身跑过程中，一般应该以前脚掌外侧先着地，之后过渡到全脚掌着地，并积极地缓冲落地时的冲击力，为后蹬动作奠定基础。在前脚掌着地缓冲时，脚后跟与地面的距离应适合，如果过高会造成脚部肌肉的紧张。前脚掌着地之后，要有一定的对抗，充分缓解重力的作用，保持跑步的弹性。

第二节　不同性别群体的休闲体育运动指导

男女不同性别之间在性格、体能等很多方面都存在很大的差异，因此不同的性别群体在休闲体育运动的选择参与方面也存在一定的不同，本节就分别对男女不同性别群体的休闲体育运动进行具体分析。

一、男性群体休闲体育运动指导

（一）男性群体参与休闲体育运动的基本要求

对于男性群体而言，在人生的不同时期和阶段都应注重体育运动对身心健康的重要作用性。尤其是青壮年时期，男性作为家庭的支柱，工作和生活的压力大，生活节奏进一步加快，这时更应该加强体育运动锻炼，进行长效的健康投资，树立科学的健康理念。

参与体育运动锻炼是保持和增强身体健康的重要手段，而健康则是开展相应的工作、学习和创造美好事业的物质基础。因此，男性青壮年应该增强体育运动锻炼的积极性与自觉性,养成终身体育的理念,并付诸实际行动。

(二)适合男性群体的休闲体育运动

男性可从事的休闲体育运动多种多样,除了一般的球类运动外,轮滑、散打、武术、山地自行车、潜水、冲浪、漂流、垂钓、高尔夫、跑步等都非常适合参与。这里就以山地自行车为例,来对其运动的方法进行分析。

1.身体姿势

上体较低,头部稍倾斜前伸;双臂自然弯曲,便于腰部弓曲,降低身体重心,同时防止由于车子颠簸而产生的冲击力传到全身;双手轻而有力地握把,臀部坐稳鞍座。下坡时,身体重心要始终靠后。如果坡度允许,车手胸部的重心应该落在鞍座上。上坡时,要把重心移到鞍座后部,使双腿获得最大的杠杆作用。同时,上半身放低,要趴在车把上,以固定车位。

2.手的姿势

手握车把的姿势由车手自己决定。具体来说,轻轻地握住车把,肘部稍微弯曲,肩部放松,后背伸直。车把不要抓得太紧。

3.踏蹬技术

为了能连续、平稳地把能量传送到动力传动系统,车手应学会如何连贯地踩动脚蹬做环形运动,不可上下猛踩脚蹬。自行车运动的踏蹬方法有自由式、脚尖朝下和脚跟朝下式三种。具体应该根据实际情况和需要进行有针对性的选择和运用。

4.刹车技术

刹车提供了非常好的制动力,车手只需要一两个手指就能操作刹车装置,锁住车轮,其他三个手指用于握住车把,控制自行车。

5.变速骑行技术

(1)上坡骑行技术

对于短而陡的坡,劳动强度很大。高强度运动持续的时间可能比较短,关键是车手要保持正确的骑车姿势。要想冲到坡顶,在助跑阶段积累足够的冲力,一般情况下,急转弯以后紧接着就要爬坡。最好的办法是保持正确的骑车姿势,把身体的重心移到后轮上,不过前轮上也要保持足够的重量,以防自行车前翻。坡路较长或有陡坡时,可适时使用站立式骑行方法,调节用力部位,让部分肌肉得到休息。

（2）下坡骑行技术

下坡骑行要勇敢机智,胆大心细,精力集中,两眼密切注视前方路面,随时准备果断处理路面上出现的任何情况;要充分利用车子运动惯性滑行,尽量后移,以手臂完全伸直为宜。同时,上体前倾、下压使胸部降到鞍座的高度。

6.弯道骑行技术

转弯前要控制车速。用点刹的方法逐渐减速,尽可能前后闸同时使用,进入弯道后将闸放开,转弯时,身体和车子要保持一致,向里倾斜,上体和车子保持一条直线,以克服离心力。倾斜角度根据速度和弯道大小而定,但一般不得超过28°角,否则就有滑倒的危险。

7.骑车跨越障碍技术

（1）骑车跳

①齐足跳:瞅准前面的障碍物,保持以比较合适的速度前进。在碰到障碍物之前,上身伸直,四肢微微弯曲,形成下蹲的姿势,蜷缩在自行车上。在自行车前轮将要碰到障碍物的时候（相距大约50厘米）,向下按压自行车前部,然后双腿同时向下用力和手臂用力上拉,身体向上,并把车把抬起来。前轮离开障碍物后,扭动车把,双脚向后、向上猛拉（带踏脚套的脚蹬在这种情况下能够派上用场）。此时,后轮离开地面,沿着前轮的轨迹向前滑动。将身体重心前移和后移。重心前移有助于前轮着地,后移则有助于前轮抬起,这样做可以先让后轮着地,再让前轮着地。

②借助斜坡跳跃:目视前方,看清前面的障碍物。靠近障碍物时,身体要放松,重心放低,四肢微微弯曲,形成下蹲姿势。碰到障碍物时,自行车会被弹起来,此时车手应借助上弹的力量立即从自行车上站起。这时候,车手要将身体重心后移,使鞍座朝着自己的腹部移动。当人、车同时弹入空中后,再向下按压自行车,但双腿和胳膊仍然要保持微微弯曲的姿势,这样在自行车下落的过程中四肢才能灵活运动。自行车着地时,先让后轮着地,再让前轮着地,两个轮子都着地以后,车手身体的重心也会随着下降。这时,四肢微微弯曲,慢慢地把身体的重量转移到自行车上。

（2）骑车过坎

①前轮触地过坎:选择看上去比较容易应付的路线,然后低速靠近。当前轮抵达斜坡边界处时,身体重心后移,离开鞍座。开始下坡后,上身及双

腿伸开,稍微弯曲,轻轻地按动后闸,但不要锁住后轮。身体重心后移有助于增加摩擦力。坡度逐渐平缓后,再将身体重心前移,然后回到鞍座上。

②前轮离地过坎:靠近斜坡边缘时,速度要适中,身体重心后移,后拉车把,同时用力踩一下脚蹬,身体成站立姿势,使自行车前轮离开地面,形成前轮略高于后轮的姿势。过坎后,保持前轮略高于后轮的姿势直到自行车落地。然后车手坐回鞍座,继续骑行。

(3)骑车过沟壑

①骑车过一般沟壑:如果沟比较宽,可以从沟底骑过去。前轮碰到沟边时,先把身体重心后移,使之离开前轮,然后推动前轮下到沟内。等到了对面的斜坡时,再提起前轮并从沟中冲出去。身体重心前移时,要继续蹬踏。这一技巧与跨越比较大的石头所用的技巧相似。不过,这里不是从障碍物上面跃过去,而是从沟底冲出去。

②骑车过"V"字形沟壑:把自行车从沟上面扛过去。最好在跨越沟壑时运用前轮离地平衡特技。后轮碰到沟底时身体重心稍微前移,同时继续踏蹬,直到冲出沟底。

二、女性群体休闲体育运动指导

(一)女性群体参与休闲体育运动的基本要求

1.根据女性的生理特点选择相应的休闲体育运动

青春期女子的休闲体育项目的选择、运动负荷的安排必须考虑到青春期女子的解剖生理特点,注意相关卫生保健要求。在运动训练负荷、锻炼时间、动作技术等方面,对女生的要求标准应低于男生。

2.安排适宜的运动负荷,避免运动损伤的发生

月经期的休闲体育运动应该注意运动负荷的合理安排。根据女子在月经期间训练负荷安排的一般规律:从月经来潮的前一周开始,要逐渐减少训练负荷,直到月经期内要维持相对较小的训练负荷。月经后期要逐渐增大训练负荷,月经后一周达到相对最大的负荷,并维持一段时间后,在下一次月经的前一周逐渐减小训练负荷。以此类推,循环往复。一般来说,短时间的月经来潮紊乱,可以反映出女性对经期训练不适应或过度疲劳。可通过逐步适应或调整运动负荷,使月经逐步恢复正常。但对于长期月经间隔短于20天或长于60天,甚至闭经或出血不止的女性,则需要进行妇科检查。

若确诊为生殖系统有变,应暂时停止参加经期的一切体育活动,并及时接受治疗。

(二)适合女性群体的休闲体育运动

可供女性选择的休闲体育运动项目有很多。具体可以划分为两大类,一类是荡秋千、扔沙袋、踢毽子、跳绳、跳皮筋、跳板等传统民间的休闲体育项目,另一类则是体操、球类运动、散步和慢跑等现代健身的休闲体育项目。这里就以毽球运动为例对其运动方法进行分析。

1.发球技术

(1)正面脚内侧发球

前后开立准备姿势站好,发球时,左手把球垂直向上轻轻抛起,球约在右脚内侧前方 40 厘米处下落;发球者重心前移,右腿、髋、膝关节外翻,屈膝向前摆动,当身体重心超过人体垂直面后,支撑脚向后蹬地,加速重心前移,右髋、膝关节猛力外翻,加力前推,右脚踝关节背屈用脚弓内侧中部把球发入对方场区,而后发球脚迅速着地保持身体平衡(图 6-4)。

(2)正面脚外侧发球

两脚前后开立,左脚在前,抛球于右脚前,右腿由后向前摆动,足踝内转,用脚外侧加力将球击入对方场区(图 6-5)。

图 6-4　　　　　　　　图 6-5

(3)正面脚背发球

前后开立准备姿势站好,左臂自然前伸,掌心托球于体前。发球时,左手把球垂直向上轻轻抛起,球约在右脚前方 40 厘米处下落;发球者重心前移,右脚踝关节绷直,利用抬大腿、踢小腿的动作,在离地面 20 厘米高度击球,把球发入对方场区。脚的击球部位应在脚背正面食趾的跖趾关节处。

(4)侧身脚背发球

身体侧对球网,左脚在前,两膝微屈,重心落在两脚之间,左臂自然前伸,掌心托球于体前。发球时,左手把球垂直向上轻轻抛起,球约在右脚内侧体前50厘米处下落;发球者身体重心前移,以支撑脚的前脚掌为轴向左转体,踢球腿以髋关节为轴,大腿带动小腿由后向前摆动,脚背自然绷直,拇趾尖向斜下指,以脚背正面或稍外侧一点的跖趾关节部位击球,将球击入对方场区。

2.传接球技术

(1)脚部传接球

①脚背传接球:准备用脚背传接球前,两膝微屈,重心下降,做好准备姿势。接球时,一脚支撑身体,另一脚主动插入球下,脚背与地面基本呈水平,当球快落到脚背上时,利用适度的伸膝和踝关节背屈的协调勾踢动作,把球向上踢起。击球部位应在脚的跖趾关节处,离地面10~15厘米的高度适宜作为击球点。

②脚内侧传接球:准备用脚内侧传接球时,两脚前后自然开立,踢球脚在后,两膝微屈,两手臂放松自然下垂于体侧。眼睛注视来球,接球时,身体重心应移到支撑脚上,踢球腿大腿带动小腿由后向前上方摆动。在摆动过程中应逐渐形成髋关节外张、膝关节弯曲、踝关节内翻的基本姿势。击球的一刹那脚部击球面端平,击球部位应在脚弓内侧面的中部,击球点一般应在支撑腿膝关节高度之体前40厘米处。

③脚外侧传接球:确定好要用脚外侧传接球时,两脚自然开立,两膝微屈,双眼注视来球。接球时,重心移到支撑脚上,击球腿的髋、膝关节内扣,踝关节背屈,膝、踝关节外翻,使脚外侧尽量与地面平行,击球是利用小腿快速屈膝上抬的动作向体后上方击球。脚接触球的部位在脚外侧面的中部或中后部。

(2)膝盖传接球

一腿支撑,另一腿以髋为轴,抬大腿屈膝上提,插于来球下方。在膝关节上部10厘米处将球接起,落于身前或直接拱入对方网前,可原地拱,也可转身或移动上步拱球(图6-6)。

(3)胸部传接球

准备传接球时,判断来球,移动胸堵。当来球偏低时,可采用屈膝姿势,偏高则可跳起胸堵。击球时,两手臂微屈自然置于体侧,身体自然挺胸、伸膝,身体重心上移,给球向前上方一个作用力,使球呈小弧度飞行下落(图6-7)。

图 6-6　　　　　　　　　图 6-7

（4）肩部传接球

当来球至肩侧时，两腿屈膝，重心下降，快速沉肩插到球下方。在垫球一刹那，利用腿的蹬伸和耸肩动作将球垫落在身前或直接垫入对方场区。

（5）头部传接球

以助跑起跳前额正面传接球为例。直线或斜线助跑 2～3 步，左（右）脚跨出最后一步，步幅稍大，右（左）脚要迅速并上落在左（右）脚侧方，双脚用力蹬地起跳，上体后仰，两臂张开，使身体腾空成反弓形，目视来球。在击球的一刹那，快速收腹。上体前屈、甩头，将球用前额正面顶出。

3.攻球技术

（1）头部攻球

运动者站在限制线后 1.5 米左右的地方，正对球网，面对来球，观察二传的传球情况，根据传球的弧度和落点不同，采用不同的助跑方式进行起跳，上体挺胸展腹、扭腰、向后预摆头，使身体呈反弓形。当球离头 10 厘米左右时，利用收腹转腰来带动屈颈"狮子摆头"动作，用头发在额前如挥鞭子式地抽击动作将球攻入对方场区。落地时，应由前脚掌过渡到全脚掌，同时顺势屈膝，以缓冲下落的力量，并立即准备做下一个动作。落地姿势可以用单脚，也可以用双脚，依个人习惯和喜好而定即可。

（2）脚部攻球

①外摆脚背倒勾攻球：准备好用外摆脚背倒勾攻球技术时，稍向右侧身背对球网站立，两膝微屈，两眼注视二传来球情况。起跳时，膝踝关节充分蹬直，摆腿和摆臂动作有力。身体腾空后，击球腿迅速屈膝上摆。击球时，当球落在头上方右侧约 50 厘米处时，击球腿迅速外摆，膝关节猛力伸踢，最后用踝关节的勾踢动作把球攻入对方场区。击球后，应控制击球腿在空中的动作幅度，以防触网犯规。落地时，注意摆动腿应先落地缓冲，击球腿随后落地，以使身体保持平衡，并做好准备迎接下一个来球。

②里合脚背倒勾攻球：背对球网站立，两膝微屈，判断二传来球，调整好

准备姿势。助跑起跳要充分,摆腿和摆臂动作要协调有力,并准备向左侧转体。起跳腾空后,摆动腿膝外展,向左转体,击球腿由外向内里合摆腿,使身体产生向左旋转。击球时,当球落在左肩的头上方时,膝关节快速发力,最后用踝关节的勾踢动作把球攻入对方场区。击球后摆动腿先落地缓冲,击球腿随后落地,马上进行下一个动作的准备。

③正面脚掌前踏攻球:两膝微屈面对球网站立,判断二传来球,通过适合的助跑选择最佳支撑脚的位置,随后击球腿的踝关节自然背勾,大腿带动小腿迅速上摆到最高点,支撑腿伸直。提踵或跳起提高击球点,两臂自然上摆,身体向上伸展,控制平衡。击球时,一般当球落在头前上方离身体50厘米处时,击球腿依次利用髋、膝、踝的力量"鞭打式"下压,用脚掌前1/3处击球。远网球可展髋发力,近网球可屈膝踏球,还可利用身体方向的变化打出不同线路的球。

④正面倒勾脚掌吊球:攻球前,攻球运动者背对网,两膝微屈做好准备姿势,两眼注视来球情况。当判断二传来球离身体较近,落点在头前上方附近时,采用原地或调整一小步,保持好人与球之间的合理距离起跳,起跳动作要与脚背倒勾强攻的动作基本相似,身体腾空后突然变脚背倒勾动作为脚掌吊球。击球时,击球腿微屈上摆,逐步伸直,踝关节背屈,当摆到脚底与地面几乎呈水平时脚掌击球,运用腿向后摆的托送动作,把球吊入对方场区空当。完成空中击球动作后,击球腿自然前摆下落,摆动腿先落地缓冲,控制身体平衡,并做好准备,迎接下一来球。

4.拦网技术

(1)原地拦网

准备拦网时,拦网运动者站在网前,离网30~40厘米,两膝微屈,与肩同宽,自然收腹,上体稍前倾,两臂自然置于体侧,目视攻球者。当对方攻球时,两脚用力蹬地起跳,两臂自然下垂,夹紧放于体侧稍前,身体保持提腰收腹挺胸的迎球姿势,原地跳起拦网。

(2)移动拦网

准备拦网时,盯住对手击球点,网前滑步选准位。两膝微屈,与肩同宽,自然收腹,上体稍前倾,两臂自然置于体侧,目视攻球者。准确把握好起跳时机,当对方攻球时,及时移动选择好封堵主要线路,两脚用力蹬地起跳,将球拦至对方场地。封网击球可根据情况采用压肩主动击球和保持迎球姿势被动击球。击球后,身体应控制平衡自然下落,双脚前脚掌先着地,并屈膝缓冲,准备完成下一个动作。

第三节　不同社会阶层的休闲体育运动指导

不同社会阶层的群体由于自身空闲时间、经济收入、思想理念等方面的不同,其适合参与的休闲体育运动也存在一定的差别,本节就对一些较为主流的社会阶层的休闲体育运动进行分析。

一、社会管理阶层的休闲体育运动指导

对于社会管理者阶层而言,他们参与休闲体育活动除了健身目的之外,更多的是放松身心,宣泄压力,同时,在体育交往过程中结识对自己的工作和事业有利的人,这些人社会地位高、权力大,拥有更多的享受休闲环境和运动设施的便利。

在休闲体育活动内容上,社会管理者阶层可选择集健身、娱乐、休闲为一体的休闲体育项目,如网球、乒乓球、游泳等运动项目,还可以选择益智、愉心的棋牌类休闲活动。

二、社会经理人员阶层的休闲体育运动指导

社会经理人员阶层是经济的推进者和制度的创新者,工作压力大,鉴于这种职业特征,他们参与体育休闲活动的价值取向除了"既休闲又工作,休闲、工作两不误"之外,还蕴藏着完善自我,展示人格魅力,突出社会影响,宣传形象的内涵。此外,他们非常注重休闲体育服务,愿意花钱投资休闲,对青年人喜欢的大负荷、高对抗的运动项目不感兴趣。

在休闲体育活动内容上,社会经理人员阶层可选择赛车、赛马、登山旅游(不是一般的爬山)、保龄球、高尔夫、网球等运动休闲项目。

三、专业技术人员和办事人员阶层的休闲体育运动指导

专业技术人员和办事员阶层是现代社会的中等阶层,也是社会的主干群体,他们在经济状况、消费观念、生活方式、生活态度等方面存在着明显的个体差异,休闲体育的职业特征表现不明显,参与休闲体育活动多与兴趣爱好有关。

在休闲体育活动内容方面,收入一般、偏爱健身的可以选择健美操、跑步等有氧运动和器械运动;消费观念保守,喜欢负荷小、趣味性强的,可选择

太极气功、垂钓、棋牌类项目;经济条件较好,消费观念超前,喜欢追求时尚与新潮的,可选择极限和冒险运动。

四、商业服务业员工和产业工人阶层的休闲体育运动指导

商业服务业员工和产业工人阶层主要是以自身劳力和简单技能谋生,工作时间相对较长,身心较疲惫,参与体育休闲活动主要是消遣娱乐和放松为主,且体育消费力求实惠。

在休闲体育活动内容上,这一阶层人群可选择花钱少、耗时少,简单易行的像散步、慢跑、篮球、羽毛球、游泳等大众化休闲体育运动。

五、农业劳动者和城市无业、失业者阶层的休闲体育运动指导

相较于以上几个不同的社会阶层,该阶层经济资源的占有量较低,文化水平也较低,家庭负担重,体力劳动消耗大,休闲目的主要是放松、消遣。

在休闲体育活动内容上,该阶层可选择对场地设施要求不高、时间分散的散步、棋牌、垂钓、游泳、武术、太极、气功、广场舞等休闲体育活动。

第四节　残障疾病群体的休闲体育运动指导

作为社会成员中的一类特殊群体,残障疾病群体的休闲体育运动也有着其一定的特殊性,本节就分别从残障群体与疾病群体两方面对这一特殊社会群体的休闲体育运动指导进行分析。

一、残障群体休闲体育运动指导

(一)适合听力障碍群体的休闲体育运动指导

1.听力障碍者的基本训练

(1)听觉训练

对于少年儿童听力障碍者,应鼓励他们充分利用残余听力,也可以借助

助听器得到听力补偿。需要特别注意的是,配戴助听器时,应配制合适的耳模,合适的耳模有助于患者牢固地佩戴和使用助听器,同时,还具有改善助听器的声学效果、防止助听器反馈等作用。

(2)语言呼吸训练

语言呼吸时,要求瞬时吸入较多的气体,呼气则是一个缓慢的过程,呼出的气流能使声带振动,产生发音。语言呼吸是聋儿语言康复的基础。聋儿只有在呼吸气的过程中学会控制气息,才能发现正确的语言。

2.适合听力障碍者的休闲体育运动

(1)原地拍球和转身拍球练习。

(2)有节奏的跳跃练习,结合指导员的手势匀速而准确地跳跃。

(3)走平衡木和单腿站立练习。

(二)适合视力障碍群体的休闲体育运动指导

1.视力障碍者的基本训练

(1)听觉训练

低视力患者的听觉训练最重要的是通过声音信号为指导,引导盲人进行体育活动。训练中应注意以下两点。第一,低视力患者接受连续不断的声音刺激的能力较强,接受间歇的声音信号的能力较弱,因此,给予低视力患者的声音刺激最好是连续性的。第二,低视力患者感受来自身体直线方向的声音的能力强,感受来自身体旁边的声音的能力弱。因此,给予低视力患者的声音的声源最好是在视残者的正前方。

(2)空间感训练

空间感是低视力患者体育康复的一项重要内容。实践表明,参加休闲体育运动可促进视残者良好空间感的提高。在低视力患者的体育康复训练中,常用训练方法有走直线练习,尽量减少偏离的距离;听声音转体练习;在同伴陪同下走一段距离,然后自己沿途返回的练习;在户外能感受阳光的地方进行东西南北方向感的练习等。

(3)触觉训练

要求低视力患者充分感知周围物体,在训练中,体育康复训练可以轻松地实现这一训练。

2.适合视力障碍者的休闲体育运动

(1)田径走跑练习。

（2）舞蹈、体操练习。

（3）铃球运动。

（三）适合智力障碍群体的休闲体育运动指导

对于在智力方面存在一定缺陷的人群来讲，应尽早从事有针对性的体育康复训练。抓住不同年龄阶段的儿童智力发展的特点，从而合理选择和安排体育康复健身锻炼。具体来说，不同年龄阶段的儿童少年的智力康复训练可参考表 6-1。

表 6-1 针对智力残疾者的体育康复健身安排

婴幼儿	注意动作训练，从粗大到精细运动，包括翻身、爬行、坐、立、行走、手眼协调训练等。训练中爬行很重要，能刺激大脑皮层的机能进一步发展，调节四肢协调运动，使婴儿的身体平衡
3—9 岁	可以行走、投球、登楼梯、投沙袋、单足短时站立等
9—12 岁	可采用单足跳、跳绳、快跑、持球投准等体育活动
12—15 岁	亲朋跑步、跳跃、简单的舞蹈、跳绳、滑冰、滑雪、上下楼梯等体育活动
15 岁以上	参加田径、体操、游泳、舞蹈等各项个人体育活动

对于不能行走的患者，可以机体练习一些游戏性动作，如在地板上滚圈；进行球浴（在护理人员的帮助下在球堆中坐、爬、站）和水浴（用特制的浴盆，有护理人员照料做各种肢体活动）。

二、疾病群体休闲体育运动指导

（一）疾病群体参与休闲体育运动的基本要求

疾病群体参与休闲体育健身应以康复为主，同时结合不同病症，在医生的指导下科学、安全地进行，不可盲目参与休闲体育活动。

（二）适合疾病群体的休闲体育运动

适合患病人群的休闲体育运动项目有许多种，如五禽戏、八段锦、易筋经、健身气功以及医疗保健操等。这里就以五禽戏为例，来对其运动方法进行分析。

1. 虎戏

（1）自然站立，身体向前俯，两手与地接触，身躯用力前耸同时配合吸气。身躯前耸至极后停止，然后向后缩动身躯并呼气，练习做 3 次。

（2）向前挪动两手，先左手后右手，同时向后移动两脚，以最大力对腰身进行拉伸。

（3）接着抬头向上看，再低头平视前方。

（4）最后，再像虎行一般用四肢向前爬七步，向后退七步。

2. 鹿戏

（1）四肢与地接触，吸气，向左转头颈，眼睛注视右侧后方，头颈向左转到不能再继续转动后停止，呼气，向回转头颈，恢复初始位置后再吸气，继续以同样的方式向右转。左转 3 次，右转两次，最后还原初始姿势。

（2）接着，左腿抬起并向后挺伸，保持一会儿后左腿下落触地，以同样的方法抬右腿。左腿向后伸 3 次，右腿向后伸两次。

3. 熊戏

（1）仰卧地面，两腿膝部弯曲拱起，两脚与床面分离，两手在膝下合抱，用力向上抬头颈，肩背与床面分离，稍停一会，先向侧方向移动左肩使之触床面，左肩与床面接触瞬间头颈立即用力向上，肩再次与床面分离，略停后再右肩以相同方式做此动作。左右肩交替各做 7 次。

（2）然后起身，在床面上做蹲式姿势，两手分别置于同侧脚旁。

（3）接着像熊行走一样，左脚和右手掌抬起。左脚、右手掌回落后右脚和左手掌随即抬起。左右交替进行，随手臂移动向左右方向摆动身躯，片刻停止。

4. 猿戏

（1）选择一根牢固的横竿，横竿高于自身身高，站立，用手指触及横竿，像猿攀物一样用双手将横竿抓握，两脚离地，作引体向上 7 次。

（2）接着先用左脚背将横竿勾住，两手放下，然后头身向下倒悬，保持一会后用右脚做相同动作，左右交替各做 7 次。

5. 鸟戏

（1）自然站立。左腿在吸气时跷起，两臂向侧方向平举，眉毛扬起，把气力鼓足，像鸟展翅一样做即将起飞的姿势。

（2）呼气时，左腿触地，两臂置于腿的两侧，然后跷起右腿做相同动作。左右腿交替各做 7 次，然后坐下。

（3）右腿弯曲，两手在膝下合抱，将膝部拉到接近胸前的位置，稍停后用左腿做相同动作，左右腿交替 7 次。

（4）最后，两臂像鸟展翅一样各伸缩 7 次。

第七章　室内休闲体育运动指导

　　人们在学习与工作之余可以参与的休闲体育活动有很多。多数人喜欢参与户外的休闲体育活动，亲近大自然，呼吸新鲜空气，不受空间的束缚，十分享受。但是参与户外体育活动难免会受到气候、环境等外界因素的影响，当不具备一定的自然条件时，室外体育活动就难以开展，这时就需要转到室内。室内休闲体育活动几乎不受外界环境的限制与约束，而且对空间与环境没有太高的要求，所以开展起来较为方便。本章就台球、保龄球、壁球、飞镖及中国象棋等室内休闲体育活动的方法进行实践研究，以科学指导人们参与室内体育活动。

第一节　台球运动方法指导

一、台球运动概述

　　台球是一项高雅的室内体育运动，其最早在欧洲开始出现，之后传入美国。1400年，出现了第一张台球桌，最初的球桌只有拱门或门柱，而没有袋。英国上流社会中开始普遍玩台球是在维多利亚女王时代，这项休闲运动在当时深受上流阶层人群的喜爱。

　　20世纪初，台球游戏开始逐渐变成了竞技运动项目。1919年，英国台球联合会成立，这是英国最高台球组织机构；世界台球联盟于1940年成立，比利时的布鲁塞尔为这一组织的总部，西班牙的巴塞罗那是这一组织的行政中心，这一组织机构主要负责国际性台球比赛活动；1948年，美国成立台球协会；同时全世界许多国家都开始流行台球活动，并建立台球协会。1990年，奥委会正式承认了台球联合会、世界台球联盟和美国台球协会。1992年，世界台球运动联盟形成，这是一个统一的台球运动管理机构。目前，世界上最大的台球运动管理机构就是这个联盟。

　　台球传入中国的时间较晚，距今还不到一百年。直到20世纪80年代，英式斯诺克和美式台球才得以在中国得到普及。1986年，我国成立了中国台球协会，之后，地方的台球协会也开始相继在各省市成立。这些机构的成立,促进了台球竞技运动的开展与普及。目前,台球运动在我国非常普及,优秀的台球选手不断涌现,并在国内外台球大赛中获得了优异的成绩。素有"台球神童"之称的我国台球运动员丁俊晖就创造了一系列优秀战绩。2016 年 5 月,丁俊晖在斯诺克世锦赛中不敌塞尔比,无缘冠军,但仍创造了亚洲人在斯诺克世锦赛的最好成绩。

二、台球基本技术指导

台球运动设备简单,对场地条件也没有很高的要求,因此近些年来在我国的普及性较强。参加台球运动要求练习者必须具有一定的动作协调能力、平衡能力等。下面对台球运动的基本技术进行具体阐述。

(一)握杆技术

1.球杆的重心位置

一般来说,球杆的重心位置在杆尾 1/4～1/3 处。如图 7-1 所示,由点向杆尾处移动约 40 厘米,这段距离内握住球杆是比较合适的。当然,根据主球离库边的远近和出杆力度不同等情况,握杆的位置可以偏前或偏后。另外,根据人的高矮和球杆长短的不同,握杆的位置也可以适当调整。

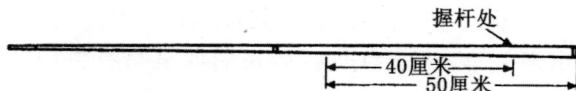

图 7-1

2.握杆方法

利用后手握杆时,手腕要能自由活动,拇指和食指在虎口处轻轻夹握球杆,好像一个吊环,其余 3 个手指要虚握(图 7-2)。出杆击球时,前后摇动手腕,利用腕力将球击出。这样握杆的优点在于保证手指手腕和整个手臂适度放松,有利于手指、手腕和整个手臂在运杆时动作的流畅,感觉出杆触球一刹那间杆头与球的撞击效果,给手指、手腕以及手臂肌肉更丰富的感受。

在握杆时,手指、手腕和整个手臂应适当放松,这有利于在运杆时保障活动的流畅性,充分地感受出杆触击球一刹那杆头与球的撞击效果,有利于掌握技术动作。

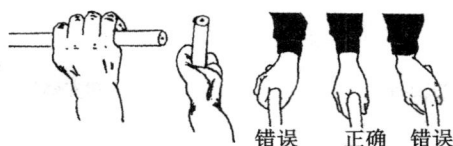

错误　正确　错误

图 7-2

(二)身体姿势

在击球时,击球方向是由站位和身体位置来决定的,保持正确的身体姿势有助于击球动作的顺利完成。因此,学习和掌握正确的身体姿势是学好和练好台球的关键。

1.站立

先用右手按照要求握好球杆,面向球台上要打的主球方向站好,平握球杆,指向主球并与主球的行进方向成一直线。杆头离主球 10～20 厘米。右手拇指和裤子侧缝线对齐。

2.身体姿势

(1)脚的位置

身体站立的位置确定后,握杆的右手原位不动,左脚开立约同肩宽,两脚平行开立,或左脚稍向前半个脚的距离。左膝稍微弯曲,右腿直立,并保持右脚的位置在握杆手的内侧,右脚尖自然向前,左脚尖可以向前也可以稍向外侧。

(2)躯干姿势

在台球运动中,大多数情况下采取平视瞄准击球姿势,用握手支撑式的手支架。上身向前平伸,与台面很近,头略抬起,下颌几乎与球杆相贴,两眼向前平视,顺着球杆方向瞄视(图 7-3)。

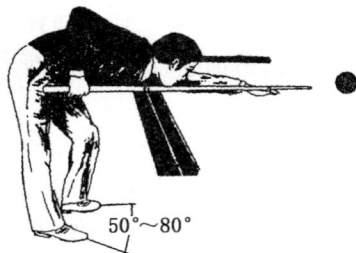

50°～80°

图 7-3

3.面部位置

在击球时,还需要保持正确的面部姿势,具体做法为:在瞄准时将下颌对准球杆中轴线,两眼保持水平向前平视,这样面部中心包括鼻子、嘴和下颌便都能与球杆和右后臂进入同一个垂直平面。

(三)瞄准方法

击球前,掌握正确的瞄准方法,确定好瞄准点是击出好球的前提条件。

1.瞄准的基本方法

瞄准要眼睛、主球、目标球三点成一线。球杆随着眼睛转,因此实际击球时,球杆、主球、目标球三点在同一直线上。瞄准点在进袋直线,距目标球后一个球半径长度的点位上。瞄准点与目标球的中心连线看上去好像是目标球长了个小尾巴,所以直接找点法又被形象地称为"看尾巴"。

2.不同位置球的瞄准

(1)击边缘球

注意击球时的手架,以球台边框为球杆的支架,食指轻按住球杆;下巴贴在球杆上,两眼与球杆成一条垂直线。

(2)击球台中央球

可爬上球台击球,但不可触动其他球,且必须一条腿着地,否则算犯规。

(3)主球在边沿时击球

注意击球时左手的手架,四指按在球台边框上,以平背式手架架起球杆,击边沿球只能轻击,因为球台的边框挡住主球,只能击中主球的上部,击球过于使劲可能会产生滑杆。

(4)使用杆架的击球

击球者双手都支撑在球台上,右手持球杆的尾部,球杆对正鼻梁以便瞄准,注意击球的瞄准动作以及持杆手势。使用架杆击球一般都是轻击球,击球时注意将球杆直线平稳地向前推进,切不可晃动。

(四)架杆技术

架杆就是用手给球杆一个稳定支撑和对杆头在主球的击球点进行调节的姿势。架杆是打好球很重要的环节。基本架杆方法有两种,一种是用手架杆;另一种是用杆架来架杆。

1.基本架杆方法

击球时,将球杆前部放在一个用手做成的稳定的支撑点上,这对于提高击球的准确性十分重要。手架动作对击打主球部位、杆头瞄准目标球起着重要的作用。

手架杆目前有两种比较流行的方法:一种是平卧式手架杆;另一种是环扣式手架杆。

(1)平卧式手架杆

先将手掌自然平放在台面上,掌心向下,五指自然分开,食指稍微向外侧移动些,拇指翘起后用其第二指关节贴住食指根部,使拇指和食指之间形成一个凹槽,使球杆可以平稳地放在其中自如运动(图7-4)。

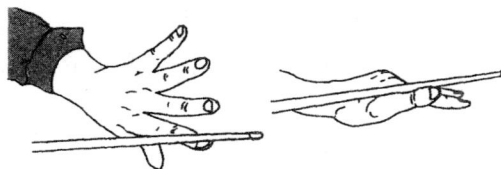

图 7-4

在用平卧式手架杆时,手的支撑主要在食指、拇指及掌内外侧及掌跟部位。在平时健身练习中,要不时地对架杆手的支撑部位是否全部紧贴台面进行检查。防止手掌向任何一侧翻起,影响支撑的稳定性。需要注意的是,运用该架杆方式,应注意架杆手的掌根、小拇指、食指以及拇指处的大鱼际部位要充分地贴住台面,切勿使架杆向左侧或右侧翻起,以确保架杆的稳定。

(2)环扣式手架杆

手掌放在台面,指尖略微内收。中指、无名指和小指微向内弯曲,用其指外侧及掌外侧和掌根形成支撑点。拇指和食指扣成一个环,并与穿进其间的球杆形成直角。用中指和拇指来保持球杆前后运动时的稳定(图7-5)。运用该架杆方式时,指尖微向内弯曲,用拇指和食指扣成一个指环,并与球杆成直角,掌握和中指、无名指、小指构成稳定支撑。

图 7-5

2.特殊架杆方法

除以上两种常见的架杆方法外,在台球运动中,当主球靠近库边以及主球后面有球时,都需要采用一些特殊的架杆方法,具体如下。

(1)当主球和台边有一定距离时,架杆手可以用四指抓住台边(图7-6)。

(2)当主球后有其他球时,架杆手需将四指立起来,避免球杆碰到它球(图7-7)。

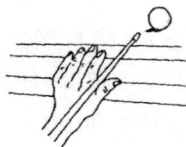 

图 7-6　　　　　　图 7-7

(3)当主球贴近台边,架杆手需用四指压在台边上(图7-8)。

图 7-8

(4)除了上述架杆方法外,当主球远离台边,用正常的击球姿势无法击打主球时,就必须使用架杆了。杆架有长、中、短之分,前端的十字铜头提供两种架杆高度以便选择(图7-9)。

另外,还有几种高脚杆架,可以在主球后有球阻挡时选用。使用杆架时,持杆手的握杆方法为拇指放在杆尾的下方,食指在杆尾的上方,拇、食指夹握住球杆,其余3指屈握起来。杆架放在台面上,并用左手扶住杆架尾部,保证运杆时杆架的稳定。两脚开立,右脚自然站立,也可以稍向前。上体微向左侧转,肘部位置略低于肩,注意不要过于沉肘。以肘关节为轴,平直地运杆击球。

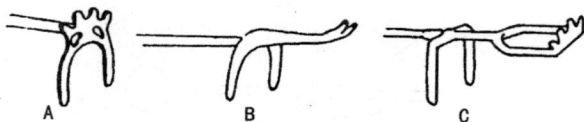

图 7-9

(五)击球技术

1.运杆

运杆的目的是提高击球的准确性。在确定击打主球的部位后,最好是试着做几次往返进退杆的运杆动作。运杆要求身体保持稳定,持杆后摆的幅度大小取决于所需要的击球力量和杆头与主球间的距离,后摆动作要做到稳和慢,出杆前控制好杆的平稳。

2.出杆击球

出杆击球是台球击球动作结构中的最关键环节,它决定着击球的效果。出杆击球是在后摆、停顿后所完成的动作。以弯曲的肘关节为轴,前臂像钟摆一样,在这个固定轴上做前后摆动,通过手指和手腕在拉杆和出杆时的调节动作,使球杆在运行中保持水平状态。肩部不要附加力量,大臂也应固定不动。打触击球瞬间,根据击球的要求,注意手腕力量使用的控制,避免由于过分抖动手腕造成击球不准确。出杆时,肩部和身体不要用力,出杆动作要果断、清晰,即使是打轻缓的球。

3.随势跟进

击球后球杆要随势跟进,主要是为了保证击球力量充分作用在主球上并保持击球动作的协调连贯。

4.击球方法

(1)基本击球方法

①直线球

直线球是击球入袋的最基本的形式之一。主球的中心击球点、目标球的撞点和袋口的中心点在一条直线上;当主球中心点受到球杆的撞击,并撞击目标球的中心撞击点时,目标球便会直落球袋。

②偏击球

偏击球指主球撞击目标球的侧面。由于主球撞击目标侧面的程度不同,又可分为厚球、薄球。厚球指主球撞击目标球的撞击点在目标球球体1/2以上,薄球指主球撞击目标球的撞击点在目标球球体1/2以下。在打目标球的厚薄时,其瞄准点是目标球击球点向外一个球半径处与主球中心点纵向运动方向延长线的交点。

（2）特殊击球方法

①反弹球

反弹球是主球击目标球，并利用台边的反弹使目标球落入袋中的一种击球方法，包括直击反弹球和偏击反弹球两种类型。

A. 直击反弹球

当主球、目标球和将要碰台边反弹入袋的反弹点在一条直线上时，这种击目标球全球反弹入袋的方法就叫直击反弹球（图7-10）。

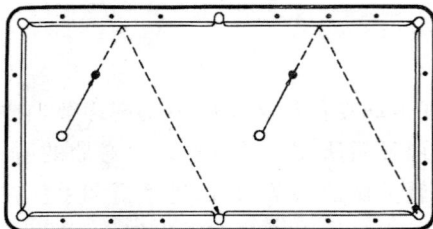

图 7-10

B. 偏击反弹球

偏击反弹球是指当主球、目标球和要利用台边反弹球入袋的反弹点不在一条直线上时，主球需偏击目标球反弹入袋（图7-11）。

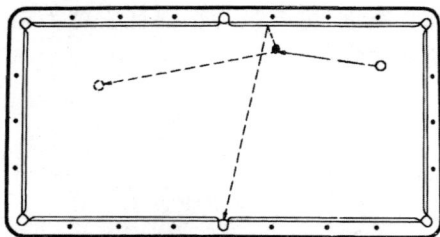

图 7-11

②吻击球

主球撞击目标球不能直接入袋时，可以借助其他目标球使其落袋，这种击球方法就叫吻击球方法。其原理是，当主球以中杆击球时，目标球与其轻吻的另一目标球的中心连线和袋口中心点成90°，被击目标球呈90°角行进，而轻吻的另一球则按中心连线的延长线行进（图7-12）。

③双着击球

双着击球法指主球在击第一目标球后，再碰第二个目标球，并将第二个目标球击入袋中。双着击球方法是通过准确地借助第一个目标球来改变主球行进的线路,并准确地把第二个目标球击落袋中。在击双着球时,确定主球与第一目标球相撞后主球的偏转角十分重要,是决定能否准确击落第二目标球的关键。如图 7-13 所示,将两个目标球放置于袋口附近。主球击第一目标球时,应使用中杆,使主球能沿着第二目标球瞄准点方向行进,并碰击目标球入袋。

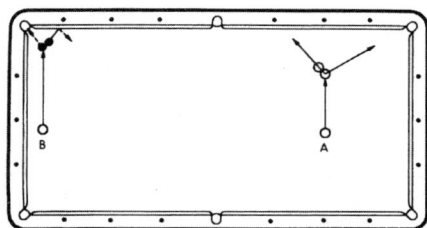

图 7-12

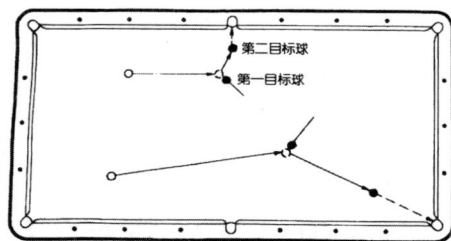

图 7-13

④弧线球击球

主球要击打的目标球有阻挡,无法用直击的方法击中目标球时,只能运用台边反弹击球方法或弧线球击球方法来击中目标球。弧线球击球时,根据主球要走弧线的大小,通过调整握杆手的高低(即握杆手抬高,球杆向前倾斜大,则弧线程度大,反之则小),以及调整击球点(即击点愈远离球的中心点,弧线愈大),最后是调整出杆击球的力量,力大则弧线也大。如图 7-14 所示,用弧线球击目标球练习。击球时,握杆手抬高 10～15 厘米,击主球的右侧击点。出杆击球时用力要集中。

⑤联合击球

主球撞击目标球,目标球又撞击其他目标球入袋,这种击球方法叫联合击球法。击球时,首先确定最后一个入袋目标球的入袋瞄准点,再确定另一个被主球撞击的目标球其撞击入袋目标球的瞄准点,最后确定主球撞击第一目标球的主球击点,然后便可以进行击球(图 7-15)。联合击球要尽量少用侧旋球,尤其是对初学者。

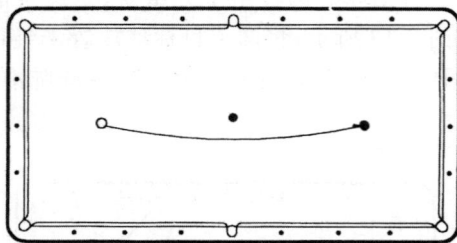

图 7-14

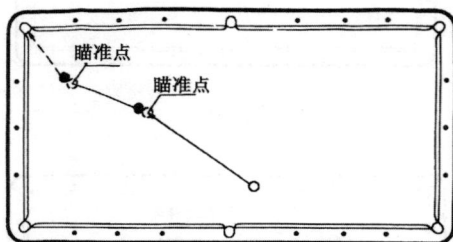

图 7-15

第二节　保龄球运动方法指导

一、保龄球运动概述

最初,保龄球(Bowling)叫"九柱戏",也称"地滚球",是一种室内休闲球类运动,通过在木板道上滚球击柱来完成。

保龄球运动起源于公元 3—4 世纪的德国,它在当时是一种备受欧洲贵族喜爱的高雅游戏活动。之后,在教会仪式中,保龄球运动也经常作为有代表性和象征性的活动出现。人们将 9 根柱子置于教堂走廊上,它们是叛教徒和邪恶的象征,然后人们用球滚地将它们击倒,并称此为打击"魔鬼",这项活动主要用来测试教徒的诚心。16 世纪荷兰移民将九柱球戏带到了美国,并在短期内就得到了当地的接受。这主要是因为其具有鲜明的抗争性、趣味性及娱乐性特征,而且能够使人性破坏的本能得到满足。在美国,保龄球逐渐由户外转到室内。19 世纪,保龄球由原来的 9 柱变为 10 柱,并流行于美洲、欧洲、澳洲、亚洲各地,被承认为运动项目之一。世界上第一个保龄球协会成立于 1875 年,地点在美国,保龄球球道的长度和球柱的大小由该协会做出了规定。1951 年,国际保龄球协会联合会在芬兰的赫尔辛基成立。国际保联分三大区域,即欧洲、亚洲和美洲,每年都会有世界杯赛在不同的国家和地区举行,区域大赛每两年举行一次,世界大赛每 4 年举行一次。保龄球被列为奥运会的表演项目是在 1988 年第 24 届奥运会上,正式被列为比赛项目是在 1992 年的第 25 届奥运会上。但其在 1996 年亚特兰大奥运会上又是作为一项表演项目出现的。在亚洲,保龄球运动已经成为亚运会的正式比赛项目。

20 世纪初保龄球运动传入我国,改革开放以后保龄球运动在各大、中城市迅速开展。1985 年中国保龄球协会成立,1987 年中国加入国际保龄球联合会。目前,中国的保龄球运动的发展水平还比较低,只相当于 20 多年前的日本或 30 多年前的美国,中国保龄球运动的未来发展之路还很长。

保龄球运动的技巧性、竞争性及娱乐性较突出,能够使人身心愉悦,享受快乐,缓解压力。由于保龄球是一项室内休闲活动,因此时间、气候等外界因素一般不会对其造成影响。保龄球运动比较容易学习,且老少皆宜,不受年龄的限制,目前,其在全世界范围内广泛流行。

二、保龄球基本技术指导

(一)准备姿势

保龄球练习者首先应设定站立点和瞄准点。持球站于设定的站立点上,脚尖对准瞄准点,双脚稍微并拢,这时再按握球动作要领握好球。同时必须注意手腕与地面平行、手臂与腰部尽量靠拢、整个上臂与肩部成 90°,使球的位置在腰与肩之间,球的中心与手臂成一条直线。握球的右手应稍紧,左手稍松,两肘紧靠肋部。上身稍微弯曲,腰部挺直,两膝微屈,保持一点弹性,眼睛瞄准目标及目标线。两肩必须平行并正对着目标。两眼注视前方,集中精神。

(二)握球技术

握球又叫"持球"。握球时,双手应放在球的左右两边,将球从回球机上捧起。以右手持球者为例,左手将球托住,右手的中指和无名指插入指孔,大拇指深插入拇指孔;手心与球弧面紧贴,牢牢地握住球。根据不同的保龄球打法,可将持球的方法分为以下三种。

1.传统持球法

传统持球法,即中指及无名指插入指孔后,第一指节至第二指节皆没于指孔内的持球法。传统持球法是目前最通用的握球方式,由于控球容易,因此适宜初学者和力量较弱的女性采用(图 7-16)。

图 7-16

2.半指节握球法

半指节握球法,是指将中指和无名指伸入指孔到第一指节和第二指节之间。练习者采用这种握球方法容易投出转速较快的飞碟球及曲线球,同时更能体会保龄球的趣味性,这是半专业的球员常使用的持球法(图 7-17)。

图 7-17

3.满指节握球法

满指节握球法,是指将中指与无名指第一指节伸入指孔,然后再将拇指伸入指孔的持球方法。采用这种握球法时摆动费力,容易增加两指指端的负担,很难控制球,但能投出转速很快的大曲线球,比较适合有经验的高手采用。比赛时职业球员常采用这一握球方法(图 7-18)。

图 7-18

(三)助走摆臂

在放球之前,需要进行相应的走和摆臂来提供更大的动力。在助走前应量好助走距离,必须沿直线进行。做好准备姿势后,持球站立,使球体的中心线与球道上的某一目标箭头成一直线。初学者最好选用 2 号目标箭头,在助走前和整个助走投球过程中,眼睛始终盯着 2 号目标箭头。

助走开始,右脚向正前方迈出一小步,同时双手将球推向前下方,伸直右臂,使之与身体保持45°的夹角,左手同时离球并外展。出脚和推球动作同时进行。右脚着地后,重心移到右脚上。

第二步迈左脚,步幅要稍微大于第一步,在球的重力作用下右手臂同时下摆,左手向外侧展。右手臂下摆到与地面垂直时身体重心平稳地移至左脚。

第三步,握球的右手臂由下摆过渡到后摆,同时迈出右腿,步幅与第一步相同,但速度要加快。左手继续外展。右脚着地时球后摆至最高点与肩齐平。身体前屈,重心移至右脚,保持平衡。

(四)放球技术

在球回摆过程中,手臂与手腕不做任何人为的变动,当球回摆至左脚内侧时,大拇指先脱出指孔,中指和无名指向上钩提后脱出,将球推出离手而去。球出手后如同与前面好友握手一样,手臂顺势前伸。这是保龄球运动的一种手感,这种手感直接关系到球在球道上的运行轨迹。

(五)直线球和斜线球的投法

直线球,即从投球到球击中球瓶始终沿一条直线前进的球;斜线球实际上是沿斜直线前进的球,它和直线球只有一个角度差。

1. 直线球的投法

投直线球时练习者的助跑时站位是,左脚内侧在第27块木板左侧边线上,一般以1号瓶为投击目标,球路轨迹在1号瓶和4号三角箭头所在的20块木板上。投球位置选好后,球员站在站位点开始进行持球、助跑、摆臂、滑步、投球。在整个投球的过程中,助跑要平稳,球的落点要准确,球路要直,持球手臂的摆动要始终在助跑道的第4点标点和球道上的第4号目标箭头所在的两点连接线上。

2. 斜线球的投法

所谓斜线球,实际上只是一个有角度的直线球。它的投法与直线球的投法完全相同。但需要注意的是,尽量在外侧或最外侧处投球,以尽可能增大射入角,增加球速,使球击中1号瓶袋,并有机会击中5号瓶;击瓶的部位要稍高,这样才能保持击瓶袋的正确路线。

第三节 壁球运动方法指导

一、壁球运动概述

壁球起源于英国。据考证,19世纪初,在英国伦敦的一个监狱里,当时的犯人因为没有其他的活动,为了锻炼身体、打发枯燥乏味的监禁生活,经常玩一种对着墙壁击打小球的游戏,这就是壁球运动的雏形。

1820年,英国有一所专为贵族培养后代的学校——哈罗公学。这所学校里的学生秉承了原始的壁球运动并在此基础上做了改进,他们利用拍子将球打向墙壁,球与墙触碰后的声音与英文"Squash"的发音很像,所以将其命名为"Squash",即"壁球"。壁球是在用墙壁围起的场地内,按照一定的规则,用球拍互相击打对手击在墙壁上反弹回来的球的一项球类运动。

1864年,世界上第一块专门用于打壁球的场地在英国的哈罗公学修建,至此,壁球运动正式形成,并在英国得到了迅速的发展。19世纪末,随着英国的殖民扩张,这项运动在世界范围内广泛传播。澳大利亚、加拿大、英国等都是当时的壁球强国,这些国家发起成立了国际壁球联合会,这是世界壁坛统一的权威管理机构。1992年,国际壁球联合会(简称 ISRF)更名为"世界壁球联合会"(简称 WSF)。

香港是我国最早开展壁球运动的地区,这是当地一项常规的时尚休闲运动。改革开放以来,壁球运动在我国逐渐得到了普及和发展。1999年10月,首届中国壁球公开赛在云南省昆明海埂体育训练基地举行,来自北京、珠海、广东、云南的13名男选手和6名女选手参加了比赛,香港地区的壁球高手还做了精彩表演。这场赛事的成功举办,拉开了壁球在中国蓬勃开展的序幕。相信在不久的将来,壁球运动在我国一定会得到大范围的普及。

二、壁球基本技术指导

(一)握拍技术

手握在拍柄的中部,虎口呈"V"字形,虎口对着正手位时球拍触球面的上沿,食指高于拇指,拍面稍微后仰。在击球过程中这个握法应始终不变。握拍时应注意避免满把抓,用"握锤子"的方法握拍。

(二)站位和站姿

1.单打站位与站姿

(1)站位

单打击球时,队员的位置一般在接发球线与后壁之间。在这个位置上接发球或击球都较方便,故而双方都在设法使自己占据这个位置,同时把对方挤出去。

(2)站姿

两脚自然开立约与肩同宽,两膝微屈,重心放在双脚前脚掌上,上体略前倾,两手持拍置于腹前。目视对手及球路,判断其击球意图,预测来球方向及力量。同时,两脚也可不停地轻微跳动,以便随时可以向任何方向起动。

2.双打站位

(1)发球站位

一般情况下,发球者站发球区中间,而同伴站在任意一侧的双打发球区内,站位视发球者的意图而定。发球者若向左后角发球,则同伴站在右侧;若向右后角发球,则同伴站在左侧。这样选择站位是为了避免发出的球打中自己的同伴,同时减少对方回球时打到同伴的可能性。

(2)接发球站位

接发球双方平行站立于接球线后,一人负责左区,一人负责右区。具体视情况而定。若接发球一方一人用右手击球,一人用左手击球,则左手击球者站左侧,右手击球者站右侧;若发球方善于向左区发大力球,而接球方有一人善于接这种球,则此人应站左区,以减少对方得分机会,并迫使对方改变发球方向。

(3)对打站位

①前后站位

一人站在前发球线附近,同伴则站在后场。这种打法的特点是前封后打,颇具攻势。对付善于积极进攻的队,这种站位比较合适。另外,当某方的一名队员不善于跑动,但这个队员的后场技术很强,而其同伴善跑且前场攻击力很强时,也应使用这种站位。这种分工是将场地横向切开,一人负责前场,一人负责后场。

②左右站位

两人均站在发球线后,一左一右。这种站位的特点是后场攻防能力较强,而前场偏弱,守势大于攻势。当对方攻击能力很强时,或者对方善打后场两角球时,用这种站位较好。这种分工是将场地纵向分开,一人负责左边,一人负责右边。

③斜站位

将场地对角切开,一人负责前三角,一人负责后三角。这种站位综合了前后站位和左右站位的优点,既能攻又能守,且轮换起来比较方便。

(三)挥拍技术

1.引拍

引拍是击球前的预摆动作。手臂动作主要是以挥动前臂为主。引拍时应注意握拍的手腕要固定并竖起,使拍头高于手腕。向上引拍时手的位置应在击球者耳的一侧,拍头的位置应在击球者头的上部。

2.击球

击球时,球拍迎向来球画弧线。球拍触球时手腕固定,握紧球拍,拍面稍向后仰即"开"一些,用拍面的中部撞击球,小臂和腰部随身体的转动向前方协调配合用力,身体重心从后脚移至前脚。击球时要选择好击球点和击球部位。不同的击球方法需要有不同的击球点和击球部位。

3.跟进

击球后,球拍运行不能立即停止,还应随击球动作的惯性继续向上挥动。跟进的动作幅度也不能太大,球拍向上挥动的位置应在头的上方。跟进在击球动作结构中是必不可少的,它可以控制击球的方向。

(四)发球技术

1.发平快球

站位在发球区左右壁中间,面向右侧壁,左脚在前,右脚在后,两脚紧贴后发球线内侧。发球时喊出比分并看看对方是否准备好接球时再发。发球时左脚向前迈出一步,同时左手将球落于左膝内侧不超过膝的高度,右手向后挥拍。发球后迅速退几步,占据接发球线与后发球线之间的中间位置,同时注视对手的动作及球路,准备回球。

2.发高球及半高球

从基本姿势开始,左脚向前壁跨步击球,击球时主要用手臂发力,少用腕力,以保证稳定的球路及落点。发高球速度很慢,发半高球则要快一些。发高球或半高球后,迅速占据中场位置,准备回球。同时注视对手动作及击球路线。

3.发折线球

向左后角落发球时靠近左侧壁,向右后角落发球时靠近右侧壁。姿势和动作如同发平快球。只是在跨步方向上不同。向左后角落发球时,左脚向右侧壁与前壁的墙角迈步。向右后角落发球时,左脚向左侧壁与前壁的墙角迈步。

发折线球的站位为在发球区内靠近侧壁 1 米左右。发快速折线球,则动作如同发平快球。发球后应注视对手及球路,要占据最佳位置以备回球。切不可只面向前壁站立。

(五)接发球技术

1.接平快球

(1)如果站位具有优势,则可用各种杀球技术将球一拍打死。

(2)如果时机、位置不允许杀球,则可用各种远球技术将对手调离中间位置,以创造下次进攻机会。

(3)如果球已超过自己,则应迅速转身,用后壁球将球击回。

(4)如果位置不好,球的落点又高又难以控制,则最好用顶棚球及高吊球将对手调到后场,并且可利用此时机调整自己的位置。

2.接高球或半高球

(1)接高球或者半高球时,若对方发球质量不高,应使用杀球、远球技术以直接得分,或迫使对方回球软弱或失误。

(2)若位置、时机不好,应使用高球、顶棚球等防守性技术先将球击回,以待下次机会。

(3)若对方发球路线及落点很刁,可在球反弹之前即将球挡回,以免陷于被动或失球。

3.接折线球

（1）接折线球时，如果站位较好，应用杀球或远球直接回球得分或迫使对方回球软弱。

（2）如果位置不好或时机不好，则可用高球回球，以待下次机会将对方调离中间位置。

（六）击球技术

1.正手击球

正手击球是壁球运动中使用率最高的技术，也是练习者必须掌握的技术。正手击球时，需要迅速移动双肩，身体向右转。正手击球的力量比较大，而且比较容易控制球，因而大多数杀球及发球均用正手。在移动到位的同时，向后引拍，左脚在前，左臂屈肘前伸，协助转体并保持身体平衡。击球时应以上臂挥动带动前臂、手腕及球拍，后脚蹬地内转，身体重心前移，向左转肩，右臂前挥，手腕后屈，手在前、拍在后。击球手臂继续前挥，同时手腕内屈加速，将球击向前壁。击球后，拍子的打势在左肩的上方结束。

2.反手击球

反手击球时，击球点不容易掌握，而且球拍头竖直向下，不利于发力。主要用来防御性地将球挡回去，以达到不在这一回合输掉的目的，而后再找机会用正手杀球。采用反手击球时，在移动到位的同时，注视来球，身体向左转，右手引拍至左肩前，手腕内扣。同时右脚开始向前跨步。左脚蹬地，身体重心向前移动，身体开始向右转，同时右手开始向前挥拍。右肩继续右转，右手继续向前挥拍，在击球瞬间手腕展开并加速将球平行击向前壁。身体继续右转至面向前壁。右手继续挥拍至右肩侧。然后回到基本姿势，准备接下一个球。

第四节 室内其他休闲体育运动指导

飞镖、象棋、桥牌等都是常见的且发展较为普遍的室内休闲运动，本节就飞镖、中国象棋运动方法指导进行重点说明。

一、飞镖运动方法指导

（一）飞镖运动概述

飞镖运动诞生于英格兰的公共场所酒馆。最早的飞镖类似于短的手持箭，最早的镖盘是树的断面或者酒桶的底盖。随着社会的发展，飞镖逐渐被改造，19 世纪末，英国人甘林发明了现代飞镖的计分系统。19 世纪末 20 世纪初，飞镖运动逐步走向成熟。

1908 年，飞镖被官方提升为技术游戏。在以后的几十年中，飞镖都是英国酒馆里常见的一项休闲运动，飞镖人口稳定地增长。1924 年，全英飞镖协会在英国成立，并成功举办了锦标赛。

1927 年，名为《世界新闻》的报纸开始为伦敦当地的飞镖竞赛提供赞助，之后逐渐发展成为地区性的和全国性的锦标赛。第二次世界大战后，飞镖运动在国际上得到了巨大的发展。从 1947—1990 年，每年举行一次飞镖比赛。20 世纪五六十年代，英国地区性和全国性的锦标赛持续创造观众高峰，在美国及其他地方，飞镖运动也得到了稳定的发展。20 世纪 70 年代中期，飞镖运动在英国得到了极大的普及，并且向广大的观众转播电视锦标赛。在这一时期，美国的飞镖运动也迅速发展。1976 年，世界飞镖联合会成立，它被公认是国际比赛的官方组织机构，发展到现在已拥有 70 多个会员国。目前，每两年举办一届世界飞镖锦标赛、一届世界杯赛，每年举办一届世界职业排名赛和世界职业大师赛。

飞镖运动传入我国大陆的时间还比较短，由于它具有技术易掌握，不受性别、年龄、职业和气候条件的限制，运动量适宜等特点，所以很快被我国大众所接受。人们利用空闲时间掷飞镖，既可以舒展筋骨，增强身体健康，还能有效提高心理素质。

（二）飞镖运动的场地与器材

1. 场地

靶盘悬挂于墙上，靶盘中心到地面的高度为 1.73 米，投掷线至靶盘的距离是 2.37 米，如图 7-19 所示。

2. 器材

（1）飞镖。飞镖可以是钢尖飞镖或者软尖飞镖。

（2）镖盘。镖盘可以是琼麻质镖盘、塑料镖盘或者尼龙镖盘。

（3）一套组合。这套组合中除镖盘、飞镖外,还包括记分板、壁橱和其他附件。

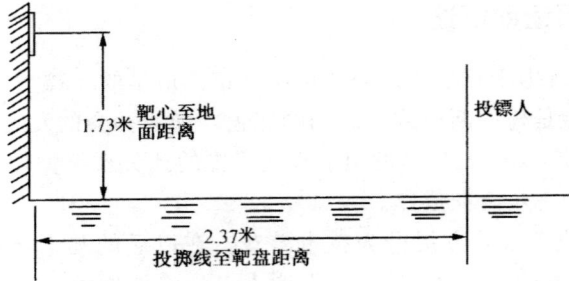

图 7-19

（三）飞镖基本技术指导

1.站姿

每个人都有自己习惯的站姿,有的人喜欢笔挺地站着;有的人喜欢倾斜着身体站立,只用一只脚来承担身体重心;有的双脚并排站立;有的双脚一前一后站立;还有的双脚横着,身体向右对着镖盘站立。双脚的位置是飞镖运动中站姿的重点。掷镖时,站立姿势一般有以下三种。

（1）正向投镖

正面站立,脚尖保持平行,与投掷方向相对,双脚的距离同肩宽（图 7-20）。

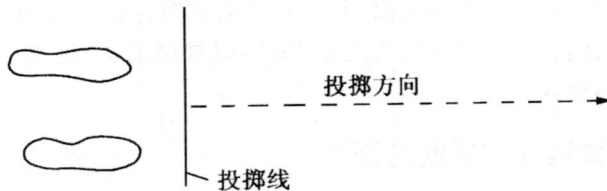

图 7-20

（2）侧向投镖

侧向站立,脚尖向前,身体保持直立,双脚之间的距离同肩宽（图 7-21）。

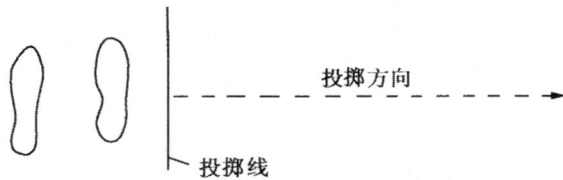

图 7-21

（3）斜向投镖

斜向投镖时，初学飞镖运动的人可一脚在前一脚稍后站立，身体以一定的角度旋转，站立后感到舒适就可以（图 7-22）。

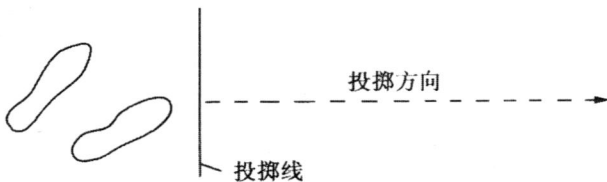

图 7-22

不同的练习者会有各种不同的站立姿势。因为飞镖运动是室内休闲项目，所以对站姿没有严格的限制，练习者只要自己感觉舒适，久站后没有疲劳感并符合一定的要求即可。一般来说，舒适、稳定、平衡是飞镖运动中站立姿势的三个基本要求。

舒适：站立时身体放松、保持自然且不勉强的状态。

稳定：站立时重心保持稳定，投镖时手臂运动的同时身体保持不动。

平衡：身体各个部位保持协调。

一般而言，练习者平行站立，双脚之间保持适当的距离，右脚承担一半以上的身体重量，身体保持正直，与镖盘面对，视线与镖盘保持一条直线。

2. 握镖

把飞镖放在掌沿上，观察其重心，也就是平衡点。拇指将飞镖向四指尖端滚动，再将拇指放到飞镖的重心后面一点，最后用其余手指将飞镖抓住，练习者根据情况自己决定用几个手指抓飞镖。虽然握镖的方法有很多，但与这种标准握镖法没有很大的差别。下面阐述三种常用的握镖法。

（1）拿毛笔式的握法

用拇指、食指、中指的末节指腹将镖筒握住，镖尖指向前，将前臂屈起，镖与眼在同一高度上。拿毛笔式的握法有很好的稳定性，许多优秀的镖手经常采用这一方法（图 7-23）。

（2）拿钢笔式的握法

用拇指、食指的指腹将镖筒握住，中指在下将镖筒抵住，镖尖指向前，将前臂屈起，镖与眼在同一高度上（图7-24）。

（3）全握法

用拇指、食指、中指、无名指将镖筒握住，小指指尖在下将镖筒抵住。全握法虽然有较好的稳定性，但没有很强的灵活性（图7-25）。

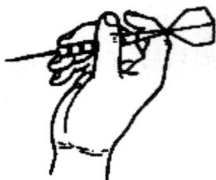  

图 7-23 　　　　　图 7-24 　　　　　图 7-25

3．投镖

投镖是飞镖运动的一个关键技术。一旦开始进入投镖阶段，就要使胳膊充分动起来。在准备投镖时，投掷臂的上臂与前臂保持一定的角度，放松手腕。投掷时身体保持稳定，上臂要尽量减少摆动，前臂发力并积极摆动，将飞镖投出。要连贯地完成投镖的动作。

投镖后，要注意使飞镖飞行的轨迹为抛物线。需要注意的是，在瞄准目标时，应该稍微抬高飞镖，在后移时加大抬起的角度，前移时减小抬起的角度；镖脱离手时基本上是水平方向，但还是有向上的角度，只是不明显而已。注意在任何时候都不要使飞镖镖尖朝下。飞镖飞行是按照抛物线的轨迹进行的，因此其飞行的高度取决于抛物线的曲率，而飞镖投掷的力度又决定了抛物线的曲率。投镖动作具体有如下五步。

（1）瞄准

眼睛、镖、目标点保持在一条直线上。练习者必须对准目标，这是保证投镖成功的第一步。

（2）后移

后移时注意控制速度，不要太快地移动。一些初学飞镖运动的人不敢后移，担心失去重心，要很好地控制重心就需要多多练习。一些技术水平较高的人很少后移。练习者可以自己根据情况决定后移的幅度。通常而言是后移得越远越好，有些人因为难以控制重心，所以不能充分后移，导致投镖的加速度和精度欠缺，这是初学者常犯的一个错误。

（3）加速过程

加速时切忌太快与用大力，尽可能地保持圆滑的运动，使飞镖出手后能够沿着抛物线方向飞行，加速时要注意肘部适当抬高。如果要甩腕，也要按照曲线方向甩。

（4）矢放

矢放是前面几步的自然延伸，如果投掷方法准确，就不会有太大的问题。如果感觉无法掌握好矢放点，很大一部分原因就是之前的技术动作有误，如肘部没有提起，或者没有随势动作。

（5）随势动作

投掷飞镖的过程中，随势动作很重要。在将镖投出之后，手要继续沿着之前瞄准目标的方向跟进。投掷飞镖后立即将手臂垂下是错误的。

（四）参与飞镖运动的注意事项

（1）无论在何种情况下都不能试图去抓从镖盘上飞落下来的飞镖。

（2）把镖盘放在安全且光线好的地方。

（3）不能赤脚或穿拖鞋玩飞镖，在玩硬式飞镖时尤其要注意。

（4）在玩飞镖时确保儿童和宠物在投镖线之后，尽量避免儿童参与投飞镖。

（5）集中注意力。

二、中国象棋运动方法指导

（一）中国象棋概述

中国象棋在中国一般通称象棋，是一种两人轮流走子，以"将死"或"困毙"对方将（帅）为胜的健智性体育娱乐项目。这项运动棋具简单，老幼皆宜，在中国有着广泛的群众基础。通过下象棋，人们可以达到提高智力、陶冶情操、调剂身心、增进交流的目的。

象棋于春秋战国时期就已出现，唐宋时期称为"象戏"，直到北宋后期才定型成如今的样式。古代流传至今的有关象棋研究的著书和棋谱，大都是出版于明清时代，其中明朝徐芝的《适情雅趣》、朱晋帧的《桔中秘》、清朝王再越的《梅花谱》和张乔栋的《竹香斋象戏谱》等尤为著名。它们保全了我们祖先的很多宝贵经验，代表了当时我国象棋的最高研究水平，是我国象棋艺术中不可多得的文化瑰宝。

中华人民共和国成立以后，象棋得到了前所未有的发展。1956 年起，象棋被列为国家体育运动项目,全国性的象棋比赛也开始出现,许多省、市、自治区还先后成立了协会、棋院、棋社、棋校等组织。由于群众性棋类活动的普及和比赛的开展,50多年来象棋名手辈出,大众棋艺水平得到了大幅提高。为了进一步弘扬中国象棋艺术,传承中国象棋所蕴含的文化精神,全国各地纷纷举办各种中国象棋比赛。

象棋在东南亚地区流传也很广泛。近年来,亚洲各国之间的象棋交往逐渐增多,尤其是在亚洲象棋联合会成立后,亚洲国家或城市间多次举行了比赛,促进了中国象棋向世界的推广。目前,中国象棋,这个中华民族智慧的结晶,在世界上已吸引了越来越多的爱好者,并已逐步成为世界人民共同参与的一项休闲运动。

(二)中国象棋的棋具

1.棋盘

中国象棋棋盘如图7-26所示。

(1)直线

棋盘上较长的平行排列的边称为直线,共有9条,其中7条被河界隔断。用黑色棋子一方的直线在红方对面从右往左依次用阿拉伯数字1、2、3、4、5、6、7、8、9表示;用红色棋子一方的直线从右往左依次用中文数字一、二、三、四、五、六、七、八、九表示。

(2)横线

横线就是棋盘上较短的平行排列的边。横线共有10条,用黑色棋子一方的横线则从黑方底线开始,依次用阿拉伯数字1~10表示;用红色棋子一方的横线从红方底线算起,从下往上依次用中文数字一至十表示。

(3)交叉点

交叉点就是直线与横线相交的地方。整个棋盘共有90个交叉点,棋子就在这些交叉点上摆放和活动。

(4)河界

河界就是棋盘中央没有画直线的地方。它代表弈战双方的分界线,确定了各自的地域。

(5)九宫

九宫就是棋盘两端各画有斜交叉线的地方。将(帅)只能在各自九宫的9个交叉点上活动。

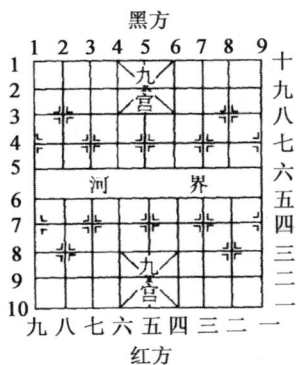

图 7-26

2.棋子

象棋的棋子共有 32 个,分为两种颜色:红和黑,每种颜色 16 个棋子,分为 7 个兵种(图 7-27)。

(1)黑子

卒 5 个,车、马、炮、象、士各 2 个,将 1 个。

(2)红子

兵 5 个,车、马、炮、相、士各 2 个,帅 1 个。

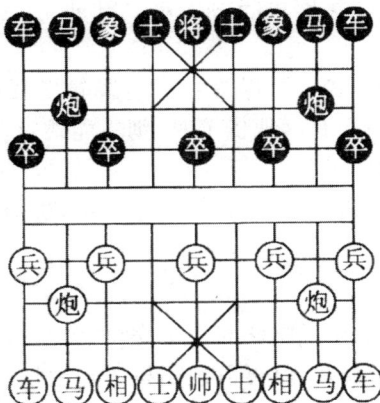

图 7-27

(三)中国象棋基本技术指导

1.走棋

走棋对局时,由红棋一方先行,以后双方轮流各走一着,直到分出胜负或走成和局为止。走棋一方将棋子从棋盘一个交叉点挪到另一个空着的交叉点上，或吃掉对方某一交叉点上的棋子后占领那个交叉点，都算走了一步棋，双方各走一步棋为一个回合。

各种棋子的走法如下。

（1）卒（兵）

在没过河界时，每步棋只能沿直线向前走一格，过了河界，则可以左右走一格。卒（兵）在任何时候都不能后退。

（2）将（帅）

只许在九宫内活动，每步棋前进、后退、横走均可，但不许走出九宫，一次只能走一格。

（3）马

只能沿着"日"字形的对角线走（俗称马走"日"字），可退可进。但在马行走的方向上，与马紧邻的交叉点有其他棋子时，马就不能跳过去（俗称"蹩马腿"）。

（4）车

可以沿着所有直线或横线随意行走，进退均可，但不可越过其他棋子跳着走。

（5）炮

在不吃子时，每一步棋的走法与车完全相同。

（6）象（相）

不许越过河界，每一步棋可以沿着对角线斜走两格，俗称相走"田"字，进退均可。若"田"字中心有其他棋子时，则不能跳过。

（7）士

只许沿着九宫内斜线活动，每步只能走一格，进退均可。

2.吃子

吃子除炮以外，其余棋子吃法与走法完全相同，也就是说当棋子可以走到的位置上有对方棋子存在，就可以运用棋子走法把它吃掉，而占领那个位置。而炮吃子与它的走法不同，它必须沿着所在直线或横线隔一个棋子（不论哪一方）跳吃。另外，将（帅）不可在同一直线上面对，主动将将（帅）与对方的帅（将）面对意味着送吃。

3.将军、应将、将死、困毙

（1）将军

一方棋子攻对方的将（帅）并在下一着将其吃掉，称为将军。

（2）应将、将死

被将军的一方必须立即应将，即必须进行防护，如果无法应将则被将死。

（3）困毙

轮到走棋一方，将（帅）虽未被将军，但被禁止在一个位置上无路可走，同时乙方其他子也不能走动，称为困毙。

（四）参与象棋运动的注意事项

在我国，参与象棋运动的人很多，大多集中在中老年人群中。象棋运动可以使人的大脑思维得到锻炼，情操得到陶冶，身心感到愉悦，对于身心的健康大有好处。但是在参与象棋运动时，要注意娱乐的适度。因为长时期蹲坐会影响血液的正常循环。对于身体素质差的人来说，这样就不利于其身体的健康。总的来说，参与中国象棋运动时，要注意以下几点。

1.时间要合理

下棋的人在棋逢对手、展开激烈的竞争时，往往目不斜视，全神贯注，长时间内颈椎和颈部肌肉保持固定的姿势，这样就会导致局部血液难以正常循环，肠胃蠕动因此受到影响，消化不良和便秘等症状就有可能发生。此外，长期下棋的人，尤其是老年人，他们会因为保持长久的坐姿而出现肌肉劳损的现象，紧张性头疼和颈椎病也有可能发生，而且身体的免疫功能也有下降的可能，这对于老年人的身体健康是有害的。

从上述对象棋运动可能带来的危害进行分析后，我们就意识到了参与下棋运动时，要合理安排时间，每次下棋的时间控制在1小时之内，达到消遣娱乐的目的就可以了。

2.注意讲卫生

参与象棋运动，不可避免要摸棋，很多人触摸棋子后，棋子就会带有细菌，这样下棋者摸棋后就可能沾染细菌，特别是对于免疫能力相对较差的老年人来说，感染细菌的可能性很大，而且会因此而产生疾病。所以，象棋爱好者在参与象棋运动时，要注意讲卫生，尤其是在街头、马路边下棋时更应加强注意。而且在下完棋后，要注意及时洗手，消除细菌。

3.不可争执不让

象棋爱好者在下棋时喜欢争强好胜，因为一兵一卒、一得一失而发生争执的现象经常可见，甚至有些人会用言语和行动伤人，这样时间久了，就有可能使交感神经的兴奋性增高,从而导致血压升高,心肌缺血等症状发生。如果是有高血压症状的人在下棋时与人发生争执,突发意外的可能性就很高,甚至可能有猝死的危险。所以,参与者应该注意下棋是为了休闲娱乐,为了提升棋艺,或者是其他目的,要注意适可而止,保持良好的心态。

第八章　室外休闲体育运动指导

　　室外休闲体育运动内容丰富、形式多样，其不仅能够起到提高运动者身体素质的作用，还能够帮助运动者释放压力、愉悦身心，因此受到了越来越多人的欢迎与喜爱。本章主要对街头篮球、高尔夫球、轮滑、滑板、登山、定向运动六个室外休闲体育运动的运动方法进行阐析，进而为运动者参与各项运动项目提供理论指导，最终促使室外休闲体育运动得到更好的推广和发展。

第一节　街头篮球运动方法指导

一、街头篮球概述

　　篮球运动派生了街头篮球运动，街头篮球运动起源于美国城镇贫民区黑人青少年之间流行的篮球运动。20 世纪 50 年代开始，美国黑人少年在大街小巷和同伴一起组织开展篮球游戏和比赛。随后，在美国的密执安州洛维尔镇的大众篮球节上首次上演街头篮球赛。20 世纪 90 年代中期，街头篮球开始走进城市，并奠定了广泛的群众基础。哈林区 145 号球场在美国篮坛享有盛誉，它是最著名的街头篮球斗牛赛区，众多篮球巨星（如加里·佩顿、艾弗森等）都有在此参加街头篮球运动的经历。

　　中国街头篮球赛开展较晚，近些年才开始迅速流行开来。20 世纪 90 年代以来，街头篮球赛开始在大城市广泛开展。广州在 1995 年举办了大规模的"羊城晚报杯"街头篮球挑战赛，成为街头篮球赛开展得最早的内地城市。之后各种街头篮球赛事在我国相继开展，如"百事可乐杯"街头篮球赛；"阿迪达斯街头篮球赛"；"劲跑 CBA 全国街头篮球赛"等。与此同时，当前在我国各个地区均陆续开展了街头篮球比赛，如由北京市社会体育管理中心、上海姚记扑克股份有限公司主办的 2014 年"姚记扑克"杯北京 3VS3 街头篮球赛，2014 年银川市三人街头篮球争霸赛，2015 年江苏省南通市举办的第 1 届欣堂网咖杯街头篮球比赛等。

　　目前，街头篮球运动已不仅仅是一项篮球运动，更是一种艺术形式，参与街头篮球的青少年赋予街头篮球更多的街头文化和嘻哈音乐的节奏,创编出许多似舞非舞的花式篮球动作。街头篮球的大众化色彩浓厚,场地器材简单,是目前广大篮球爱好者,尤其是青少年篮球爱好者喜爱的体育活动之一。除此之外,街头篮球运动还具备较高的健身价值和娱乐价值。

二、街头篮球基本技术指导

(一)移动技术

1.移动技术分析

街头篮球运动员的移动动作花样辈出,令人眼花缭乱,比一般的篮球移动技术更具灵活性和律动感,但是建立在一般篮球移动技术基础之上的,具体脚步动作方法如下。

(1)起动

起动时,降低重心,上体前倾,两臂屈肘自然垂于体侧,后脚或异侧脚的前脚掌用力蹬地,快速摆臂起动。起始迈步要迅速、短促。

(2)跑

经常运用的跑包括变速跑、变向跑、侧身跑、后退跑等。以侧身跑为例,运动者跑时,脚尖对准跑动方向,头和上体转向球的方向,以便观察场上情况。

(3)跳

单脚起跳时,起跳腿迅速屈膝,脚跟积极着地迅速过渡到前脚掌用力蹬地,同时,腰胯用力上提,两臂用力上摆,另一腿屈膝上抬,加快起跳速度。当身体腾起到空中高点时,两腿自然伸直并拢,身体伸展。落地时双腿屈膝缓冲,控制好身体平衡。两脚开立与肩同宽,屈膝降重心。起跳时,两脚用力蹬地,两臂用力上摆,使身体腾起在空中,并保持平衡伸展。落地时,屈膝缓冲,控制身体重心,快速和其他动作衔接。

(4)跨步

同侧步跨步时,两腿弯曲,左脚为轴蹬地,右脚向右前方跨出,重心前移至右脚,脚尖向前,上体稍向右转。异侧步跨步时,两腿弯曲,左脚为轴用力碾地,右脚用力蹬地向其侧前方跨出一步,落地时,脚尖向前,重心前移至左脚,上体稍左转,右肩前探,对准移动方向。

(5)滑步

以侧(横)滑步为例,身体不要上下起伏,要随时调整重心,保持身体平衡。动作结束时,恢复原来的身体姿势,并根据攻守情况,迅速转换到下一个动作。

（6）后撤步

向后撤步时,前脚掌内侧用力蹬地,腹部和上体用力向后撤转,同时,前脚向侧后方回撤,后脚掌用力碾地。

（7）急停

跨步急停（两步急停）时,先跨出一大步,全脚掌抵地时迅速屈膝并降低重心,身体后仰,减缓前冲力;然后跨第二步,在保持身体平衡的情况下,用前脚掌内侧着地,内收膝关节,身体侧转微前倾,两臂自然弯曲张开。跳步急停时,用单脚或双脚起跳,上体稍后仰,两脚同时落地,以维持身体平衡。

（8）转身

转身前,两脚开立约肩宽,两膝微屈,上体稍前倾,重心落在两脚之间。转身伴随着把重心移到中枢脚,以前脚为轴,用力碾地,同时移动脚用力蹬地,上体随移动脚转。身体重心要平衡移动不可上下起伏。转身后,保持身体平衡,以便衔接下一个动作。转身分为前转身和后转身,前转身是移动脚向中枢脚前方跨步转动;后转身是移动脚向中枢脚后面撤步转动。

2.移动技术方法

（1）原地站立,听或看信号练习起动。

（2）两人行进间传球,练习侧身跑。

（3）自己或同伴抛球,球离手后起动快跑,将球接住。

（4）利用篮球场的圈、线做侧身跑和对角折线跑练习。

（5）单、双脚起跳后做接球、传球或断球练习。

（6）以稍快节奏跑三五步,然后做跨步急停和跳步急停。

（7）慢跑中急停,做前、后转身90°、180°起动快跑练习。

（8）跳起接球后,做前、后转身传球、运球或投篮练习。

（9）在一对一攻守中,做前、后转身护球练习。

（二）运球技术

1.运球技术分析

街头篮球的运球技术是一项重要的进攻技术,具体运球技术方法要视场上人、球情况来定,具体包括以下几种。

（1）高运球

正确的高运球技术动作是:高运球时,微屈两腿,稍向前倾斜上体,两眼注视前方,将肘关节作为弯曲轴,自然伸屈前臂,用手腕与手指在球的后上方按拍,拍按时动作要柔和而有力。在运球手臂的同侧脚的外侧控制前方球的落点,进而促使球的反弹高于胸腹位置。在高运球时,运动者推按球要用力,手脚配合要协调(图 8-1)。

图 8-1

(2)低运球

运动者两腿应迅速弯曲,重心下降,上体前倾,球的落点在体侧,用上体和腿保护球,同时,用手腕和手指短促地按拍球的后上方,使球控制在膝关节的高度,降低重心,目视前方,注意保护球。

(3)运球急停急起

运动者要想在快速运球中骤然停止,可以采取两步急停的方式。运动者将身体重心降低,在快速运球中,若想突然停止,两步急停是很好的方法。运动者降低身体重心,将手置于球的前上部按拍,使向前运行的球停止继续向前。运球急起时,用力后蹬两脚,快速向前倾斜上体,起动要快速,同时,在球的后上部按拍球,降低重心,合理控制球,人与球一起迅速向前走,上体前倾(图 8-2)。

图 8-2

(4)胯下运球

当防守队员迎面堵截时,胯下运球技术能够帮助运动者摆脱对手。以右手运球为例,运动者变向时,左脚在前,右手拍按球的右侧上方,将球从两腿之间运至身体左侧,然后上右脚,换手运球,加速前进。运动者进行胯下运球时,注意球的击地点和动作的连贯性、协调性。

(5)背后运球

背后运球多用于对手紧逼,无法用体前变向运球的情况下。以右手运球,向左侧变向为例。变换方向时,将右脚置于前方,把球用右手拉到右侧的背后,将手置于球的右后方迅速转腕拍按,拍按的轨迹是身后—身体左侧前方,然后换左手运球,左脚向前,加速前进。运动者进行背后运球时,右手按拍提拉球换手动作要协调,加快速度。

(6)转身运球

当对手右路堵截时,运动者迅速上左脚,微屈膝,重心移至左脚,并以左脚前脚掌为轴做后转身,右手将球拉至身体的后侧方,并按拍球落在身体的外侧方,然后换左手运球,加速超越防守。

2.运球技术方法

(1)原地做高运球、低运球训练。

(2)原地或行进间两手各运一个球训练。

(3)左、右手交替在体前做横向运球训练。

(4)直线跑动中高低运球训练。

(5)在体侧做纵向前拉后推运球训练。

(6)在行进间连续做各种运球变向训练。

(7)两人一组,每人运一球,在保证自己的球不被对方打掉的前提下,伺机打掉对手的球。此外,对抗运球方法也可以是若干人在固定区域内同时进行训练。

(三)传接球技术

1.传接球技术分析

(1)传球技术

①单手肩上传球

以右手传球为例,运动者在胸前双手持球,两脚以平行姿态站立,左脚在传球时向传球方向迈出半步,右手托球,同时将球引到右肩上方,肘部外展,上臂与地面近似平行,手腕后仰。左肩与传球方向相对,右脚支撑身体重心,右脚蹬地,转体,迅速向前挥摆右前臂,向前弯曲手腕,运用食指与中指将球拨出进行传球(图 8-3)。球出手后,右脚随着身体重心前移而向前迈出半步,保持基本站立姿势。

②双手胸前传球

运动者双手持球于胸腹间,两肘自然弯曲于体侧,成基本站姿,眼睛与传球的目标方向平视。传球时,猛蹬后脚发力,前移重心,前伸两臂,旋转两手腕于内侧,用力下压拇指,迅速用食指与中指拨球,快速传球(图 8-4)。

图 8-3

图 8-4

③双手头上传球

运动者双手手指尖朝上,从球侧面持球于头顶,肘部微屈,向传球方向跨步同时手腕后转,球移至脑后,将球向前抛出,手腕下转发力,做好随球动作。

(2)接球技术

①单手接球

以右手接球为例,运动者右脚向来球方向迈出,接球时微屈右臂,手掌保持勺形姿势,自然分开手指,向迎球的方向伸出手指,同时左脚迈出一步。当手指与球接触后,顺势后撤手臂,同时收肩,上体微向右后转动。然后,用左手努力将球握于胸前。

②双手接球

运动者眼睛注视来球方向,手指自然分开,促使两拇指保持八字形姿势,两手保持半圆形动作。接来球前,伸展双臂主动迎球,放松肩、臂、腕和指。双手接球时,先用指端与球接触,同时随球后引两臂,缓冲来球的力量,准备做下一个动作。

2.传接球技术方法

(1)运动者做徒手双手持球动作的模仿练习,体会不持球时,能否正确地做出双手持球的徒手模仿动作。

(2)运动者进行双手持球基本姿势的练习,每人一球,双手持球于胸前,体会双手持球的正确动作方法。

(3)每人一球,成基本站立姿势,双手持球于胸前,做传球发力时的抖腕动作,但要做到球不离开手。

(4)两人一组一球,距离由4米逐渐扩大到8米,然后再从8米逐渐缩小到4米,用双手胸前传、接球。

(5)两人一组一球,相距5米左右,用双手胸前传、接球,在1分钟内看哪组传球次数多(记两人总次数)。

(6)两人一组一球,两人四只手共持一球,一人做传球动作,一人做接球动作,两人的手都不离开球,像拉锯一样一传一接连续做。

(7)迎面上步传球练习,运动者排成纵队,教师或教练员持球距纵队5~7米。排头队员上步接教师或教练员传来的球并回传给教师或教练员,然后跑回队尾,接着第二名队员进行练习,以此类推,反复练习传接球。

(四)持球突破技术

1.持球突破技术分析

街头篮球的持球突破是在瞬间完成的,而且多靠虚晃动作迷惑对方,突破时动作、方向灵活。以右脚做中枢脚为例,对街头篮球中球员遭遇堵截的突破技术分析阐述如下。

(1)原地持球交叉步突破

以右脚做中枢脚从防守队员右侧突破为例。两脚左右开立,两膝微屈,降低身体的重心,持球于胸腹之间。进行突破时,右脚向右侧前方迈出一小步,将防守者引向自己右侧的同时,用右脚前掌内侧快速蹬地,向左侧前方跨出一大步,上体稍微向左转,右肩向前下压,身体的重心向左前方移动,将球推引到身体的左侧,用左手推按球于右脚左侧前方,接着左脚蹬地加速超越对手(图8-5)。但是运动者在做蹬跨动作时应做到大而有力,转体探肩要迅速。

图 8-5

（2）原地持球同侧步突破

准备姿势和突破前的动作要求同交叉步一样。突破时，向右前方将右脚跨出一步，身体向右转并探肩，前移重心，用右手运球，迅速将左脚前脚掌蹬地，并向右前方跨出左脚，突破防守（图 8-6）。运动员在做原地持球同侧步突破时，要注意向前跨步移动脚，转体探肩，前移重心。

图 8-6

（3）行进间突破

运动者在快速移动过程中，当接同伴传来的球时，应该将双臂伸展准备迎接来球，双臂伸展的方向要与来球方向保持一致，同时用一脚迅速蹬地，两脚向上跳起接前方或侧方的来球，此时，与防守队员的位置差已经形成，将两脚同时或先后落地。两脚落地后，弯曲膝盖，降低重心，保持身体平衡，注意保护好球。另外,运动员要快速对同侧步或交叉步突破做出选择,选择依据是防守队员的位置和具体情况。做好选择后,以防守位置为依据,立即运用交叉步或同侧步突破防守。

2.持球突破技术方法

(1)运动者进行突破动作模仿练习,不断熟悉两种不同的脚步运作与方法和跨步、转体、探肩动作。

(2)运动者进行原地持球突破练习,运动者分布在半场内,以篮圈为目标,模仿突破的脚步动作。

(3)两人为一组,一人站在突破者前面,突破者做持球突破动作,两人互相交换进行徒手突破练习。

(4)一对一持球突破结合跳投或行进间投篮训练,进攻者进攻失球后,两人攻守交换。

(5)持球突破行进间投篮,持球队员在罚球线处站位,突破后运球做行进间高手或低手投篮,然后自己抢篮板球排至队尾,依次训练。

(6)突破防守行进间投篮,为固定防守人,其他队员依次做突破投篮,抢篮板球至队尾。

(五)投篮技术

1.投篮技术分析

投篮技术是街头篮球比赛中得分的关键性技术和手段,出手快、出手点高、准确性强、变化多是街头篮球投篮技术的主要特点。

(1)原地单手投篮

以右手投篮为例,运动者双脚开立,稍向前迈右脚,运用两脚中间的力量承担身体重心,肘弯曲,向后仰手腕,五指自然张开,在右眼前上方的位置用手持球,用左手扶球侧,微屈两膝,放松上体并稍微向后倾斜,双眼与篮点对视。投篮时,蹬伸下肢,同时顺势伸展腰腹部,肘部上抬将前臂伸直,前屈手腕,手指在手腕的带动下将球弹拨出去,最后运用食指与中指将球用力投出,球与手相离后,右臂要自然跟进投篮动作。在进行原地单手投篮时,应注意手腕要有力,球的飞行要有弧度(图 8-7)。

(2)原地双手胸前投篮

运动者自然站立,两腿微屈,前脚掌着地,上体稍向前倾,眼睛注视瞄准点,两手五指自然张开,捏球两侧稍后部位,两拇指相对成八字形,用手指和手掌接触球,手心空出,持球于胸前,屈肘靠近身体。投篮时,两脚蹬地身体伸展,同时两臂向前上方伸出,两拇指向前上方用力推送,手腕稍有外翻,使球从拇指、食指、中指的指尖投出,向后旋转飞行。投篮时,注意应把握好弧度,不然有碍于投球的命中以及对手的站位变化。

图 8-7

(3)行进间投篮

行进间投篮要求运动者在快速移动过程中完成投篮动作,其主要特点是投篮前无停顿。投篮队员要充分利用弹跳和速度,充分伸展身体,敢于挤靠,在空中形成很好的停滞能力,对各种出手方式进行合理采用,巧妙摆脱对手的干扰,在空隙位置上和空间高度争取有利时机,身体相对保持平衡,快速或换手投篮,投篮时对腕、指控制支配的技巧进行合理运用。行进间投篮技术在中、近距离或突破至篮下时都可进行采用。

①行进间单手肩上高手投篮

以右手投篮为例,运动者大步向投篮方向或来球方向跨出右脚,同时做接球动作,向前小步跨出左脚,脚跟先着地,稍向后仰上体,迅速蹬地起跳,右腿膝盖弯曲,左脚蹬地与地面分离。双手同时向前上方举球,身体腾空后,向前上方伸展右臂,腕、指动作同原地单手投篮。投篮出手后,两脚同时落地,两腿弯曲,以缓冲落地的力量。在行进间单手肩上高手投篮时,应当做到节奏清楚,起跳充分,举球、伸臂、屈腕、拨球动作连贯,用力适度(图 8-8)。

图 8-8

②行进间勾手投篮

以右手投篮为例,运动者接球或停止运球后,以左脚向便于投篮的方位跨出一步并起跳,用左肩靠近防守队员,右腿顺势自然上提,注视篮圈,左手离球,右手持球向右肩侧上方伸出,当举球至头的侧上方时挥前臂,以屈腕、压指动作通过食指、中指拨球将球投出。倘若在篮侧投碰板球,则要利用手指不同的拨球动作,使球向相应方向旋转碰板入篮。在行进间勾手投篮时,运动者应注意跨步蹬地、起跳与举球动作的协调一致;腕、指动作和力量对球的旋转方向、弧线及落点的良好控制。

(4)跳投

跳起投篮简称跳投,运动者可以在不同距离和各种角度情况下运用。跳起单手投篮的出手动作与原地单手投篮的出手动作大体相同,区别在于跳起单手投篮的动作中有起跳动作,要在空中完成投篮动作。以右手投篮为例,运动者起跳时,两膝弯曲,用脚掌蹬地发力,腹部提起,腰部伸展,迅速向上摆臂举球,同时做起跳动作,在头上或肩上用双手举球,在球的左侧用左手扶球。当身体升至最高点或接近最高点时,左手与球相离,向前上方伸直右臂,屈腕、压指,篮球通过指端投出去,注意用突发性力量投篮。投篮后,身体自然落地,屈膝缓冲起跳力量,做好冲抢篮板球或回防的准备动作。在跳投过程中,应注意身体的稳定性,球出手时腕、指柔和而准确地屈拨用力。

(5)扣篮

直接将球由上向下灌入篮内的一种投篮方法,即扣篮。扣篮要求运动者必须具备良好的身体素质,尤其是弹跳力和控制球能力。扣篮具体包括以下几种方法。

①原地双脚起跳双手扣篮

街头篮球运动者双手持球双脚用力蹬地向上跳起,同时将球上举,充分伸展身体,将球举过头顶至最高点并与篮圈构成最佳入射角时,双臂用力前屈,用突发性屈腕、压指的动作,将球扣入篮圈内。球离手后注意控制身体和落地屈膝缓冲。扣篮动作的关键是掌握好起跳的时机,身体协调一致并充分伸展,屈腕、压指要有突发性和力度。

②行进间单脚起跳双手扣篮

运动者在行进间一脚跨出一大步同时接球,接着另一脚向篮圈方向跨出一小步蹬地尽力高跳,随之在空中充分伸展上体,双手举球至最高点,当球举过篮圈高度时,立即用突发性动作挥动双手前臂接着屈腕、压指,将球自上而下扣入篮圈。球离手后要维持身体平衡,落地屈膝缓冲,尽力高跳并充分伸展上体。根据球体超过篮圈的高度,来决定是否加入挥臂动作。

(6)补篮

运动者右手单手补篮时,当球刚从篮圈或篮板反弹时,应当尽量伸展身体和手臂,准确判断球反弹的方向和高度,尽快地用右手的腕、指力量触球,并用托球、点拨球、扣篮的方法将球投入篮圈。双手补篮时,用双手触球后可用扣篮或拨球的方式将球投向篮圈。

2.投篮技术方法

(1)原地徒手模仿投篮技术动作训练。

(2)在罚球线上做原地单手肩上投篮训练。

(3)自抛自接球后做急停跳投训练。

(4)在篮下左、右侧碰板投篮训练,距离可不断调整。

(5)两人一组一球,相距4~5米对投训练。

(6)五点晋级投篮训练,在球篮周围设五个点,靠近边线的一点开始,每个队员在第一个点投中后,方能晋升到第二点投篮。先投完五个点者为胜。

(7)运球做行进间单手高手、单手低手投篮训练。

(8)在消极防守和积极防守情况下做各种投篮训练。

(六)防守技术

1.防无球队员技术分析

(1)防接球

防守队员在防接球时,时刻关注对手和球,随时起动,并注意控制平衡,在动态中始终保持在对手与球之间偏向对手一侧的断球路线上,同时伸出同侧手臂形成"球—我—他"的钝角三角形的防守选位。

(2)防切入

运动者在防切入时,要同时防守人与球,在不能兼顾的情况下,主要防人,使球和人始终在自己的视线范围内。

(3)防摆脱

一般情况下,在后场进攻队员通过快下接球攻击进行摆脱,这时防守队员一定要主动防止其进攻动作。

2.防有球队员技术分析

(1)防运球

运动者积极超前追防,并在移动中降低重心,侧对或面对运球者,保持身体平衡。防守时要用撤步与滑步,同时要抢在运球者前进行阻堵,迫使其向边线、场角或人比较拥挤的地方运球。

(2)防传球

防守队员调整好重心,眼注视球,判断对手的传球目的,判断依据是对手的位置、视线与动作,通过干扰与封堵进行防守(挥动手臂)使对手向外传球,阻止其向内线进行传球。

（3）防投篮

防守队员挥动手臂对其进行干扰,使其放弃投篮。与此同时,另一手臂要向侧方伸直,对对手的传球造成一定的阻碍作用。防守队员要对对手是否投篮做出正确判断,注意其假动作。

（4）防突破

防守背对球篮突破的持球队员与防守面向球篮的持球队员是防突破的两种方法。以防守面向球篮的持球队员为例,防守队员要对对手接球的位置、来球的方向、对手与篮筐的角度大小及距离远近以及同伴所处的防守位置的情况进行综合考虑,将突破能力较强的对手及时阻截。

3.防守技术方法

（1）防投切选位练习:两人一组,进攻队员原地只做投切结合动作,防守队员快速移动脚步动作,及时调整重心、步法,做好防投防突的选位练习。

（2）两人一组,进攻队员在离篮 6 米左右,防守队员传球给进攻队员后立即对他进行防守。进攻队员则利用投突结合动作来进攻。练习一定次数或防守成功一定次数后,攻守双方交换。

（3）两人一组,两者距离保持在 1.5 米,面对面站立,一人双手持球于腹前,另一人按抢球的动作要求,突然上步将球抢夺回来。每人抢若干次后,运动者再做攻守交换练习。

（4）三人一组,两者距离保持在 1 米,中间一人持球向两侧摆动,两侧无球队员根据球的部位,及时抢球。随后,持球队员逐步改做转身跨步和摆脱护球动作,另两名队员伺机抢球。完成一定次数后,运动者进行攻守交换。

第二节　高尔夫球运动方法指导

一、高尔夫球运动概述

大多数与高尔夫球相关的学者认为,高尔夫球运动起源于 14、15 世纪苏格兰的圣·安德鲁斯,那里如今依然保留着古老的高尔夫球场,至今为止已经大约有 600 年的历史。高尔夫球的名称（Golf）源自苏格兰的方言（Gouf）,意思为"击、打"。17、18 世纪的高尔夫球运动持续发展,新型高尔夫球的发明是该时期相对重大的一项发明。人们用一种新型的羽毛制球替代了老式的木制高尔夫球,这种球用羽毛做芯、皮革作外壳缝制而成,能够飞行较远的距离,它的问世极大地推动了高尔夫球运动的发展。高尔夫球运动于 17 世纪传入美洲,18 世纪传入英国,19 世纪 20 年代传入亚洲,之后又传入非洲,并成为权势与财富的象征。

20 世纪,高尔夫球运动迎来了发展的新纪元,高尔夫球具的革新、比赛规则与制度的建立、国际性赛事的开展以及高尔夫球场管理水平的提高,都在很大程度上促进了高尔夫球运动的发展,同时也为这项古老的运动注入了新的血液与活力,此外由于高尔夫球同拳击和网球一样,是当代体育个人比赛中奖金数额很高的项目之一,所以也在很大程度上推动了高尔夫运动的发展。

如今,高尔夫球运动已经发展成为当今人们非常喜爱的一项体育休闲运动。世界各地高尔夫球竞赛繁多,国际性赛事的开展极大地促进了高尔夫球运动的普及,英国公开赛、业余锦标赛,美国公开赛、业余锦标赛,高尔夫球精英赛,世界杯等赛事的开展均为不同国家的高尔夫球运动者创造了同场竞技的机会,与此同时也让高尔夫球运动从地区性运动发展成为国际化运动。

二、高尔夫球基本技术指导

(一)握杆

1. 重叠握杆法(图 8-9)

球手将左手掌贴于球杆握柄处,手背正对目标,使球杆握柄从食指的第二关节起斜向通过掌心。以小指、无名指和中指将球杆握在小鱼际和小拇指指根间,食指自然收拢握住球杆。拇指沿球杆握柄纵长自然伸出,压按在握柄正中稍偏右侧,拇指与食指指根形成"V"形,其尖端指向颈部右侧与右肩之间。右手掌张开,掌心正朝向目标方向,紧贴在球杆握柄的右侧方,使握杆的纵长从食指第二关节开始通过中指与无名指指根,小指勾搭在左手的食指与中指间隙上,手指收拢,握住球杆,食指呈钩状弯曲,大鱼际包在左手拇指上,拇指与食指指根形成"V"形,其尖端指向颈部右侧。

2. 连锁式握法(图 8-10)

连锁式握法适用于手掌较小或者力量不足的女球手。连锁式握法的动作要领是球手左手手型同重叠式,握杆时右手的小指插入左手食指与中指之间,与左手食指勾锁在一起。

3.十指式握法(图 8-11)

一般情况下,手掌较小、力量差者、高龄以及女球手可以选择十指式握法。球手双手手掌相向但不重叠,用十指握住球杆,右手的小指与左手的食指相贴。

图 8-9　　　　　　　图 8-10　　　　　　　图 8-11

(二)击球姿势

球手握好球杆之后,准备击球时身体各部位应处的正确位置,即击球姿势。在障碍区内,球手做好站位即为准备击球,其主要包括脚位、球位和身体姿势三个方面。

1.脚位

脚位是指球手准备击球时两脚的站立位置,包括正脚位、开脚位和闭脚位三种形式。

(1)正脚位

正脚位是指球手两脚尖连线与准备击球路线平行的站位方式。全力击球时,不管使用哪一种球杆,都可以采用正脚位(图 8-12)。运用此脚位时,球手的腰、肩、手均与目标线成平行状态,正脚位适用于任何一种球杆。

图 8-12

（2）开脚位

开脚位指的是球手左脚略后于右脚的站位方式（图 8-13）。它通常适用于短铁杆击高球或者有意打右曲球。采用这种站位而球杆杆面正对击球方向进行挥杆时，由于引杆时左肩不易向内扭转，而在下挥杆和顺摆动作时身体容易打开形成由外向内的挥杆轨迹，导致右曲球。

图 8-13

（3）闭脚位

闭脚位是指球手右脚略后于左脚的站位方式（图 8-14）。一般情况下，闭脚位适用于木杆开球、在球道上击远球或者有意打左曲球。采用这种站位时，两脚脚尖的连线朝向目标的右侧，引杆时左肩能够充分向内回旋，但容易造成由外向内的挥杆轨迹，产生左曲球，同时对下挥杆击球时身体的回旋也会产生影响。

图 8-14

2. 球位

球手在做好准备击球姿势时，高尔夫球被击出前所处的位置，即球位。脚位与球杆、球位的关系是球手握好球杆站在击球位置上，左脚固定不动，球位放在靠近左脚的位置，球杆越短，双脚之间的距离就越窄，离球就越近。

3. 身体姿势

正确的身体姿势是球手握好球杆之后，双手应该自然前伸，球杆底部轻轻着地，两脚分开约同肩宽，身体的重心落于两脚之上。身体从髋部前倾，背部挺直。头自然略向下俯视，以恰好看到杆头为好。双膝关节稍微弯曲，稍屈髋,身体做侧朝向目标方向。

(三)击球动作

击球动作包括瞄球与挥杆击球两个环节,击球又包括引杆、下挥杆、击球、顺势摆动以及结束动作等步骤。

1.瞄球

杆面正对目标,之后根据杆面的位置调整身体、站位以及其他各部分的位置,即为瞄球的动作要点。瞄球的姿势是球手两脚尖的连线与球和目标的连线保持平行。球手要站在球后,平行地伸出双臂,其中右臂、球位于一条直线上。球与目标在一条直线上,这也就是目标方向线。之后将一支球杆放在地上标出目标线的方向,将手中球杆的击球面对准球。

2.挥杆击球

挥杆击球指的是整个身体围绕一个固定中心点完成的一种既协调又平衡的动作。挥杆击球主要包括引杆、下挥杆、击球、顺摆动作以及结束动作五个部分。

(1)引杆

引杆指的是将杆头从击球准备时的状态开始,向身体的后上方摆动的动作。正确的引杆动作是保持挥杆时身体纵轴的稳定,身体像卷线轴一样平稳扭转,手臂动作舒展而缓慢。在引杆动作的最后有一个制动,引杆结束进入下挥杆的分界线是"制动点"。

(2)下挥杆

下挥杆指的是球杆上挥到顶点时,稍做制动,即开始向下挥杆动作。正确的下挥杆动作是下挥时,球手身体的重心应该有意识地移到左脚,左膝在下挥动作时基本保持伸直。左腿用力支撑,为右腿的蹬地送髋创造条件。随着手臂向下挥杆,臀部应该快节奏地转向上挥前准备击球时的姿势,借助于臀部旋转产生的力量带动手臂来增加击球的力量。这时,右腿的用力推动了髋部的移动,髋部的移动与领先又拉紧了右大腿的内收肌群和股四头肌,使其能够有效地推动髋部;腰部做向击球准备时的状态复原的扭转;左肩也在下肢及腰部的作用下,自然向左转动,带动在引杆上挥时被拉伸的左臂作为杠杆向下拉引球杆,在身体重心转移到左脚的同时,右肘应到达右髋处,此时杆头仍然留在后面。

(3)击球

击球动作是下挥杆的组成部分,指的是借助于杆头的重量及其运行速度,下挥杆使球向前运行的技术。击球只是完整挥杆动作轨迹中的一点。击球的动作要领为挥杆击球是球杆杆头通过球;下挥时,保持手腕的弯曲状态,至离球 30 厘米的击球区突然甩腕;恰好在两臂位置到达击球准备姿势时,球杆的杆头以最快的速度到达挥杆轨迹的最低点,使杆头面触球的瞬间产生极大的冲击力将球击出;击球时应该尽可能击中甜蜜点;击球过程中,头部应该固定不动,眼睛注视球;击球时,应该击在球背的正中部位,球才能向正前方飞去。如果击球顶部,球将被击到地下,出现地滚球;而击到球背侧面,球将飞向球道两侧某一方。

(4)顺摆动作

顺摆动作指的是击出球后球杆杆头继续向击球方向挥动的过程。顺摆动作是触球动作的延续。正确的顺摆动作是球手触球后,身体的重心逐渐过渡到完全由左腿支撑,右踵提起,右膝向左膝靠拢,在右脚的推动下,腰部继续向左转动;身体仍然绕轴心转动,在杆头的带动下,右臂逐渐伸直,右肩逐渐对准击出球的方向;杆头向目标方向大幅度挥出;头部始终保持不动,两眼注视击球前球的位置。

(5)结束动作

结束动作是整个挥杆击球过程的终点,它是正确、流畅而有节奏地挥杆的自然结果。结束动作的动作要领是顺摆动作充分时,右臂继续带动右肩向下颌下方转动,杆头向左后上方运动;右臂保持伸直,左腋夹住;左臂肘部随右臂的向上运动而向上弯曲,腰与肩向左转动,左膝保持固定,左足支撑体重部位从足内侧向足跟部外侧转移。在臂到达右肩平直高度时,头部才随着转动轴转向目标方向,两眼注视运行中的球。

第三节 轮滑与滑板运动方法指导

一、轮滑运动概述

轮滑运动也称"滚轴溜冰""溜旱冰""滑旱冰",它是由溜冰运动发展而来,是一种穿着带轮子的鞋在平坦的地板或者水磨石地上所进行的一种运动项目。目前,世界上已经形成多项轮滑竞技项目,包括速度、花样、轮滑球等竞赛项目,在奥运会等一些大型体育比赛中已经出现了轮滑运动的身影。

18 世纪,荷兰一名滑冰爱好者在不结冰的季节继续进行训练,并尝试将木线轴安在皮鞋下在平坦的地面上滑行,他的试验最终在不断的失败与改进之后获得成功,创造了轮子鞋"滑冰"的历史。1924年,英国、法国、德国、瑞士的代表在瑞士蒙特勒成立了国际轮滑联合会,并开始举办多个项目的国际比赛。

20世纪30年代,轮滑运动传入我国,然而多年来只是在我国沿海一带的大城市开展。1980年,中国轮滑协会成立,并加入国际轮滑联合会,从此我国的轮滑运动开始进入了蓬勃发展的新时期。

当前,我国的大多数城市都修建了轮滑场或者室内轮滑厅,很多人都参与到了这项运动当中,每年还会举办很多全国性和地区性的轮滑比赛,这些轮滑比赛的广泛举行在很大程度上推动了轮滑运动在我国的发展。

二、轮滑基本技术指导

轮滑运动作为一项时尚性较强的运动项目,受到了越来越多人的欢迎与喜爱,这里主要解析轮滑运动主要技术动作和方法,从而为参与轮滑运动的运动者提供方法指导,减少和避免轮滑运动者出现不必要的运动损伤。

(一)站立

1.平行站立

运动者两脚平行分开,与肩同宽,脚尖稍内扣,膝部微屈,重心落在两脚之间(图8-15)。

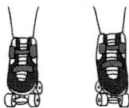

图 8-15

2."八"字站立

"八"字站立的动作要领是运动者站立时两脚跟靠近,脚尖自然分开,上体稍前倾,双膝自然弯曲,身体重心落在两脚之间。重心平衡后双脚换成平行站立,上体仍前倾,使重心落在两脚之间(图8-16)。

图 8-16

3.“丁”字站立

运动者脚穿轮滑鞋,扶物成“丁”字步站立,前脚跟卡住后脚的脚弓,上体稍前倾,双膝自然弯曲。身体重心落在后脚上。然后两脚交换位置,再呈丁字步站立,到站稳为止(图8-17)。

图 8-17

(二)蹬地

1.单脚蹬地,双脚向前滑行

左脚在前成“丁”字形站立,右脚用内侧轮向身体的侧后方蹬地,左脚尖稍向外撇向前滑行,身体重心随之移至左腿上,同时右脚收成双脚着地,向前滑行。双脚滑行阶段应长些,两脚交替进行,两臂在体侧自然地摆动,肩要放松,上体前倾度应比走步时稍大。

2.前滑压步转变左脚支撑滑行

身体左倾,右脚在右后侧蹬地,蹬地后摆越左脚,在左前侧落地,身体重心移至左脚。同时左脚用外侧在右后侧蹬地,蹬地后前移至左前侧落地支撑滑行。前滑压步右转弯与左转弯动作相同,方向相反。

3.后滑压步转弯

以后滑压步右转弯为例,先右脚支撑后滑,身体向右倾斜,左脚在左前下方蹬地。左脚蹬地后摆越右脚尖,在右侧下方支撑落地,身体重心移至左脚,同时左脚在右侧前下方蹬地,蹬地后移至右后侧下方支撑落地滑行。这样,连续不断后压步转滑行。

4.两脚交替蹬地,两脚交替单足向前滑行

左脚在前成“丁”字形站立,屈双膝,右脚用内侧轮向身体的侧后方蹬地,左脚屈膝向前滑行,身体重心逐渐移至左腿,成单脚支撑向前滑行。右脚蹬地后在左脚的侧后方自然放松地收至靠近在脚外处落地滑出,脚尖稍向外展,再用左脚内侧蹬地,重复交替进行。蹬地时身体重心应及时地转向

支撑腿,单脚滑行阶段的距离尽量长些,两脚滑行的时间和距离尽力相等。

(三)滑行

1.向前滑行技术

单脚向前直线滑行、前葫芦步、双脚滑行和前双曲线滑行等是向前滑行技术主要方式,这里以单脚向前直线滑行为例展开分析。

单脚向前直线滑行的动作要领是运动者原地两脚成"T"形站立,左脚在前,右脚在后,两腿稍弯曲,用右脚内刃蹬地,重心慢慢移至左腿,右腿蹬直后右脚蹬离地面,成左脚向前沿行。然后收右脚在左脚侧面落地,左脚蹬地重复上述动作,成右脚单脚向前滑行。两脚交替向前直线滑行,两手自然分开,使身体保持平衡(图8-18)。

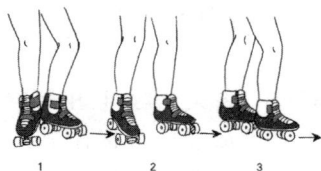

图 8-18

2.向后滑行技术

向后滑行是在基本掌握了向前滑的基础上进行的,常见的学习步骤是先学习"向后葫芦滑行",再学习"向后蛇形滑行",然后过渡到"单脚向后滑行"。

(1)向后葫芦滑行

两脚稍稍分开,平行站立,脚尖稍向内,两腿弯曲,用两脚内刃向前蹬地,同时两脚跟向两边分开,向后外滑至最大弧线时,两脚跟收拢,两膝用力伸直,恢复至开始姿势,随后重复上述滑行动作,连续向后滑行(图8-19)。

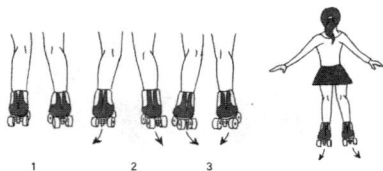

图 8-19

(2)向后蛇形滑行

运动者两脚分开约一脚距离,两腿弯曲,脚尖稍向内转。用右脚内刃向前下方蹬地,身体重心移向左侧,成左脚向后滑行。右腿伸直,随即右脚放在左脚侧面,恢复开始的姿势。然后再用左脚蹬地,身体重心移向右侧,成右脚的向后滑行。左腿伸直,随即左脚放在右脚的侧面。依次重复上述动作,连续向后滑行。上体始终保持稍前倾姿势,两膝弯曲,两臂自然张开(图8-20)。

图 8-20

(3)单脚向后滑行

运动者身体前倾,左腿支撑,膝关节弯曲,单脚踩平刃,使滑行方向成一直线,右腿抬起,置于斜后方成弓箭步或直接往上抬,两手平伸,两眼平视,利用身体前倾的力量推动身体向后滑行,收右腿在左腿前落地,抬起左腿,右腿向后滑行。

3.转弯与转体技术

转弯就是改变滑行方向,主要有前滑压步转弯、后滑压步转弯。转体是指前滑转体变后滑、后滑转体变前滑的方法,这里主要阐述前滑压步转弯。

以向左转弯为例,运动者先将身体重心落在左脚上,身体略向左倾斜;右脚步向右侧后方蹬地结束后,收腿提至左脚的左前方着地;左脚再向右脚步的右侧后方蹬地,推动右脚向左滑行,重心随势转移到右脚上,上体略向左转。向右转弯,动作、方向相反。转弯时两臂张开,配合蹬地摆动,进而使身体处于平衡状态(图8-21)。

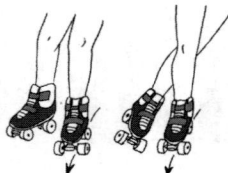

图 8-21

（四）停止

停止技术作为轮滑运动的一项基本技术,具体是指运动者在滑行中停下来的方法。停止技术最为基本的方法包括内"八"字停止法、"T"形停止法、双脚急停法和向后滑行停止法,这里仅对内"八"字停止法和"T"形停止法加以重点分析。

1. 内"八"字停止法

内"八"字停止法的动作要领是:运动者向前滑行的过程中,两脚平行分开站立,然后脚尖内转,两脚以内侧轮柔和地压紧地面,两腿弯曲,上体稍前倾、下蹲,两臂前伸保持身体平衡,逐渐减速直至停止(图8-22)。

图 8-22

2."T"形停止法

"T"形停止法是指运动者单脚向前滑行,浮足在滑行脚的后跟处成"T"形放好后,将浮足慢慢放在地面上,以内侧轮柔和地压紧地面,减速向前滑行直到停止(图8-23)。

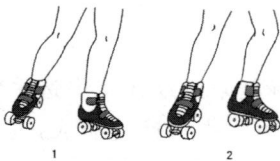

图 8-23

三、滑板运动概述

20世纪50年代初,美国西海岸是冲浪爱好者的天堂,人们用普通的木头与价格昂贵的轻木制成冲浪板在风口浪尖上进行运动。在20世纪50年代中后期,美国南加州海滩社区的居民们发明了世界上第一块滑板,一块

50 厘米×10 厘米×50 厘米的木板固定在轮滑的铁轮子上,由于它能为人们带来与冲浪一样的感受,因此逐渐受到人们的瞩目。后来,模压聚氨酯泡沫与玻璃纤维制作的冲浪板逐渐取代了木制冲浪板,这些新型冲浪板所具备的机动性以及耐用性使得冲浪运动在 20 世纪 50 年代末非常流行。

在地理环境和气候条件等多方面的限制下,冲浪运动已经无法满足人们享受运动乐趣的需求。20 世纪 60 年代,一群富于想象力的年轻人受到冲浪运动的启发,将滑轮的支架安装到一块厚木板上,之后再装上轮子,这就是滑板的雏形。最初的滑板是由橡木多层板压制而成的板面、轮滑转向桥以及塑料轮子组成,但这种滑板塑料轮的性能并不理想。尽管如此,这种滑板仍然受到滑手们的广泛欢迎。

1973 年,一个叫弗兰克·纳斯沃西的滑板爱好者将聚氨酯轮子装在滑板上,第三代滑板由此诞生。这种滑板的轮子不仅耐磨,同时还能够让滑板安全稳当地急转弯,更容易碾过小障碍物,甚至能够滑上垂直的表面。20世纪 70 年代中期是第三代滑板快速发展的时期,硬塑、铝合金、玻璃纤维甚至是高科技的碳素复合材料都被用于滑板的试制。另外,凹型滑板尾部的设计与应用使第三代滑板获得了进一步的发展。

20 世纪 80 年代末,第四代滑板开始出现,它满足了滑手们对提高滑板技巧的需求以及为了适应 U 型池双向滑行的需要。第四代滑板具有两头翘起、形状对称的特点,它由硬岩枫制作而成,重量更轻,弹性更好。滑板轮硬度高,弹性好,更加适合于进行高速滑行。由于重量方面的平衡,第四代滑板更适合进行各种翻转动作。

20 世纪 90 年代初,滑板从一头改为两头,从而出现了很多前一代滑板不能够完成的动作。这一时期是滑板运动的技巧性动作时代,滑手们发明了很多新的动作,同时为了让滑板更便于翻转,滑板板面变得更窄,轮子变得更小。

第四代滑板是大型国际极限运动比赛中选手们常用的滑板,其板面普遍以五层、七层或者九层枫木板微波冷压制成,也有用铝合金、碳纤维等材料做成的。板面上有一层防滑层(俗称"砂"),轮子所采用的主要材料一般是聚胺酯,用合金制成的滑板支架(又称"转向桥")与板面相连。因为第四代滑板具有多方面的优势,因此受到了众多滑板爱好者的喜爱。当前,参加滑板运动的参与者随处可见,参加滑板运动已经成为年轻人最流行、最持久的时尚运动之一。伴随着人们回归自然、追求刺激的需求的不断上涨,滑板运动必将发展成为广大群众极为欢迎与喜爱的运动项目。

四、滑板运动基本技术指导

滑板运动主要包括滑行、翘、下坎与上坎、旋转、跳五个基本技术，这里注意对这些技术进行分析和指导，促使滑手更好地掌握滑板技术，推动滑板运动向更好的方向发展。

(一)滑行

滑行是滑板运动一项最基本的技术，主要包括滑行姿势、上下滑板、下坡滑、惯性滑行、障碍滑等滑行技术。

1.滑行姿势

横行通常是滑手在滑行时经常采用的滑行姿势，刚刚接触滑板运动的滑手在启动时，不要让身体与滑板成横行状态。如果滑手喜欢左脚在前面，即所谓的 Regular Foot；如果你喜欢右脚在前，就是所谓的 Goofy Foot。滑手可以随意选择自己喜欢的站姿，当习惯这种姿势之后，与之相反的姿势就称为 Switched。倒滑的姿势就叫做 Fakie，这比一般的动作要更难。Fakie 姿势动作基本和本来的一样，只是滑板运动方向相反。

2.上下滑板

在学习滑板运动时，滑手应该熟练掌握上下滑板这一基本技术。滑手在滑板上可以采用正向站法与反向站法两种方法，正向站法是左脚在前、脚尖向右，反向站法则是右脚在前、脚尖向左。滑手可以根据自身的实际情况，自由选择其中的任意一种方法。

(1)上滑板

上滑板的动作要领是滑手双脚站立，将滑板平放于脚前的地上；先将一只脚放于滑板的前端，另一只脚仍然踩在地上；将身体的重心转移到已上板的脚上，上体稍微向前倾，膝弯曲，手臂伸展，保持身体的平衡；踩地脚轻轻蹬地，之后收到滑板上，放在滑板的后部，整个身体和滑板开始向前滑动。

(2)下滑板

滑手身体向前倾，将身体重心落在前脚上，之后像起落架一样将后脚放在地上；后脚落地之后，身体的重心随即转移到后脚上，之后抬起前脚，两脚都落在滑板的一侧。

3.下坡滑

滑手应该选择在一条较长的滑道上进行下坡滑练习,控制是下坡滑技术的重点,即首先做到稳滑。下坡滑的技术要点是滑手将双脚放在滑板的两端,遇到转弯或者需要做跨越动作时,将双脚转移到滑板的中央;面部与身体朝向正前方,身体蹲伏下来,大腿靠近前胸,双手伸出。

4.惯性滑行

惯性滑行是指滑手将左脚踏在滑板的中前部靠左,右脚踩在地上,身体的重心集中在左脚;用右脚蹬地,使滑板向前滑动,之后将右脚收上来踩在滑板尾部,保持站立;滑行一段之后再用右脚蹬地,重复进行该动作;如此多次重复进行练习,在掌握技术之后就能够进行长距离的滑行。

5.障碍滑

滑手在滑行中遇到障碍时进行急转、急停,或者通过改变速度进行跨越的一种方法,即障碍滑技术。

由于从坡上滑下时速度较快,因此滑手应该学会运用双脚保持在滑板上,转动滑板横向刹车的急停法。在进行障碍滑时,滑手可通过以下两种方式改变滑板速度:第一种,滑手用后脚控制好身体的重心,尽量让身体前倾来带动滑板前进;第二种,滑手双脚使劲在滑板面上蹦,借助于滑板面的弹性向前滑行。

(二)翘

翘是滑板运动中常用的一种技术动作,其主要包括翘板技术与180°翘停。

(1)翘板技术的动作要领是滑手推动滑板到滑行速度;左脚踏板尾,右脚踏板前端,或者踏前轮后侧;将身体的重心转移到左脚,身体向前倾,使板端在空中停留时间尽量延长;使板尾间或轻轻刮地,进而使身体处于平衡状态。

(2)180°翘停是指滑手在滑行时将板端翘起直到板端刮地,同时将身体逆时针方向旋转180°;翘板与旋转应该合拍,支撑脚应该足够稳固,使滑板旋转180°之后停下来。

(三)下坎与上坎

(1)下坎:滑手靠近台阶时,将身体的重心转移到后脚;在板端越过台阶边沿时,将前轮抬起;保持这一姿势,略向下蹲,准备着地。

（2）上坎:靠近台阶时,滑手将身体的重心转移到后脚;在到达台阶边沿时,抬起板端跳过;在空中迅速将身体的重心从后脚移到前脚;将滑板前端按在台阶上,板尾随即落到台阶上。

（四）旋转

一般情况下,当滑手遇到急停和躲避障碍等情况时,会选择旋转技术。基本的旋转技术主要有转圈、反转、360°旋转等。

1.转圈

滑手将滑板向前推,然后站上去,两脚跨立,左脚能够灵活移动。将身体的重量压于板尾,使板端抬起3～5厘米;当板端在空中时,身体向顺时针方向转动;前轮着地时,滑板向右偏转。

2.反转

反转技术是指滑手向前滑行到适当的速度时,两脚要尽可能张开,跨滑板两端。将身体的重心放在前脚,使板尾翘起,同时顺时针方向旋转180°。动作完成后将滑板倒转过来,右脚成为支撑脚。

3.360°旋转

滑手通过轻微的推转促使其身体处于平衡状态,从而使得滑板也处于水平状态;准备完毕之后,逆时针方向摆动手臂,同时保持身体的平衡,还可向左做最后一次推转;身体的重心落于右脚,向右摆动手臂,并带动整个身体旋转;转动时以后轮为轴,尽可能使后轮保持水平,不要把板前端抬得太高;只需要将身体的重心放于板尾,同时加大旋转,前端自然会抬起,且高度刚好。

（五）跳

在滑板技术中,跨跃跳、旋转跳、人带板上跳以及人与板分开上跳等是跳的主要技术,这里逐一对其进行解析。

1.跨跃跳

滑手在做起跳动作时应尽量平稳,进而更好地控制动作;根据实际情况确定跨跃的长度;身体的重心在下落时应该落于两腿之间,左脚在前,右脚在后。

2.旋转跳

旋转跳的技术要点是:滑手在滑行时,滑板要保持水平,稍微向下蹲;向上跳起,旋转 180°,两腿稍微收拢;两脚在落下时距离约 30 厘米,只需要将双脚落在滑板两端即可。

3.人带板上跳

滑手在向前滑行的过程中,当其靠近障碍物时双膝应稍微弯曲,手臂预摆,后脚用力使滑板前端翘起,通过速度的惯性带着滑板一起越过障碍;落地时身体的重心始终落在两脚之间,腿部要略微弯曲。

4.人与板分开上跳

人与板分开上跳的动作要领是:滑手向前滑行,在前进过程中双脚相互靠近,两脚放于滑板前半部分,但应在前轮之后;在接近横杆时垂直跳起;目视滑板,尽量落在滑板中间,位置大致和起跳时相同;落下时力量要均匀,腿部略弯曲,进而使落在滑板上的冲击力得以抵消。

第四节　室外其他休闲体育运动指导

除街头篮球运动、高尔夫球运动、轮滑运动以及滑板运动外,室外其他休闲体育运动还包括很多种,这里主要对登山运动和定向运动进行解析和指导。

一、登山运动方法指导

当前,登山运动已经发展成为深受百姓喜爱的休闲体育运动之一,这里主要对登山运动的行进和休息进行方法指导。

(一)行进方法指导

1.山间行进原则

登山者要想尽可能使登山过程顺利进行,则应当遵循以下原则。
(1)走梁不走沟,走纵不走横
山间行进切忌走纵深的深沟峡谷,还要躲开草丛繁茂、藤竹交织的密林、灌丛,力求在山区行军时走梁不走沟,走纵不走横。梁指的就是山峰凸起的地方。如果没有别的路,不得不经过这些地方,则要尽量选择在较高处行进。因为在地势高的地方,有着很好的视野,便于确定站立点以及保持行进的方向,较高处一般更通风、干燥,遇到荆棘、杂草、虫害等麻烦的概率较小。

(2)了解山区的地理和气候状况

之所以要了解山区的地理和气候状况,是为了让山间行进的安全更加有保障。行进时,为防止方向发生错误,同时为了节省体力,应尽量提高行进速度,力求有路时沿路走,避免穿林翻山,如果没有路时则应当行进在山脊、山梁、林中稀疏地、河流小溪边缘等地方,因为这些地方视野比较开阔,地形相对简单。

(3)体力分配原则

在行进过程中,要注意体力的使用,以保证登山过程中不会过于疲劳。体力分配一般是在登山时消耗三分之一,下山时消耗三分之一,剩下三分之一作为余力以备不时之需,这样能保持精力充沛,同时防止意外情况的发生。

(4)注意控制行进的节奏与速度

行走节奏要与呼吸合拍。步调比呼吸快时,人体会不适而且容易疲劳,如果出现气喘就要及时稍微休息一下以调整呼吸。无论下山还是上山,一定要适当,过快或者过慢都会使体力下降更快。

(5)行进组队原则

行进时组队的方式要按照一定的规律来排列。一般最前面是经验丰富的领队,领队的任务是准确掌握步调和路线。第2、3位置是组队行进中位置最好的地方,一般都是些经验不足、体力或负荷较重的队员。领队应当能够统领全队。

(6)大步走原则

行进时采用尽量大的步幅可以节省体力。在行进过程中,脚的姿势应前掌着地,上体稍前倾,身体重心要随着落地脚的支撑面左右摆动,千万不要用脚尖行走,否则会踢落滚石造成危险。

2.行进技能

(1)上山步行法

由于上山比走平地对体力的消耗要大很多,所以上山步行时要将各种条件都考虑进去,如登山者的身体状况、气象条件、团体及个人能力与装备等。开始上山行进时,登山者要注意放缓步伐。上山步行法的要领是将脚适度抬起,尽量节省体力,再配合手臂的摆动及肩、腰的平衡,有节奏地爬,并调整好呼吸。

上山步行法主要包括直线攀登法和"之"字形攀登法。

直线攀登法是指攀登坡度在30°以下的山坡宜用直线攀登法,攀登时身体稍向前倾,全脚掌着地,两膝弯曲,两脚呈八字,迈步不要过大过快。

"之"字形攀登法是攀登坡度大于30°的山坡时,为减少直线攀登的难度和滑坠的危险而采用的方法,此方法具体是指沿着"之"字形的路线左右斜越、盘旋而上以减缓坡度的攀登方法。登山者采用此法攀登时,要做到腿微微弯曲,重心前倾,内侧脚脚尖向前,抓地要用全脚掌,外侧脚脚尖稍向外撇,脚跟蹬地。

(2)下山步行法

与上山相比,下山时的体力消耗相对较少,但是下山时发生意外的概率更大。因此,在下山行走时要注意路况,谨慎选取落脚点,下山不宜过快,否则很容易发生意外并且更加费力,越是陡坡越要慢行。

(3)山脉棱线步行法

山脉棱线步行法是登山者经常选择的登山行进路线。由于山的棱线有着各种不同的形态,有的是光秃秃的岩石,有的覆盖着厚厚的林木,所以沿着山脉棱线行进时尽量按小径走。走棱线如果发生迷路,一定要沉着冷静,慎重行事。遇到雾气大时要沉着,仔细观察四周后再前进,以免走错路而消耗体力。

3.穿林技能

登山者穿越山中树林时要注意方向和登山团队之间的联系。在穿越不熟悉的山林时,应带上指南针,最好请当地人做向导。为了加强联络通信,还应携带简易的无线电通信设备。登山队伍要尽量抱团,这样就不会在林中失散,便于联系。在林间草丛穿行时,最好穿长袖衣和长裤,避免和减少草木的枝杈刺伤或划破皮肤,防止蚊虫叮咬。在通过藤蔓竹草交织的丛林时,要常常使用砍刀开路行进。

4.渡河技能

在登山过程中有时会遇到各式各样的小溪河流,有些很好对付,缓慢而过,清澈见底,但是也有水深湍急,很难通过的。山间的地形复杂,天气也变化无常,河水的流速和水位变化也很大。

针对这种情况,登山者们在涉水渡河之前首先要对前方河流进行实地考察,只有了解河流的深浅、流速及河底的结构之后,才能确定在河的哪个地方、用什么方法渡河。由于山间河流的水温低、河底不平坦、水性变化大，所以很难估算山间河流的水流。因此，遇上河流时不要鲁莽从事，草率入水，在仔细观察确定渡河的路线和方法后方可下水。渡河应选择水流缓，河沟浅且无暗流和漩涡的地方下脚。过河时，尽量不光脚以免河底尖石划破脚。

（1）单人渡河法：单人渡河时，可以选择一根长棍来撑着河底渡河，如帐篷杆、竹竿等。单人渡河法的技术要点是：木棍与两脚一起形成三个支点，木棍这一支点要在水的上游一侧。之后两脚交替移动，重心前倾，依靠木棍的支点，每走一步，两脚站稳后才能移动木棍。移动时出脚不要太快，小步移动，要固定两个支点后再移动另一个支点。如果水流湍急，可以在腰间系上保护绳，同行者在岸上保护，如果出现意外情况可最大程度上避免危险发生。

（2）两人渡河法：两人渡河的具体方法是两人面对面站立，双手相互搭在肩上，步调一致地慢慢从河的浅处穿过。

（3）多人渡河法：当多人共同渡河时，可采用 3～5 人组队"墙式"渡河法，即几个人站成一列横队，相互搭着肩膀面向对岸缓缓前进。除此之外，"轮状"渡河法也是一个好的选择，即几个人围成一个圆圈，相互搭着肩膀，朝着水流方向像车轮一样地转动，这样可以有效减缓水流带来的冲击力。

（二）休息方法指导

在登山过程中，休息是至关重要的。休息能够有效恢复体力，同时进行行装调整、喝水及进餐。与此同时，攀登者为了确定所在位置的坐标或者辨认周围的地形，短暂的停留也是必要的。但当攀登者在山间休息时，应当注意以下几点。

1.休息时间的安排

在开始行进 20～30 分钟后，可以进行第一次休息，期间可以调整行装、整理鞋袜、增减衣物。之后每经过 50～60 分钟的行进过程可以选择性的休息一次，每次休息 5～10 分钟。休息时要尽量放松身体，使体力恢复更好。

2.短时间休息

登山途中需要一些时间很短的休息，这种休息是为了调整呼吸，解除疲乏，恢复体力。短时间休息时，只需手挂登山杖、弯曲上身，将身体重量放在登山杖上，这样肩部和腰部得到暂时的放松。休息时登山杖一定要放稳。

3.长时间休息

行进途中的长时间休息是为了较好地恢复体力和进餐。这时可以舒展身体,放松肌肉,然后再进餐。为了消化系统的健康,进餐可分几次完成。行进途中一定要进补必要的糖分。休息时选择安全、通风的地方。进食等休息活动所产生的垃圾要统一清理,防止环境污染。

二、定向运动方法指导

(一)识别和应用地图

标定地图和确定站立点是识别和应用地图的关键,这里逐一对两个方面的具体方法加以阐述。

1.标定地图的方法

(1)利用指北针标定:先将指北针的方向箭头朝向地图上方,使箭头两侧的平行线与定向图上的磁北线重合或平行,然后转动地图,使磁针北端对准正磁北方向。

(2)利用明显地形点标定:先选择一个图上与现地都有的远方目标,然后转动地图使图上的站立点至目标的连线与现地的站立点至目标的连线相重合。地图即标定。

(3)概略标定:定向运动地图的方位的标定是上北下南,左西右东。地图标定就是在实地拿实际的北方对准地图所示的北方。这种方法迅速、简便,在定向运动训练和比赛中经常用到。

(4)利用直长地物标定:利用道路、河流、高压线等标定地图。首先在地图上找到一段直长地物然后对照两侧地物,使图上所示地物位置关系与现地各地形点的位置关系相符。地图即标定。

2.确定站立点

参赛者在比赛中能够始终明确自己所处站立点是完成赛程的重要保障。

(1)直接确定

当能够明确自己所处的位置是在明显的地形点上时,只要在地图上找出该地形点,站立点即可确定。这里所提到的明显的地形点大概包括。

①线状地物的拐弯点、交叉点。

②单个的地物(各种建筑物)。

③面状地物的中心点或者有特征的边缘。

(2)交会法

站立点附近找不到明显的地形点时可利用交会法来确定站立点,此方法又分为截线法、后方交会法、90°法以及连线法等。

①截线法:待测点位于线状地形上,但在其与运动方向相垂直的方向上没有明显的地形点时,采用截线法。具体操作方法是:用指北针标定地图,然后在线状地形的侧方选择一个图上与现地都有的明显的地形点,用指北针的直长边切于图上明显的地形点的定位点上,然后转动指北针,使其长边对准该地形点,最后沿指北针的直长边反方向画线,该方向线与线状地形符号的交点即为站立点在图上的位置。

②后方交会法:在图上找到选定的方向线后,精确标定地图,然后按照截线法的步骤分别向各个事先选定的参照物瞄准并画方向线。图上方向线的交点就是站立点。

③90°法:当待测点位于线状地形上时,在运动方向上能够找到一个与该方向相垂直的明显的地形点,此时线状地形与垂直方向线的交点即为站立点。

④连线法:当待测点位于线状地形上,同时自己处于某两个明显地形点的连线上时,就可以确定自己所在的位置。

(二)利用地图行进

定向运动参与者在掌握了识别定向图、标定地图、确定站立点等技术之后,要学习和选择适宜的方法,进而尽可能使其在比赛中获得较好的成绩,利用地图行进的方法包括借点法、借线法、拇指行进法、简化法、记忆法以及偏向瞄准法。

(1)借点法:当检查点附近有明显的地形点或地物时,用最快的速度奔跑至该点,以该点为依托寻找检查点。

(2)借线法:如果检查点位于线状地形上或其附近,就可以沿着地图的线状前进,这样能够有效减少看图时间,提高奔跑速度。

(3)拇指行进法:定向运动参与者标定地图,将拇指压在自己所处的点上,在跑动过程中拇指所示方向与即将要经历的路线方向要一致。运用拇指行进法的关键在于要确保位置方向的连贯性与正确性。

(4)简化法:在定向运动练习或比赛过程中是否能选择最有价值的攻击点,是凸显一名参与者的技术水平的最重要的一点。定向地图呈现在参与者面前的是一张复杂的包含各种信息的地图,在关键点过滤掉一些不必要的信息会大大减少参与者的看图时间从而提高跑速使其取得优异成绩。

（5）记忆法：参与者在寻找检查点的过程中，分段记住前进路线的方向、距离以及所要经历的主要的地形点或特征物等内容。运用记忆法的选手技术一般比较高超，是能最大限度地减少看图时间，保持奔跑速度的方法。

（6）偏向瞄准法：当检查点位于线状地形上或其附近时，假如检查点周围没有明显的行进点做依托，这时如果参与者直奔检查点，可能会造成路线偏差或者迷路。所以参与者可以从一开始就有意识地向左或向右偏移一定的角度，在到达线状物后再沿其向检查点方向行进，准确到达目标。

（三）选择最佳路线

最佳路线就是最能节省体力、时间，并且安全系数最高，最有利于发挥参与者优势的路线。最佳路线的选择应遵循以下几点。

（1）提前绕行：行进过程中要认真读地图，打好提前量。统观地图全局，尽量规避有风险的路线或障碍物，切忌抵达后发现障碍物才做折返绕行，浪费时间。

（2）沿道路行进：一方面，在路上跑容易使参与者明确自己所处的位置，奔跑起来更有信心；另一方面，地面相对平坦有利于提高奔跑速度，从而使参与者在较短的时间内完成全程。

（3）走高不走低：在行进过程中，一定会有不得不越野的情况。如检查点放置在较高的位置时，参与者应尽量不要选择从下往上找，而要尽可能地跑到这个检查点的上面，采用从上往下找的方法。采用这种方法的原因有三点：首先，地势高，可视性好，便于参与者确定站立点；其次，假如检查点放在凹地中，从上至下的寻找方式更容易；最后，人们都习惯在高处行走，高处往往有其他人走出的路径，顺路跑有利于参与者提高跑速。

（四）选择比赛路线

路线选择正确与否是每一位参与者能否取胜的基本条件，这也是参与者需要经常练习的技术。事实是在实际比赛过程中并没有绝对的最佳路线，某种意义上说，只有最适合自己的路线。所以在行进的过程中，参与者最重要的就是始终要保持清醒的头脑，根据自身的技术优势，合理应用。

（五）野外迷失的解决策略

（1）当沿道路行进迷路时，要先标定地图，对照实地的参照物以准确定位自己所在的位置，之后视情况另选路线行进或原路返回再行进。

（2）越野行进时，如果发现自己迷路就应该立即停止并仔细寻找周围明显的地物或地貌,然后确定自己的站立点。视野不够开阔找不到地物的时候,应先跑到开阔地或高地,确定自己的站立点后继续行进,如果都不奏效,尽快原路返回。

(3)在山林中行进时,参与者意识到自己迷失方向,一定要重新回到最近的、自己认为正确的、刚才所经历的某个点,并以此为基础重新确定站立点。如果找不到该点就要向林子稀疏的方向或高处跑,以便观察周围或远处是否有明显的地物或地貌。当距离近时,可以向其靠拢,确定站立点。如果较远,可通过交会法来确定自己所在的位置。假如前面两个条件都不具备,那只好按照原先行进的方向继续前进,待途中遇到能够确定的站立点后,再继续行进。总之,在山林中或者旷野中行进时不要轻易改变开始行进时所确定的前进方向。

第九章　休闲体育产业的内涵及理论体系研究

随着现代体育运动的市场化、商业化发展,进一步推动了体育运动产业化发展。休闲体育作为现代体育运动发展的一种形式,休闲体育产业也逐步得以形成并步入正规化发展轨道。本章就休闲体育产业的内涵及理论体系进行研究,了解休闲体育产业的概念、内涵与特征,了解休闲体育产业体系构成及经营模式,掌握休闲体育产业市场营销基本理论,以更好地促进休闲体育产业的发展。

第一节　休闲体育产业的概念、内涵与特征

一、休闲产业内涵及体系

(一)休闲产业的内涵

产业一词最早由重农学派提出,特指农业。在人类迈入资本主义大生产时代后,产业主要是指工业,在英文中,产业与工业的表示方式都是 Industry。马克思主义政治经济学曾将产业表述为从事物质性产品生产的行业,并被人们长期普遍接受为唯一的定义。20 世纪 50 年代以后,随着服务业和各种非生产性产业的迅速发展,产业的内涵发生了变化,不再专指物质产品生产部门,而是指"生产同类产品(或服务)及其可替代品(或服务)的企业群在同一市场上的相互关系的集合"。在这里,不管是物质性生产行业,还是服务性行业,产业这个概念都是从生产或供给的角度来定义的。而休闲体育概念则是从个体消费角度来定义的。我们知道,休闲体育活动本身是个人参与的身体活动,但是这些活动的展开是需要外在条件的,也就是说,体育活动需要外在服务条件。体育活动是由两种活动合成的,一是消费者自己的行为,二是自己或社会提供的作为外部条件的行为。从消费服务总体考察,人类社会存在的基本消费方式有三种类型:第一种是自己生产消费资料,自己消费;第二种是社会提供消费资料,消费者消费,即消费品的供

给和消费分离;第三种是消费资料一部分由自己承担加工服务,一部分由社会提供加工服务,消费者消费。第一种方式是自给性的,即"自我服务型"消费方式,其特点是"每个人除了自己从事生产劳动或对生产劳动进行剥削外还必须执行大量非生产的并且部分地加入消费费用的职能"。第二种方式是社会化的,其特点是消费者自己承担的加工和服务全部被社会所提供的加工服务所替代。第三种方式介于自我服务和社会化之间,兼有二者的特点。消费服务由消费者个人承担,还是由社会承担,以及各自承担多少,反映着消费方式的不同类型、消费结构是否合理,标志着消费者自由全面发展的水平。

由于休闲这一活动现象包含的范围非常宽泛,由此决定了休闲产业包罗万象,涉及不同的行业和领域的特点,只要与人们的休闲行为和休闲消费有关的产业,都可以列入休闲产业。休闲产业是以满足人们休闲需要为目的的产业,这一点也决定了休闲发展的内涵。从这个角度来讲,休闲产业是一个体系。因此,对休闲产业的界定与划分应该以系统论的思维作为方法来考察。

目前,有关休闲产业的定义很多,但由于认识的角度不同,在表述上有很大差异,下面对主要几个观点进行介绍。

美国休闲产业非常发达,但产业范围及其经营管理仍然是个模糊的概念。根据美国维基百科的定义,休闲产业是指为人们提供娱乐、消遣及旅游等相关产品和服务的部门集合,即为满足人们休闲体育需要而提供 Entertainment,Recreation 和 Tourism 及相关产品和服务的产业集群。

日本学者中山裕登著的《休闲产业界》一书中提到:休闲产业是指向人们自由选择的生活及其活动而提供的产品和服务的所有产业。他认为休闲产业的分类有以下三种类型。

(1)休闲空间产业:保龄球场馆、高尔夫场等需要提供一定的空间的产业。

(2)休闲设备产业:提供体育用品设备等的产业。

(3)休闲服务产业:提供信息及其他服务的产业。

布朗和威尔(Brown & Veal,1988)认为,休闲业主要是指那些为满足人们在闲暇时间里的消费而向他们提供物品、服务和设施的组织和个人的集合。

于光远认为,休闲产业就是为满足人们休闲的需要而组织起来的产业,在市场经济条件下,休闲产业需要有人投资,有人去运作,而且还一定要有一些其他产业为其服务。

马惠娣认为,休闲产业是指与人的休闲生活、休闲行为、休闲需要(物质的与精神的)密切相关的产业领域,特别是以旅游业、娱乐业、服务业为龙头形成的经济形态和产业系统,一般包括国家公园、博物馆、体育(运动项目、设施、维修等)、影视、交通、旅行社、导游、纪念品、餐饮业、社区服务以及由此连带的产业群。

卿前龙认为,休闲产业应被定义为由消费者的休闲消费需求引发的、国民经济中那些生产休闲物品和休闲服务行业的总称,它广泛存在于国民经济三大产业之中,存在于三大产业中的休闲生产部门分别称为休闲第一产业、休闲第二产业和休闲第三产业,其中休闲第一产业和休闲第二产业可以统称为休闲物品业,休闲第三产业也称为休闲服务业。

唐湘辉认为,休闲产业是指由消费者的休闲消费需求引发的、以休闲消费者为对象,为满足消费者的休闲需要而生产休闲产品和提供休闲服务的综合性产业群。也就是说,休闲产业是一组与休闲需求相关联的产业群,它广泛存在于国民经济三大产业之中。

王琪延认为,休闲产业是指从事休闲产品生产(包括服务)活动的厂商集合。它远不止是一个传统意义的产业,而是与人的休闲消费需求(物质的和精神的)密切相关的产业群或产业链领域,主要包括旅游、娱乐、体育、文化和休闲体育教育、兴趣爱好、公益活动等以及与此有关的产业。休闲体育产业的供给情况,直接影响到人们休闲消费的满足程度。

从上述几位学者对休闲产业内涵的理解,可以看出各国关于休闲产业的界定虽然各不相同,但在产业的实际运行中遵循着基本相同的发展规律,产业所涵盖的领域也大同小异。主要集中反映了以下几个含义。

(1)休闲产业是由消费者的休闲消费需求引发的产业,是以休闲消费者为对象的产业。

(2)休闲产业是提供休闲产品的产业。

(3)休闲产品包括休闲体育物质产品和服务产品。

(4)休闲产业是一个业域宽泛的复合产业,包括旅游、文化、娱乐、体育以及相关装备等领域。

(二)休闲产业体系构建

从上述对休闲产业内涵的分析,可以看出休闲产业是一个业域宽泛的复合产业,是一个完整的系统,是由不同的产业层次构成的。通过归纳整合,可以将休闲产业体系划分为:休闲基础产业、休闲延伸产业和休闲支撑产业三个层次。这三个层次产业组合起来,形成了较为完整的休闲产业体系(图9-1)。

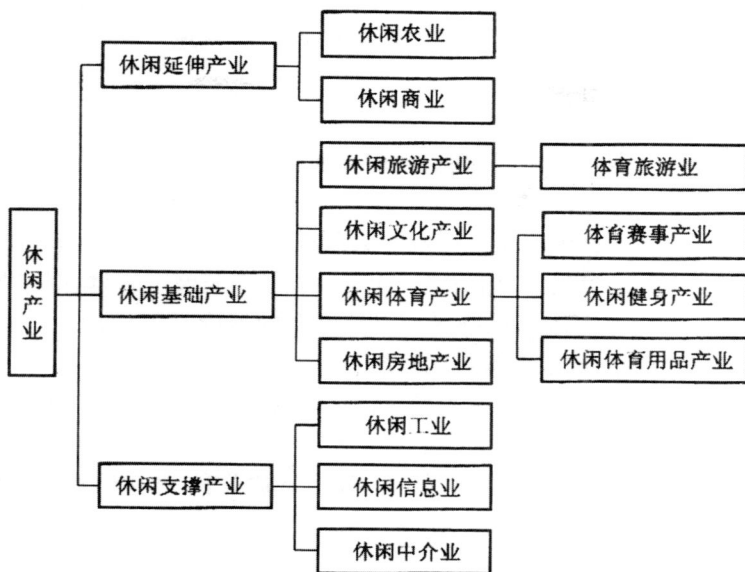

图 9-1

1.休闲基础产业

休闲基础产业包括休闲旅游产业、休闲体育产业、休闲文化产业和休闲房地产业,这部分构成了休闲产业的主体,是休闲经济的主要组成部分。

(1)休闲旅游产业:旅游产业是休闲产业的重要组成部分,是以旅游的方式和活动,提供相关旅游产品和服务来满足人们在休闲生活、休闲行为、休闲消费、休闲需求中的物质和精神文化需求的产业业态。旅游是休闲活动的重要实现途径和表现形式,休闲则是旅游活动的根本目标和最终归宿。

(2)休闲文化产业:休闲文化产业是满足人们休闲消费中的精神文化需求的行业和部门,包括一切以精神文化为内容来满足人们休闲需求的服务产品,如游戏产业、娱乐产业、品尝产业、观赏产业、阅读产业、养趣产业等。

(3)休闲体育产业:休闲体育产业是休闲产业和体育产业的交叉部分,它是以休闲为主要目的,以体育活动为手段来满足人们在休闲体育活动中的健身、娱乐、交际等物质和精神文化需求的产业,包括竞赛表演业、健身娱乐业、休闲体育用品业等。休闲体育活动是现代人生活的必需,其具有从小开始、贯穿始终,户外为主、室内为辅,身动为主、神动为辅,团队为主、个人为辅,参与为主、收获为辅,娱乐为主、教育为辅,社会为主、经济为辅的特点。

(4)休闲房地产业:休闲房地产业是在一般住宅要素基础上,依托项目周边良好的自然生态环境,把房地产和房地产以外的其他产业资源,包括生态资源、旅游资源、健身娱乐资源、益智资源等相融合,使居住者有良好的条件充分放松自我,享受休闲生活,如高尔夫地产、景观地产、第二居所等。

2.休闲延伸产业

休闲延伸产业包括休闲农业、休闲商业。这部分产业的发展扩大了休闲消费的外延。

(1)休闲农业:休闲农业是以农业为基础,以休闲为目的的一种休闲形式。随着体系化的发展,休闲农业产生了。在一定意义上讲,休闲农业是一种工业化的发展方式,它和传统的农村、农业的概念是不同的,包括"农家乐"、水果蔬菜的采摘、农业大棚的观赏等。

(2)休闲商业:休闲商业是指通过商业所提供的产品和服务以及商业活动本身满足人们在休闲生活、休闲行为、休闲消费、休闲需求中的物质和精神文化需要的产业领域。主要包括商业区(品赏美食、休息、聊天的区域)、步行街、特色消费店等内容。

3.休闲支撑产业

休闲支撑产业包括休闲工业、休闲信息业、休闲中介业。

(1)休闲工业:休闲工业是指依托现代化大工业生产方式或技术,为休闲需求直接或间接服务的产业体系,包括休闲服装、休闲用品、休闲装备等。

(2)休闲信息业:休闲信息业是指为休闲者提供有关信息,进行相关信息咨询和休闲活动策划来服务于休闲消费者的经营性行业,包括广播电视媒体、平面媒体、网络媒体、科研和教育机构等对休闲体育的关注,它们以经济利益为诉求而将产品与服务延伸到休闲领域,从而促进休闲信息产业的形成与发展。

(3)休闲中介业:休闲中介业是指满足休闲消费者的休闲需求而提供相关中介服务和中介产品的经营性行业,包括旅行社、俱乐部(汽车俱乐部、读书俱乐部、名人俱乐部等)。

二、休闲体育产业的概念与内涵

在休闲产业的组成结构中,休闲体育产业是其中一个基础的组成部分。休闲体育产业的概念为,为了使人们的休闲体育消费需求得到满足而将物品、服务和设施提供给人们的组织集合体就是所谓的休闲体育产业。[①] 在

---

① 杨铁黎,苏义民.休闲体育产业概论[M].北京:高等教育出版社,2011.

一定程度上而言,也可以将休闲体育产业认为是以使人们休闲体育需要得到满足为目的的产业。

休闲体育产业的概念中包含几方面的含义,具体如下。

(1)休闲体育用品和休闲体育服务是休闲体育产业提供的两类主要产品。

(2)休闲体育产业将休闲体育产品提供给人们,主要是为了实现休闲体育消费,这表明休闲体育产业所提供的产品其指向性是明确的。

(3)人们通过支付金币,购买休闲体育产品,以使自身的休闲体育需求得以满足的过程就是休闲体育消费。

(4)休闲体育与其他体育方式相区别的一个特殊属性就是,体育运动是对休闲体育产品进行生产和提供的基本方式和手段。

三、休闲体育产业的基本特征

发展到现在,休闲体育已成为人们生活中重要的组成部分,由此逐渐形成了一个比较完善的休闲体育文化产业,这是现代体育与现代经济共同发展的结果。一般来说,现代休闲体育文化产业的基本特征表现在以下几个方面。

(一)休闲需求特征

1.时间性特征

人们的休闲需求受休闲时间的影响,呈现出较强的周期性特点。首先,在我国,人们的休闲需求主要集中体现在节假日期间,在这一期间形成消费高峰,出现所谓的"假日经济"现象。实际上"假日经济"是我国休闲经济的特殊表现形式。一方面,政府为了扩大内需,刺激经济增长,通过宏观调控的方式增加社会成员时间的分配;另一方面,国家相继上调了职工工资,提高居民的购买能力,同时随着消费观念和消费方式的变化,休闲经济成为一个消费趋势。其次,我国没有带薪假期,消费者对休闲时间缺乏自主选择能力,人们的休闲活动相对集中于假日,假日消费是日常消费在时间上的转移。最后,由于长期以来对休闲的不重视,加上经济上的落后,使得休闲供给相对单一,需求也缺乏一定的多样性,表现为旅游活动几乎成了假日经济的全部主题。

2.时尚性特征

从某种意义上来说,时尚也是现代社会中呈现出的一种经济现象,它反映了消费者收入水平的提高和生产工艺技术的进步;另外,时尚也是一种心理现象,它反映了消费者渴望变化、求美求新、自我表现等心理上、精神上的需求。休闲需求指向人的非生存性资料,同时受各种社会文化思潮的影响,追逐流行于时尚成为体育需求的一个特征。

3.个性化特征

体育需求的个性化特征主要表现在两个方面:一方面,由于休闲消费是人们满足其自我发展和个性显示等非生存性需求的各种活动总和,受主体自身因素影响大,在休闲消费中不论是消费项目还是消费时间,呈现出较强的个体性和异质性特征;另一方面,作为休闲组织,其产品、服务、品牌必须要有个性,满足休闲需求心理才会赢得主动。

4.层次性特征

休闲需求是有购买的欲望,对于每个人的休闲需要,在各自经济条件的限制下形成不同层次的休闲需求;另一方面消费者文化素质、兴趣爱好的不同,在同种经济条件下,也会造成休闲需求具有明显的层次性,休闲体育需求一般包括现实需求和潜在需求两个层次,潜在需求转化为现实需求需要一定经济条件的支持。从结构方面来看,休闲体育需求由活动需求、环境需求、体验需求、收获需求和满意需求五个方面构成,满意是终极目标。以钓鱼为例,钓鱼是一种休闲体育活动,池塘、草坪、绿树、座椅、太阳伞等是环境,钓鱼过程是一种体验,钓上鱼是收获,由此精神上能获得一定程度的满足。

(二)消费者特征

1.年龄

进行休闲体育消费的人,不同年龄阶段表现出不同的消费特征,具体体现在以下两个方面。

(1)不同年龄对休闲产品的消费重点不一样。青年人乐于寻求刺激,冒险精神较强,喜欢一些激烈地、强度大的娱乐活动;中老年人则更偏爱运动量较小的活动。

（2）同一消费者不同年龄阶段的休闲消费特征有差异。美国经济学家F·莫迪格利安尼认为，一个消费者一生中不同的年龄阶段呈现不同的消费特征，他将人的一生分为三个阶段：少年、壮年、老年。壮年阶段消费后节余的收入，一方面用于偿还少年阶段的债务，另一方面储蓄起来，用于养老。这一学说被称为生命周期假定。根据这一学说，壮年时期由于收入大于消费，即有满足休闲体育需求的经济基础，是休闲体育产业重点关注的群体。

2. 性别

性别对休闲消费也具有重要的影响，这突出体现在以下两个方面：一方面是男女休闲体育消费的重点不一样。由于男性的体力要强于女性，因此男性消费者更倾向于激烈、刺激性强的消费项目。另一方面是因社会角色不同带来的职业、收入差异。目前，男性的地位、职业、收入等平均水平均好于女性，这使得男性休闲体育领域和消费项目都大于女性。

3. 文化程度

休闲体育是一种文化活动，休闲消费本身是一种文化消费。所以，人的文化素养对休闲体育消费有很大的影响。文化水平高、素养好的人，对休闲体育的功能、意义有正确的认识和理解，会提高参与休闲体育活动的兴趣。而文化水平低的人，对其积极意义缺乏全面、正确的理解和认识，需要加以引导。

4. 职业

一个人的社会地位在很大程度上是由其职业决定的。同时，职业也决定了一个人的收入、工作量的大小、生活特点及闲暇时间。一般来说，工作量大的人，喜欢经常进行一些轻松的娱乐项目；脑力劳动者比体力劳动者有更多的娱乐兴趣。

5. 健康状况

虽然休闲消费有助于疲劳的消除和体力的恢复，但几乎任何一项消费都需要消耗一定的体力和精力。身体强壮的人，可以选择自己喜欢的任何休闲体育项目；年老体弱的人，则只能根据身体的许可选择娱乐项目，以延缓衰老、防病治病。

(三)产品经济特征

1.生产与消费的不可分性

生产与消费的不可分性是指产品的生产与消费在时间和空间上不可分离。休闲体育产品是难以储存的,只能边生产、边消费,如球类运动、健身锻炼等产品的消费,脱离了与生产环节在时间、空间上的同一性,其价值便难以真正、充分地实现。

2.休闲体育产品生产要素的供给弹性的特殊性

休闲体育产品生产要素的供给弹性是指其价格变动对供给量变动的影响程度。

(1)劳动力的供给弹性系数小于1

这里的劳动力是指休闲体育产品的生产者,如球类运动、健美运动中的教练等。他们掌握特殊的知识、有专门的技能,专有劳动力的价格上涨后,其供给量不可能随之马上作调整。如已故的健美教练马华,目前很难有人能与之媲美,因此,这些人的供给弹性几乎为零,无论价格怎样上升,供给量却不能相应地增加。基于此点特征,休闲体育相关企业应加强人才的培养,重视人才。特别是有特殊贡献的高层次人才。

(2)娱乐场馆场所的供给弹性系数小于1

这里的娱乐场馆场所主要包括运动馆、健身房等,因为从生产技术和管理的角度讲,这类要素的生产周期长,技术含量高,其价格发生变化后,调整生产、增加供给的难度大,因此其供给弹性小于1,这意味着其供给变动的幅度比价格变动幅度小。故应注意统筹规划,对场馆场所进行合理布局,避免日后的闲置和浪费。

(3)一般运动器材的供给弹性系数大于1

这里的一般运动器材主要包括球类、运动服饰、健身器材等生产周期短、技术含量相对较低而价格又不是很高的休闲体育产品。从生产的技术和管理的角度讲,当这些要素的价格变化后,调整生产的难度较小,其产量可以以高于价格变化的速度变动,因此,一般运动器材的供给弹性系数是大于1的。

3.休闲体育产品生产要素的替代弹性较大

休闲体育产品生产要素的替代弹性是指休闲体育产品的一种生产要素的价格变化后,它与另一种生产要素相互替代的变动率。大部分休闲体育产品的生产要素的替代具有较大的弹性,当一种生产要素的价格变化后,可完全由另一种要素来替代。例如,如果健身器材、健身房租用费用等价格过高,人们可能会使用一般的运动器材,或进行徒手运动,如跑步、散步、练气功、打太极拳等,这一特征则充分表明,健身器材、健身房等生产要素的提供者,在制定产品的价格策略时,不能将这些要素的价格定得过高,否则会产生"为渊驱鱼"的后果,迫使消费者使用价格较低的替代品。

4.休闲体育产品具有最终产品的性质

一方面,休闲体育产品是包含了劳务形态的产品,其价值很大一部分由活劳动的消耗构成,投入品如运动器械等在该行业中所占的比重较小,因此,它具有中间投入率小的特点;另一方面,休闲体育产品被其他产业作为投入品(原料)的比例小,人们购买休闲体育产品,一般是出于满足最终消费的需要,故休闲体育产品具有最终产品的性质。

四、休闲体育产业的功能

作为一种新兴产业和朝阳产业,休闲体育产业的功能与作用可以从多个方面体现出来。休闲体育的内容包含在休闲体育产业中,因此休闲体育的功能也是休闲体育产业所具有的功能。此外,作为一种产业,经济功能也是休闲体育产业的重要功能。

(一)健身功能

实践证明,在闲暇时间经常进行休闲体育活动是保持身体健康、强健身体的一项有效措施。随着年龄的逐渐增长,人体会出现各种老化现象,随之而来的就是各种疾病的产生。研究发现,动脉硬化在脑力劳动者中发生概率为 14.5％,在体力劳动者中仅为 1.3％。我国传统的养生学一直都非常强调运动对于人体的重要作用。有研究者对长期参加跑步的 40 名中老年人研究发现,他们的发病率一般都很低,心肺退行性变化推迟 10 年甚至更长时间。正是由于平时坚持参加适宜的长跑运动,才显著改善了心肺功能,调节了身心。

随着社会的不断发展,"职业病"和"文明病"逐渐增多,人们越来越意识到身体健康的重要性,"生命在于运动"的观念逐渐被人们所普遍接受。在日常的工作生活中,人们开始逐渐重视休闲体育的功能与作用,在空闲时间里参与各种休闲体育活动,以此来弥补或消除由于缺乏运动所造成的负面影响。通过参与这些内容丰富、形式多样的休闲体育活动,人们能够获得健康的身体与愉悦的心情,而作为一种能够保持并提高健康水平的体育运动,休闲体育活动是最积极、最有益、最愉快的休闲方式之一。

休闲体育之所以不断受到人们的重视,同其自身所具备的特点密切相关。总体来说,我国的竞技体育、学校体育、群众体育的发展或多或少都带有一定的强制性,而实践则要求过去的封闭体育向开放体育过度、计划体育向市场体育转型。面对这种情况,"终身体育"与"健康第一"的观念逐渐被人们所认可并接受。"终身体育"的理论与观念之所以能被人们广泛接受,与人们对于健康的需求密不可分,它作为一种理论基础,对人们健身意识的提高具有积极的推动作用。此外,通过人们的实践,休闲体育以其趣味性与娱乐性吸引着大众的目光,从而促使人们产生了强烈的休闲体育健身的欲望。

作为一种丰富人们精神文化生活的运动,休闲体育运动具有重要的作用。它能够发散人们多余的精力,消除疲劳;净化人们的情感,缓解心理的压力;使人们回报社会,获得更多的成功感和满足感;提高人们人际交往以及社会适应能力等。除此以外,休闲体育活动的内容繁多,形式多样,并不需要有高规格的场地设施与器械,对技术动作也没有硬性的要求,可以进行自娱自乐,也可以与群众互动参与。在参与休闲体育的过程中,没有身份、地位的分别,也没有职业、性别以及年龄的分别,每个人都能够从中获得休闲的乐趣,具有愉悦身心的作用。对休闲体育的参与有助于人们摆脱以工作为中心的单调生活,更好地感受生命的意义与价值,享受生活的乐趣,从而为终身体育的推广和普及创造良好的基础。

(二)文化功能

文化功能是休闲体育产业的重要功能之一,主要表现如下。

1. 促进观念的改变

休闲体育本身所具有的休闲、娱乐、健身等价值能够在休闲体育产业中充分展示出来,这些价值有利于人们对休闲体育能够提高人们生活质量这一重要意义的深入认识,有利于促进人们文化观念的改变,对人们传统的体育意识进行有效的引导,进而对人们积极参与休闲体育消费的行为给予正确的引导,这在客观上对体育经济的发展起到了推动作用。

休闲体育产业能够将健身、娱乐、休闲、教育等休闲体育的文化价值展现出来,同时,休闲体育设备本身所具有的艺术价值也可以在产业中体现出来,这就有利于吸引更多的民众,使其自觉积极地参与到体育休闲活动中来。在人民群众中,有些人的休闲体育文化价值观是相近的,甚至是相同的,这些人在受到休闲体育文化价值的吸引和诱导后,就会对某些具体的休闲体育项目产生认同并达成共识,而且他们对休闲体育文化认识不足或肤浅的现象也会因此而得到改变,这些人共同的休闲体育消费倾向就会由此而形成,这对休闲体育及其相关产品的市场份额的扩大,规模经济的形成,体育产业市场的扩大以及社会经济的发展都是十分有利的。

2.促进人们生活的丰富

人类在对物质文明进行创造的过程中,也在对精神文明不断进行创造。随着社会文化的日益发展,人们在对物质生活加以享受的同时,也对精神文化生活尽情地享受着。文化生活的内容是多姿多彩,十分丰富的,作为一种社会文化,体育具有一定的文化韵味,休闲体育同样也是如此。人们对娱乐性、消遣性精神生活的需求能够在休闲体育中得到满足,人们对美的需求也可以通过休闲体育得到满足,进而,人们自我发展的需求同样可以得到满足。

休闲体育产业是组成社会文化生活的一个重要部分,其可以将丰富多彩的活动内容和方式提供给人们。人们的空闲时间在不断增加,休闲体育产业可以将更多的选择和机会提供给他们,使他们能够对余暇时间进行更为自由与充实的安排。在我国,人们不仅致力于社会主义物质文明的建设,同时也对社会主义精神文明建设进行大力提倡。休闲体育能够促进人的精神素养的提高,使人的文化知识不断增长,审美意识不断增强,促进人的整体素质的全面提高。在休闲时间参加体育活动,不但可以使人们的业余文化生活变得丰富多彩,而且对社会主义精神文明建设也有积极的促进作用。

(三)经济功能

1.提供就业机会

休闲体育产业的发展能够将更多的就业机会提供给社会,从而对现代社会中就业难的问题进行有效的改善。在一定的社会经济条件下,劳动者从事生产经营活动或非经营性工作,并且得到了报酬,这就是就业。实质上,就业就是人们为了满足自己在物质和精神方面的需求,通过特定的方式参与到社会劳动中。社会上普遍存在一系列与就业相关的问题,这些问题直接影响了经济的发展和社会的稳定,也影响了和谐社会的构建。我国要加紧解决就业问题,以此来改善劳动者的生存与发展现状,并且使社会的稳定得到一定的保障。休闲体育产业涉及了十分广泛的内容,而且它属于一种综合性产业部门,既具服务性,又具生产性,体育休闲产业的发展必然会对相关行业的发展起到积极的带动作用,从而使各行各业对不同类型的劳动者提出了需求,为社会提供大量的就业机会。

2.刺激健康消费

健康的生活方式是现代社会所积极倡导的,而休闲体育自从产生之后就和一些体育活动方式有着密切的关系,这些活动方式不仅丰富多彩,而且有益于身心健康,如登山、徒步旅行、钓鱼、健身等,参加这些活动不仅能够使人们休闲与娱乐的需求得到满足,而且对人们的身心健康也是十分有利的。因此,作为人们休闲方式的主要形式,休闲体育已经融入现代社会的方方面面。休闲体育产业的发展能够将更多的健康生活方式提供给人们,将更多的休闲体育消费选择提供给人们,并对人们在休闲体育产业方面的健康消费进行积极的引导。

现阶段,我国的生产力水平高度发展,经济在持续稳定地增长,人民群众的收入也在逐渐增加,经过多年的积累与发展,人们的消费潜力已十分巨大。与此同时,人们有了越来越多的假期,因此闲暇时间也就增多了,这就意味着人们有更多的时间消费了,而且消费的空间也扩大了。消费时间与空间的增加与扩大为人们进行休闲体育消费提供了基础与便利。

随着我国与世界其他国家交流的密切,人们的视野会变得不断开阔,传统的消费观念与生活方式也会有一定的转变,进而也会导致消费需求的变化。人们基本的生存问题已经得到了解决与改善,现阶段人们追求的重点需求主要体现在精神层面,自愿花钱增长见识、买健康的人越来越多。而休闲体育产业是与当前国内市场需求最适应,最能促进国内消费不断扩大的新兴产业。所以促进休闲体育产业的发展能够成为使内需不断扩大的突破口。

人们都知道这样的经济学常识,消费由生产决定,但生产的最终目的还是消费。随着工业生产的快速发展,通过第二产业的发展供应大量生活资料的能力有了很大程度的提高,人们的日常消费品变得极其丰富,但因为我国有一个重要的现实问题就是人口众多,所以不可能对人们无节制的物质消费不断进行刺激。在这种情况下,有一个比较合理的可行的选择就是对人们以精神消费为主的休闲体育消费进行积极的倡导。由于人们的精神需求会在基本物质需求满足后上升为主要消费目标,所以精神产品的消费有着很大的发展空间。

第二节　休闲体育产业体系构成

一、休闲体育产业产生与发展的条件

(一)现代消费价值观的建立

美国是最早产生消费社会的国家。马斯洛需要理论的基本观点是,人的需要具有五个不同的层次,即生理需要、安全需要、社会需要、尊重需要和自我实现需要。这五个层次的需要是有级别划分的。对于大多数人,尤其是理性的人而言,在衣食住行等基本需要得到满足之后,对休闲、娱乐等精神享受方面的需求必然会增加,人们会在休闲消费中投入自身的财力与时间,这是一种毋庸置疑的必然现象。这时,如果对大量的物质产品特别是生活必需品进行生产,就会导致供过于求的现象出现。

人的精神需求主要表现在两个方面,一方面是人实现自身自由价值的需要,另一方面是对按照现有社会关系进行结构化、等级化的符号编码的精神产品的需要。^① 这两个方面的消费有利于人们社会地位的提高,有利于人们实现自我价值程度的加强,也就是说,进行这两方面的消费,人们会有一种消费档次或品位提高的意识。起初,人们认为追求奢侈品的消费是一种时尚,是一种提高自身品位与社会地位的手段,久而久之,人们在习惯消费奢侈品后,就会把它当作是一种生活必需品,从而将其纳入到休闲消费品的范围中。人们追求奢侈品,不是为了满足基本的生理需求,也不是为了满足基本的生活需要,而是为了将自我或自我价值表现出来。

现代社会中,人们的消费观已经上升为一种价值哲学或价值观。人们对休闲体育消费品的需求也是对这种价值观加以遵循的结果。所以,休闲体育商业性服务和消费品在类别、等级上都有不同的划分,与此同时,在休闲体育消费品的划分中,也有一些以品牌为依据的划分形式,表现在商业性服务中,就是以档次为依据对其进行划分。不同的人,其所处的阶段与阶层也是有区别的,他们标示自己所处的阶层与地位时,需要通过对不同层次的消费品的运用来标示。也就是说,不同档次与品牌的消费品,代表了不同阶层的人。有时候,即使是同一个档次与品牌的消费品的消费者,其社会阶层

---

① 谢卫.休闲体育概论[M].成都:四川大学出版社,2014.

与地位也是有区别的。以高尔夫球俱乐部的会员为例进行说明,人们需要花费很多钱才可以有资格进入高尔夫球俱乐部,但是人们交纳的会费也是分等级的。交纳会员费少的会员,他们所享受的设施、教练等服务与交纳很高会费的会员是不同的。从表面来看,消费者花钱消费休闲体育产品或服务,这是花钱买健康的观念使然,但是在消费者看来,他们不仅在买健康,也在通过这一手段将自己所属阶层的文化观念宣示给他人看。[①]

(二)休闲体育的产生和发展是个体自由本质实现的需要

在古代,因为社会生产力水平极其低下,人们要想生存,单靠个体的力量是远远不够的,所以他们需要依赖集体的力量。然而,对个体的抑制与牺牲是集体存在和发展的主要手段。对个体来说,其自身发展的过程就是不断弘扬和强化自身主体性的过程,就是其生活不断丰富多样化以及系统整体化的过程,就是其才能不断得到突破,充分体现自身本质力量以及创造性的过程。

人的主体性需要主要有两个方面,即积极主体性需要和消极主体性需要。其中,人的主观能动性、积极性以及创造性是积极主体性需要的具体体现。个体的舒适、信仰、安全、公平、善恶、尊严、个性以及自由等是消极主体性需要的具体体现。因为人的存在与发展中,一定会有生产和消费行为,所以,生产需要主要体现为人的积极主体性需要。实质上,对消费的需要是消极主体性需要的本质。人们的消费行为,不仅是要满足自己的基本生存,也是为了实现自身的"自由"这一重要的人本属性。因此说,人们幸福的前提条件就是实现自由。

然而,对自由与幸福的绝对享有在现实中是不可能实现的,所以人们就会把这一希望寄托在艺术和体育上。人们为了获得自由而参与休闲活动,主要参与形式就是艺术活动和体育活动。就体育来说,其有着丰富多彩的形式,不仅有奥运会中正式的比赛项目,而且还有很多民间体育活动。

(三)市场经济体制是前提条件

休闲体育产业的产生经历了休闲体育活动的产生与发展这一基础阶段,这与现代市场经济发展的逻辑是相符合的。与其他一般产业部门一样,利润最大化是提供休闲体育产品的企业追求的目标。休闲体育服务劳动分工是产生休闲体育产业的基础。反过来,休闲体育产业能够促进休闲体育地域分工和服务劳动的不断深化,能够对休闲体育经济的发展提供支撑与

---

① 杨铁黎,苏义民.休闲体育产业概论[M].北京:高等教育出版社,2011.

导向作用。

休闲体育产业只有在市场经济体制下才能将自身真正的产业特点体现出来。要永无休止地使资本增值,这是众所周知的道理,休闲体育资本同样也是如此,休闲体育产业及经济的发展也需要资本的不断增值。休闲体育资本增值的主要表现是,在休闲体育的广阔领域中对投资与融资的机会进行寻找,以此来对更大的价值量进行获取。休闲体育资本在某种意义上是一个巨大的开放系统,它将休闲体育融入其中。从一定程度上来说,它也是一种导向力量,促进休闲体育经济结构转变的实现。

(四)休闲时间充裕与收入的增加

休闲是物质生产过程以外的活动,社会生产力的发展程度直接决定了休闲时间的多少。在不同的社会发展时期,休闲时间的差异主要由生产力的发展水平决定。在资本主义社会之前,社会的生存与发展要想得到良好的维持,就需要有大量的人和大量的时间,人们利用这些时间去耕作、采集与狩猎,这是社会生存所必需的。因此人们几乎没有闲暇时间来享受休闲的生活方式,休闲消费也就很少了,只有帝王将相和皇宫贵族才有多余的时间来过休闲的生活。

在工业革命之后,劳动生产效率因为使用了蒸汽机等动力机械而得到了大大的提高,这就极大地促进了人们生活必需品的多样性与丰富性,这时,人们可以不必把所有的时间都用于劳动,可以抽出一部分时间来参与休闲活动。然而,当时在资本主义原始积累的情况下,人们每天的工作时间长达十几个小时,闲暇时间很少,因此休闲消费依然得不到发展。

现在,社会生产力水平不断提高,人们的生活水平也在提高,收入在不断增加,产业结构和产品结构也在不断优化,有大量的多种多样的物质产品与精神文化产品能够供人们消费,这就明显地促进了休闲消费的发展。所以说,生产力水平与经济水平提高、收入增长是导致休闲消费发展的主要原因。作为众多休闲方式之一,休闲体育也随着休闲消费的大量出现而逐渐发展起来了。

二、休闲体育产业体系的构建

休闲体育产业作为休闲产业的一个组成部分,主要包括休闲体育用品产业和休闲体育服务产业两大部分(图 9-2)。

图 9-2

休闲体育用品产业主要是指那些为了实现休闲体育活动的开展而从事休闲体育用品、设备、设施、服装鞋帽生产的组织集合。

休闲体育服务产业由体育赛事产业、体育健身产业和体育旅游产业构成。

体育赛事产业是指那些为满足人们休闲体育需求提供体育竞赛表演等观赏型产品组织的集合。

体育健身产业是指那些为满足人们休闲体育需求提供各种户内外健身产品组织的集合。

体育旅游产业是指那些为满足人们休闲体育需求提供以体育运动为主要内容的旅游产品组织的集合。

第三节　休闲体育产业的经营模式

随着现代社会的快速发展,休闲体育已成为现代社会主体重要的休闲方式,人们在休闲时间参与体育运动的意识逐步增强,未来休闲体育运动人口也将不断增加。因此,在休闲体育文化及产业形成与发展的背景下,对休闲体育产业的经营模式进行不断研究与创新,是非常重要的。就目前来看,我国现阶段的休闲体育产业经营模式主要有以下几种。

一、国家休闲体育发展事业型经营模式

国家休闲体育发展事业型经营模式是一种和健康体育经营融为一体,将休闲体育纳入人类文化范畴思想指导下形成的经营模式。它的所有投入全部由国家负担,所有支出同样还是全部由国家负担。它追求的最高目标不含有任何的经济目的,而旨在提高人们的日常生活质量。例如,公园、市民广场和居民区花园等,提供给人们一个优美的休闲体育活动环境。

二、社会休闲体育福利事业型经营模式

社会休闲体育福利事业型经营模式是一种以社会赞助、社会集资为主要经济来源的模式。它追求的最高目标同样是提高人们的日常生活质量。但提出了人们应该自己参与创造的经营观念。即"社会（企业）大赞助、国家小投入、人人出钱为人人"的经营模式。提倡经营管理者（指导员、管理员等）的无私奉献精神。

三、事业型休闲体育的产业化经营模式

事业型休闲体育的产业化经营模式是我国处于社会经济发展特殊时期，提出的一种新的经营模式。它追求的最高目标仍然是提高人们的日常生活质量。前期投入仍然由国家或社会承担，但后期维持正常运转的经费则必须通过经营来获得。日本的社区经济学家最近提出了"无私奉献不是无偿奉献"的新观点，为"事业"经营的有偿化奠定了理论基础。这还在讨论中，有待于进一步完善的休闲体育经营模式的诞生。

四、政府主导的休闲体育产业经营模式

政府主导的休闲体育产业经营模式是我国在大力发展社区工作时期提出的。这种经营模式，特别强调政府在全部过程中的主导作用。前期投入主要由政府负责。后期经营主要由政府负责。过程管理主要由政府负责。需要说明的是，它突出强调的是"主要"而不是"全部"。实际是利用行政手段加以调控或进行干预的一种经营模式。这种经营模式或多或少的带有强制性和行政管理的功能色彩。

五、商业化的休闲体育产业经营模式

商业化的休闲体育产业经营模式是在市场经济条件下形成的一种模式。它的投入全部由经营者承担，追求的最高目标是企业获取的经济利益。虽然从理论上分析，它同样也在提高人们的生活质量中发挥着积极的作用。但这种生活质量的提高是以物质交换形式进行的，一旦离开了物质基础，也就离开了提高了的生活质量。因而带有浓厚的商业色彩和"铜臭"味道。但我们必须承认商业化的休闲体育产业经营，将人们对什么是高质量休闲体

育生活的理解,提高到了一个新的高度。

以上几种模式的主要经营目的是提高人民的生活质量和水平,减轻国家负担,合理、有效地利用资源,构造和谐社区。当然,不能利用同一模式,不同的省份和地区要因地制宜,从本地区的实际情况出发,选择适合本地区的经营模式。

第四节　休闲体育产业的市场营销

一、休闲体育产业市场营销的特点

在休闲体育领域,休闲体育文化产业的市场营销方式有很多种,总体而言,这些营销方式都表现出以下几个方面的特点。

(一)全局性

任何一种企业的市场营销战略都是体现该企业发展需要和利益的。例如,怎样预测今后一段时期内休闲体育市场需求发展的变化趋势,并做出相应的对策,发展出一种新的项目和活动内容,推出某些新的服务,这关系到休闲体育行业的发展,这种市场营销的战略决策具有全局性的特点。当然,全局又是由它的一切局部有机地构成的,因此照顾各个局部之间的关系也是战略决策的一项重要任务。

(二)长期性

企业的战略着眼于未来,要指导和影响之后相当长的一个时期。对于任何一个休闲体育企业而言,当前的经济利益虽然重要,但不能只顾眼前的利益,更要重视长远的利益。当然,未来又是以当前为出发点的,任何未来的发展都要以当前为依据和前提。因此,立足当前,放眼未来,协调当前与未来发展的关系,是市场营销决策的关键所在。

(三)系统性

系统性指的是企业各个方面的问题是一个彼此紧密配合的有机联系的整体。系统有层次之分,又有主次和大小之分。对于各种不同层次以及各部门系统的战略,它只能是整体系统战略的一个局部,局部就要服务于全局。对于休闲体育企业内部而言,应该将整个企业的战略作为一个整体系统工程来统筹制定,要争取整体发展效益的最大化。

(四)灵活性

休闲体育企业的营销受到外部环境和内部环境的综合影响。当外部环境产生变化时(如市场需求、政治或经济形势变化、政策与法令变更等),应该不失时机地进行相应的战略调整。企业的内部条件变化也会对市场营销产生影响。战略决策应该适应内外环境变化,对变化做出灵敏而又具创造性的反应。企业战略是以现在为基础而对将来做出的决策,是积极地和有准备地迎接未来挑战的决策。

(五)风险性

任何一种营销决策都不可能是在信息绝对充分的条件下做出的,都是对未来所做的预计性决策,所以具有一定的风险性。由于环境的多变性、复杂性以及企业自身条件的不断变化,使得任何战略决策都具有不确定性和瞬时性的特点。某个机会的价值大小常常取决于企业当时的地位、实力以及素质条件,很多机会常常是瞬时即逝的。机会和风险常常是可以互相转化的,只有及时抓住机遇,抢得先机,才能得到应有的回报。

此外,休闲体育企业的经营管理还应包括市场调研、市场信息的收集与管理和市场预测,市场营销战略、价格和促销策略的制定,市场开发、营销组织与计划和市场营销服务等工作。

二、休闲体育文化产业的营销策略

要想促进休闲体育文化的发展,掌握一定的营销策略是非常重要的。在休闲体育产业发展领域,4P营销策略最为常用,所谓的4P营销策略指的是产品策略(Product)、价格策略(Price)、分销策略(Place)以及促销策略(Promotion)组合而成的市场营销策略。市场营销策略以消费者的需求为出发点,依据市场调研获得消费需求量以及购买力信息,企业利用产品营销策略使其产品供给消费群体。

(一)产品策略

休闲体育产品设计集休闲健身娱乐和体验参与性于一体,设计的休闲体育产品要符合市场需求。休闲体育产品设计还应该充分考虑产品的整体性,即核心产品、形式产品以及附加产品的设计。核心产品指的是消费者购买该种产品时所追求的基本效用和利益,是消费者真正想要的东西,在产品的整体概念中是最基本、最主要的部分。休闲体育核心产品的载体和具体表现形式就是向消费者提供的实体产品,如全球知名高尔夫球具品牌 Callaway(卡拉威),它以向高尔夫爱好者提供各种高品质用品和服务而闻名。当人们一提到卡拉威这个品牌的时候,就会联想到高尔夫运动带给人们的高品质、优雅、畅快的运动体验,从而给消费者一种核心利益的满足感。附加产品指的是顾客购买有形产品时所获得的全部附加服务与利益,包括提供信贷、分期付款方式、包装、送货、安装、售后服务等。例如,许多高尔夫球具生产商提供的球具包都非常精美别致,还赠送一些纪念品,有时还会推出一些著名高球选手签名的限量球具,使得产品附加值增加,消费者在购买后不仅获得很大的满足感,同时还具有一定的收藏价值。

休闲体育产品要立足市场就必须树立自己的品牌形象。对于体育品牌而言,企业产品知名度的提升要依靠培育品牌竞争力,打造休闲体育品牌首先就要树立产品的良好品质和独特性。只有如此,产品才能占领目标消费市场,获得消费者的良好口碑。

产品组合策略指的是企业根据市场状况、自身资源条件以及竞争态势对产品组合的宽度、广度、深度与关联度进行不同的组合。主要包括产品项目的增加、调整或剔除,产品线的增加、延伸和淘汰,以及产品线之间关联度的加强和简化等。休闲体育企业提供的产品与服务就是综合产品组合,休闲体育企业产品的宽度、广度、深度和关联度的有效组合既产生良好的经济效益,同时也能满足不同休闲体育消费者的需求。例如,健身俱乐部的健身课程与不同的服务项目、不同的服务人员以及不同的服务时间的组合可以形成不同的产品;不同种类会员卡的设计,如年卡、半年卡、情侣卡、老年卡等,运用不同的项目组合、时间段及价位来区隔不同的产品。面对顾客有更多个性化、多元化的需求时,应该着重研究目标顾客的特点,提供相应的产品,这是服务营销的首要任务。

休闲体育产品的生命周期指的是产品的市场寿命即产品从进入市场开始直到最终退出市场为止所经历的市场生命循环过程。产品要经过研发、试销后才能够投入市场,一般分为导入、成长、成熟与衰退四个时期。

1. 导入期

导入期是休闲体育新产品刚投入市场的时期,这时候顾客对产品还不了解,产品产量低,制造成本高,广告投入高,同时产品售价较高、销量较低,休闲体育企业几乎不能获得利润,甚至可能出现亏损。此时主要采取的营销策略应该是进行大量的广告宣传,加大产品的推广力度。

2.成长期

休闲体育产品投放市场成功后,便进入了成长期。此时,顾客对产品已经非常熟悉,广告投放也初具成效。大量的消费者开始购买产品,市场逐步扩大。由于休闲体育产品的规模化生产,休闲体育企业的生产成本相对降低,利润上升。在利润的驱动下,竞争者纷纷进入以求分得一杯羹。同类产品供给量增加,导致市场竞争加剧,市场销售量趋于饱和,利润达到最高点。这时候采取的营销策略应该是市场调整策略。

3.成熟期

经过上述两个时期之后,包括竞争对手在内的各种相似休闲体育产品纷纷进入市场,消费者对休闲体育产品已经非常熟悉,潜在的客户已经基本显现,市场需求逐渐饱和,销售量和利润由上升到达顶点并开始衰退,产品销量逐渐开始由盛转衰。此时采取的营销策略为:开发新的目标市场,寻求新顾客;产品调整策略,通过产品自身的调整来满足顾客的不同需要,并且吸引更多的顾客购买,使得销量继续得以保持;营销组合调整,通过对产品、定价、渠道和促销四个因素的组合进行调整,从而有效刺激销量的增长。

4.衰退期

进入衰退期后,此时期休闲体育产品过于老旧不能适应市场需求,开始逐步被市场淘汰,该时期的主要特点是:需求量萎缩,销量和利润逐渐下降。可采取的营销策略有:维持策略,直至该产品自然退出市场;集中策略,集中力量于细分市场和分销渠道上,尽可能多的创造利润,缩短产品推出市场的时间;收缩策略,降低促销费用以维持利润;放弃策略,果断放弃经营。休闲体育产品都有一个生命循环周期,休闲体育企业应该注重新产品的开发。

(二)价格策略

休闲体育企业的产品和服务最终会以价格的形式销售出去,而这个价格是买卖双方都愿意接受的价格。价格策略一方面决定着市场的供给和需求,另一方面也影响着企业的利润多少以及竞争力的大小。因此,价格策略在营销组合策略中具有非常重要的作用。价格受到产品成本、市场需求、竞争状况、消费者心理、政策法规等多方因素的影响,正确认识这些影响价格的因素有助于休闲体育企业对自身产品做出合理的定价。

定价方法包括成本导向定价法、竞争导向定价法以及需求导向定价法三种。成本导向定价法就是在产品的成本上附加一定的利润得到的价格,主要包括利润导向定价和政府控制定价。竞争导向定价法是以市场上主要对手的同类产品的价格为依据的一种定价方法,包括随行就市和竞争性定价两种。需求导向定价法就是以不同时间、地点、产品以及消费需求强度的差别为定价的依据,针对每种差异决定在基础价格上是加价还是减价。

市场定价策略较多,从各种视角可归纳总结出不同的定价策略,主要有高价位定价、折扣定价、差别定价、心理定价。高价位定价适合于具有知名度较高的企业,当消费者把高质量与高价格联系在一起时适宜使用该策略;差别定价就是根据顾客需求的不同而制定不同的价格,这些差异包含了地区差异、产品和服务品种差异、顾客支付能力差异、运输差异等;折扣定价就是企业通过折扣来促进消费和生产,降低库存,加快资金周转,减少坏账损失,促进产品推广;心理定价指企业能把握消费者心理需求特征,制定出适合顾客心理的价格,从而激发消费者购买欲望,引发顾客购买行为。其中的招徕价格就是通过低价招揽首次消费的顾客感受此类产品,借此激发消费者的后续消费。

(三)分销策略

休闲体育企业生产出来的产品一般不直接销售给消费者,而是需要透过一定的销售渠道才能到达消费者的手里,休闲体育产品的销售群体主要包括制造商、经销商、批发商、零售商以及体育市场的推广机构与消费者。这一通道可以直接也可以间接,可长可短,视企业的自身情况和具体商品等多种因素而定。

根据休闲体育产品的需要,销售渠道可以分为直接渠道与间接渠道。直接渠道指的是休闲体育产品生产者直接把产品出售给最终消费者的分销渠道。直接渠道减少了中间环节,节约了流通费用,而且产销直接见面,生产者能够及时了解消费者的市场需求变化,有利于企业及时调整产品结构,做出相应的决策。直接渠道的具体销售形式有接受用户订货、设店销售、上门推销、电子手段销售等。间接渠道指的是休闲体育产品生产者通过流通领域的中间环节把产品销售给消费者的渠道。间接渠道是社会分工的结果,通过专业化分工使得商品的销售工作简单化,中间商的介入分担了生产者的经营风险。借助于中间环节,可增加商品销售的覆盖面,有利于扩大商品市场占有率。但中间环节太多,会增加商品的经营成本。

休闲体育企业决定了采用怎样的销售渠道后,就需要对渠道的成员进行协调和控制,要采用适当的办法激励中间商并处理好与他们的关系,并对渠道成员的工作业绩进行评估,最后对渠道成员进行适当调整。休闲体育企业在确定了中间商后,为了达到既定的营销目标、激发中间商的积极性、加强中间商与自己的合作,就要采取各种不同的措施对中间商予以激励,使得企业和中间商之间形成一种良性互动关系,建立荣辱与共的长期合作关系,使得整体利益最大化。休闲体育企业激励中间商的方法很多,如为中间商提供较为成熟的商业模式,提高分销利润,给予促销支持,定期提供免费商业培训与提供融资和信息支持等。

休闲体育生产商通过系统化、科学化的手段和措施对渠道成员的履约情况、经营水平等要进行客观考核和评价,有助于鼓励勇于开拓进取的中间商,警示业绩落后的中间商。评估的内容包括渠道成员的管理水平及信用度、销售额和销售增长率、库存水平、对顾客的服务质量、促销活动等。通过综合评估分析,休闲体育生产商得到市场反馈信息以及有关经营中的问题,及时采取相应改进措施,调整分销渠道的数量和种类,使得企业和销售渠道保持足够的市场竞争力。

(四)促销策略

休闲体育企业不仅要开发和生产市场需要的产品,制定有吸引力的价格,通过适当的销售渠道使得目标顾客获得产品,还应该使企业与中间商、消费者之间保持良好的接触。这就要求企业选择适当的促销手段与方式,如广告、销售促进、推销与公共关系等各种促销组合方式。促销的作用是生产厂家把产品信息通过各种渠道推广出去,使得目标顾客了解产品,激发其购买欲,最终实现销售产品的目的。

休闲体育企业可以根据自身情况选择不同的促销组合以使促销达到最佳效果。促销组合策略大体分为推式策略和拉式策略两种,推式策略主要是侧重运用人员推销和营业推广的方式,把产品的生产企业推向中间商,再由中间商推向市场。此方式的促销信息和产品流向是同方向的,适合于目标市场比较集中、流通环节较少、流通渠道较短的产品。拉式策略主要靠广告和招商等方式,休闲体育企业不直接向中间商做广告和推广,而是直接面向市场做广告以此刺激顾客的购买欲,引导和促使顾客消费,购买此类产品的顾客增多后,就会使中间商主动去联系生产企业订货。拉式策略适合于目标市场需求量大且相对分散、流通环节较多、流通渠道较长的产品。

不管休闲体育企业选择哪种策略,企业营销策略都应该符合企业产品自身特点,顺应消费者需求和兴趣,同时适应行业的特性。只有这样,才能取得事半功倍的效果。休闲体育消费者对不同类型的产品具有不同的购买动机并由此导致不同的购买行为,因此企业要针对不同类型产品使用相应的促销方式。例如,在高档写字楼和高档公寓电梯入口处可以做一些高端健身俱乐部的促销广告;而对一些价格高、购买手续复杂、涉及售后服务要求较高的产品则应该以人员推销为主要方式。

第十章　体育健身休闲产业的运作
与管理研究

　　体育健身休闲产业是体育休闲产业最为重要的一个组成部分,在促进体育休闲产业发展和刺激体育经济收入增长方面发挥了重要的作用。本章对体育健身休闲产业的基本理论进行系统论述,详细阐述了体育健身休闲产业的概念、起源、发展与特点,在此基础上,就国内外体育健身休闲产业发展的现状进行了深入分析,并就体育健身休闲产业运作与管理的基本策略进行了重点研究,旨在为现阶段促进我国体育健身休闲产业的科学化运作与管理提供理论指导。

第一节　体育健身休闲产业基本理论

一、体育健身休闲产业的概念

　　体育健身休闲产业是一个相对比较新的产业,对其展开的理论研究相对较少,目前,关于体育健身休闲产业的概念,学术界还没有统一的描述,对体育健身休闲产业概念的研究还在继续深化。

　　现阶段,作为体育健身休闲产业的一个热点产业,国内外学者对体育健身休闲产业进行了很多研究,对其概念研究主要有以下几种代表性的观点。

　　(1)体育健身休闲产业是指向消费者提供身体锻炼、康复保健、娱乐休闲等体育消费所需要的场地、器材、技术指导及相关服务的服务部门。

　　(2)体育健身休闲产业是指以非实物形式向社会提供健身娱乐服务的单位和个人的结合,包括健身娱乐服务、健身技能培训、辅导和咨询、体质测试和健康评估、体育康复等。

　　(3)体育健身休闲产业是为消费者提高健身水平与增强体质服务的产业。体育健身休闲产业包括向社会提供体育服务的服务部门、包括提供有形物体与物质产品的生产部门。

　　(4)体育健身休闲产业是指为消费者提供健身、健美、康复所需要的场地、器材、技术服务的行业,它包括营利性和公益性两大部分。营利性体育健身休闲产业以体育健身为经营范围,其目的是追求利润最大化,体育健身俱乐部是其主要构成内容。公益性体育健身休闲产业运作的主要目的是满足人们最基本的体育健身需求,在人们体育健康活动参与方面追求社会公平,政府和非营利组织提供的全民健身工程、体育健身指导站是其主要组成内容。

(5)体育健身休闲产业是指商业化经营的体育健身活动范畴,该产业能够进入市场实行。其主要包括商业运作的健身休闲娱乐、健身知识辅导、体育康复训练、体育健身场馆等。

(6)体育健身休闲产业是指为满足人们健身、娱乐、休闲需要,从事体育生产和经营服务的各类体育组织。

上述观点,研究角度不同,强调重点不同,表述也各不相同。这些观点对于当前全方位、系统性地认识体育健身休闲产业具有重要的指导和启发意义,具有可借鉴的内容和价值

从经济学的观点来看,体育健身休闲产业是体育产业的一种,而体育产业是产业的一种特殊形式。作为一种产业,应具备两个基本特点,首先,从需求的角度来看,产业是一种产品和服务集合,这些产品和服务之间属于同类,或密切相关,或相互竞争,或可相互替代的关系;其次,从供应角度来看,产业是物质生产活动或具有经济性质的服务活动的集合,这些活动具有生产技术、生产过程、生产工艺等特征。

结合产业的基本特点和不同学者对体育健身休闲产业的概念描述,可以从以下角度来理解体育健身休闲产业,即体育健身休闲产业是一种非实物形态的服务产品的企业或组织集合,这种集合以体育为介质,具有健身、休闲、娱乐的基本特征。

现代体育健身休闲产业的服务产品主要包括以下几个方面的内容,即体育健身锻炼、娱乐休闲服务、健身技能培训、运动营养咨询、健康评估、体育康复与医疗等。

二、体育健身休闲产业的兴起

(一)古代体育健身休闲产业萌芽

体育起源于人类的生产生活,源于捕鱼狩猎之余的游戏活动,这种游戏诞生之初就带有休闲、娱乐的性质和健身、健心的功能。

在体育的发展过程中,无论是从体育游戏到古代体育,还是从近代体育或准现代体育到现代体育形成,体育活动内容都离不开休闲、娱乐的性质,

可以说,休闲始终与体育紧密相连。

1.西方古代体育健身休闲活动

古希腊时期,雅典人就是过着典型的休闲生活的民族。他们以体育为活动内容度过余暇时间。通常情况下,古希腊人多在午前工作,午后聚集到角力场和体操馆锻炼、娱乐、比赛。

中世纪时期,在西方国家,马术、击剑等非正式比赛项目成为人们喜闻乐见的休闲活动内容。

20世纪,以健身为主的场所——青年会(YMCA)开始出现。在午后闲余时间,具有相同体育爱好的人聚集在YMCA中,享受YMCA提供的各种运动场地和设备,开展各种球类、游泳、力量训练等活动。

2.中国古代体育健身休闲活动

我国古代,人们也非常重视闲余时间参加各种体育活动,先人们用他们聪明的才智发明、创造了各种各样、丰富多彩的体育休闲活动,如蹴鞠、赛龙舟、放风筝、荡秋千、登高等。

以中国传统民族民俗体育活动为主要内容的休闲、健身、娱乐活动一直在我国人民群众中占据着十分重要的地位,至今仍具有鲜活的生命力。

严格意义上来讲,无论是东方还是西方,上述体育健身休闲活动尽管已经具有了休闲、娱乐、健身等特点和功能,且有些活动的参与需要付出一定的费用,但是,这一时期,它们只是以体育活动的形式大量存在,并没有发展成为一个完整的产业体系,只能称之为体育健身休闲产业的萌芽。

(二)现代体育健身休闲产业形成

1.西方现代体育健身休闲产业的形成

20世纪50年代以后,以美国为代表的西方国家在社会经济发展方面面临着显著的问题,这些问题直接导致了人们对体育休闲活动的需求的不断增长,并催发了体育健身休闲产业的形成。

体育健身休闲产业的两大诱导因素具体分析如下。

(1)随着科学技术的不断发展,人们工作效率不断提高的同时,生活节奏日益加快,各种"文明病"频发,越来越多的人陷入亚健康状态,这给人们带来了诸多困扰,人们渴望通过休闲娱乐来放松身心、缓解压力、享受工作和学习压力之外的轻松。

(2)科技和生产的进步,促进了社会经济的发展,人们的收入水平有所提升,可支配的闲余时间和金钱都有了较大改善,人们开始追求高质量的生活。从 20 世纪 60 年代开始,观看电影、欣赏音乐剧、酒吧小酌等成为西方国家人们日常生活中的重要组成部分。

正所谓有需求就有市场,美国等发达的资本主义国家的诸多商家都嗅到了人们渴望休闲娱乐的商机,一时间,各种形式的体育健身休闲的场馆、会所应运而生,满足了不同阶层人群的健身、娱乐、休闲需求,同时,在政府的大力支持下,健身休闲体育迅速发展开来。

20 世纪 70 年代,以美国为代表的西方国家的体育健身休闲业就已经初具规模,形成了一门新的产业。

2.中国现代体育健身休闲产业的形成

我国体育健身休闲产业的兴起,大约始于 20 世纪 80 年代。这与我国改革开放的政策有着密切的关系。改革开放之后,体育健身休闲产业在我国得到了快速的发展,这并不是偶然的,有其产生和发展的经济社会环境。改革开放之后,我国具备了体育健身休闲的外部环境,因此,使得体育健身休闲产业得到了快速的发展。

1978 年,我国开始实行对内改革、对外开放政策,发达国家先进的科学技术和管理经验引入国内,西方一些思想观念、生活方式也随之进入到我国人民群众的生活中来。随着改革开放的进行,我国加强了与国际的交流与合作,这在一定程度上促进了休闲体育在我国的传播;改革开放对我国的经济和社会等方面进行了相应的改革,从而使得我国经济社会得到了更好的发展。经济条件、余暇时间、思想意识等方面都得到了一定的发展,因此,体育健身休闲产业在我国广泛地兴起和传播开来。

风靡于 20 世纪 80 年代的健美操运动彻底打开了我国现代体育健身休闲的市场空白。20 世纪 80 年代,好莱坞明星简·方达倡导的有氧健身操传入我国,由于健美操动感十足、节奏明快、健身效果明显,在全国范围内掀起了健美操热潮,与此同时,以舞蹈项目为主的健身房、溜冰场、台球室等体育健身娱乐场所开始在大城市和沿海城市出现,并很快向其他城市推广。

健身操向我国的传入不仅是带来了一种健身方式,更主要的是带来了一种健身观念。[①] 这也为更多的人建立健身意识,更多健身项目的流行,更多的健身场所的开展奠定了基础,我国大众健身运动由此开始兴起,现代体育健身休闲产业开始萌芽并逐步形成。

① 杨铁黎,苏义民.休闲体育产业概论[M].北京:高等教育出版社,2011.

三、体育健身休闲产业的发展历程

(一)国外体育健身休闲产业发展

居民可支配收入增加、人们余暇时间的增多是国外体育健身休闲产业发展的两个重要因素。西方发达国家体育健身休闲产业的发展,大体经历了贵族化、大众化、多元化等几个阶段。以美国为例,具体分析如下。

1.贵族化发展阶段

20世纪70年代以前,网球、高尔夫等运动在美国兴起,由于这些运动属于高档休闲体育产品,因此,参与者多为社会上层的人,而这些运动也成为典型的"贵族运动"。与其他阶层不同,由于具有较高的文化教育水平,社会上层及部分中上层群体选择休闲体育的活动方式、场所、时间及伙伴有着一定的模式化特征。比如,社会上层群体拥有更多的可支配时间、金钱参与高档休闲体育项目,网球、骑马、高尔夫等休闲体育项目几乎成为社会上层和中上层的专利。这一时期,体育健身休闲的贵族化特征明显。

2.大众化发展阶段

20世纪70年代以后,以健身操为代表的有氧运动在美国十分流行,并迅速风靡全球,健身休闲观念和健身休闲运动促进了西方国家的体育健身休闲业的快速发展。

这一时期,普通人群的体育健身休闲需求日益增大,大众健身休闲设施和服务产品大量涌现,大众化特点表现明显。

3.多元化发展阶段

21世纪以后,以美国等西方发达国家为代表,体育健身休闲产业发展迅速,参与休闲体育健身的体育人口不断增多。

(二)我国体育健身休闲产业发展

改革开放的宽松政策环境、国民经济的快速发展、人们健身休闲观念的改变促进了我国体育健身休闲产业的快速发展。

随着改革开放的进行,我国的经济发展水平飞速提高,国民生产总值显著提高,人们生活水平得到了一定程度的改善,我国居民的恩格尔指数也逐渐呈下降趋势。人们用于基本生存的消费比重下降,可支配收入得到了大幅度的提高,这为休闲体育在我国的快速开展提供了必要的经济基础。

思想上的解放是真正促进我国体育健身休闲产业发展的根本原因之一。在改革开放之前,我国施行计划经济,严重地挫伤了人们工作的积极性。而"文化大革命"期间,来自政治环境的压力,更是阻碍了人们参与休闲体育运动的积极性。在"文革"期间,很多体育运动、艺术等都停滞不前,严重影响和禁锢了人们的思想。随着改革开放的进行,人们的思想得到了进一步的解放,人们的个性呈多元化的发展趋势,这为休闲体育的发展提供了思想基础。

我国体育健身休闲产业的发展,从 20 世纪 80 年代初兴起到目前,大体经历了三个阶段。

1. 体育健身休闲产业萌芽阶段(1980—1991 年)

这一阶段是我国体育健身休闲产业的萌芽阶段。1978 年 12 月召开的党的十一届三中全会,做出实行改革开放的决定,工作重心转移到经济建设上来。国家体育系统开始兴办产业。

20 世纪 80 年代初,简·方达的有氧健身操传入我国并很快风靡全国,体育健身休闲活动仍在全国范围内蓬勃开展起来,参与人群越来越多,健身项目年年翻新,青年人玩飞碟、旱冰、迪斯科、呼啦圈,老年人打太极拳等,人们对体育健身场地、体育技能指导、健身知识普及等的需求越来越大。场地、器材租赁开始出现,标志着我国体育健身休闲产业的萌芽。

2. 体育健身休闲产业培育阶段(1992—2001 年)

1992 年元月,邓小平同志提出建立社会主义市场经济的伟大构想,改革开放进一步深入。同年 6 月,中共中央、国务院颁布了《关于加快发展第三产业的决定》,把体育事业划归为第三产业的第三层次,即"为提高科学文化水平和居民素质服务的部门"。

随着改革开放的深化进行,每周五天的工作制逐渐在我国得到了推广和普及,从而使得人们能够自由支配的时间逐渐增多,从而为人们参与休闲体育活动提供了时间保障。另外,随着服务产业的发展以及家用电器等的发展,使得人们从日常家务劳动中解放了出来,使得人们有了更多的闲暇时间。同时,我国的节假日制度也逐渐完善,以上这些因素都使得人们进一步摆脱了工作的束缚,相应的生活和休闲的时间逐渐增多。1995 年 6 月,国务院颁布了《全民健身计划纲要》,国家体育总局推出了第一期全民健身工程。

这一时期,随着我国对外交流逐渐增多,这在一定程度上开阔了国人的眼界,使得人们了解到了如何更好地使用闲暇的时间,也使得现代休闲体育在我国得到了快速的传播。如今,休闲体育产业已经成为我国国民经济的重要组成部分,休闲体育市场呈现出了一派繁荣的景象,台球运动在我国得到了广泛的传播,高尔夫球也在我国逐渐兴起,很多城市都开设了高尔夫球场。一些消费层次较高的体育项目开始进入健身休闲领域,体育作为一种健康投资的意识逐步被人们接受,休闲健身娱乐消费成为一种时尚。体育健身领域初步形成私营、集体、外资及中外合资等多种投资主体并存、高中低档体育服务产品共同竞争的市场格局和单店、连锁等经营模式,我国体育健身休闲产业的产业框架基本形成。

3.体育健身休闲产业成长阶段(2002年至今)

进入21世纪以来,我国人民初步实现了小康,虽然人均国民收入水平与发达国家仍有一定的差距,但是,这一差距正在逐步减小。同时,2001年7月,北京申办第29届奥运会成功,极大地激发了全国人民的体育热情。

2003年中国人均国内生产总值突破1 000美元,居民可支配收入增加,为群众体育健身消费提供了坚实的物质基础。2003年6月,国务院通过了《全民健身条例》,设立了全民健身日,有力地促进和保障了体育事业和体育产业的发展。

2008年,我国成功举办奥运会,全国人民参与体育健身活动的热情高涨。调查数据显示,2008年,我国人均国内生产总值已经超过3 000美元,体育健身休闲产业发展群众、物质基础雄厚。

2015年之后,我国体育健身休闲产业快速发展,随着物质条件的改善、闲暇时间的增多,以及人们思想观念的转变,使得休闲体育呈现出了勃勃发展的势头。

目前,我国全国有体育产业经营性机构两万多家,总投资额超过2 000亿元人民币,年营业额600多亿元。"花钱买健康"正在成为一种时尚。①

在商业发展的促进下,休闲体育产业得到了快速发展,使得人们的运动消费观念逐渐确立,这对人们健康水平的提高以及生活质量的改善等方面都有重要的作用。产业化和设施的完善使国民从事休闲体育的人数大大增

---

① 苏义民.我国体育健身产业发展现状与政策建议——关于加快我国体育健身休闲产业发展的思考[J].西安体育学院学报,2010,6(27).

加,与那些传统的休闲项目相比,休闲体育这种方式更富有健康、活力、号召力。我国体育健身休闲产业进入逐步规范的快速成长阶段。

四、现代体育健身休闲产业的特点

作为体育产业的主体产业,体育健身休闲产业除了具有体育产业的一般特点外,还具有以下几个特殊的特点。

(一)关联产业相对较多

体育健身休闲产业是体育产业中参与人群最多、服务产品最多、经济创收丰厚的重要产业之一,其涉及的体育产品、体育服务等内容丰富、种类较多,因此,体育健身休闲产业与其他产业之间的关联性非常大。如体育用品业、体育制造业、运动营养品业、餐饮服务业、体育建筑业、影视图书业等。这些产业都属于体育健身休闲产业的关联产业。

(二)劳动密集特点突显

劳动密集型产业是指在产品或服务的生产过程中对劳动力的依赖程度较大,资本构成水平较低,体力劳动占比例较大的产业。

体育健身休闲产业资本有机构成水平低,对劳动力依赖程度大,完全符合劳动密集型产业的特点。正因如此,所以与其他体育产业相比,体育健身休闲产业能提供更多的就业机会。

(三)产业发展前景广阔

一方面,随着社会生产力的不断提高和物质财富的进一步丰富,社会文明程度的提高以及休闲时代的到来,人们更加注重生活质量,对自身的身体素质与健康养生将更加关注。

另一方面,现阶段,我国公共体育产品的种类和数量供应有限,难以满足人们不断增长的健身需求。

因此,体育健身休闲产业作为一项朝阳产业,必将伴随着社会经济的发展而获得持久发展。

第二节　国内外体育健身休闲产业发展的现状分析

一、国外体育健身休闲产业发展现状

国外体育健身休闲产业形成较早、发展快速,目前,国外发达国家的体育健身休闲产业发展成熟,并具有以下几方面的特点。

(一)体育健身休闲产业群众基础广泛

西方发达国家在体育健身休闲产业发展方面,有着良好的群众基础,体育健身休闲已经深入到群众的观念和日常生活中。这得益于西方发达国家发达的经济、健康的健身和生活观念。

发达国家的经济发展水平和经济增长率高,第三产业在国民经济中所占的比重高,这些方面的变化最终会使得国民的购买力得到一定程度的提高。人民生活水平的提高、购买能力的改善为休闲体育消费提供了重要的物质保证。一般而言,随着居民生活水平的提高,人们消费结构会发生相应的变化,人们在提高和改善生活质量方面的消费会逐渐提高,满足其基本需求的消费比重会减少,这是消费结构变化的总体趋势。而发达国家正处于国民在发展性消费中投入比例较大的一个经济发展阶段。

国民的消费结构的特点,使得休闲体育发展成为发达国家社会经济生活中一项广泛的消费项目,拥有广泛的消费人群。

(二)体育健身休闲产业经营组织连锁化

市场经济的发展成熟使得国外体育健身休闲产业的发展重视发挥规模经济优势,实行集团化、连锁化经营。

经营注重连锁化是近年来发达国家体育健身休闲产业发展的一个明显趋势。在美国,在体育健身领域最大的 5 家连锁经营公司下属俱乐部数量占体育健身休闲产业市场的主导,集团化的大公司占据了美国体育健身娱乐市场的绝大部分市场份额,在市场竞争中规模经营优势明显。在澳大利亚,女性体育健身休闲市场几乎被 Curves 和 Contours Express 两家公司垄断,澳大利亚体育健身市场中,Fitness First 体育健身公司占据领导地位,连锁俱乐部几乎垄断了整个体育健身休闲市场。

(三)体育健身休闲产品和服务专业性强

体育健身休闲活动作为一种重要的休闲娱乐方式,对于人们的技术要求并不是很高,这是体育休闲健身给人们的第一印象。但是,相关的调查和研究发现,由于体育健身休闲是人们根据自身的兴趣和爱好自发参与的活动,因此,能够最大程度上调动人们的积极性和创造性,在很多休闲领域,人们的技能水平与专业、竞技水平的技能水平不相伯仲,甚至还犹有过之。

随着现代科技的不断发展,体育健身休闲产业的科技化程度和专业化程度日益提高,在一些对运动者运动技术要求较高的体育健身休闲活动中,产业服务(尤其是技术服务)更为专业化。

在体育健身休闲设备器材方面,体育健身设备器材与电脑科技和数字化结合,顾客选定的健身课程、运动量的控制、心肺功能的实时监测甚至锻炼的即时效果等,都通过电脑控制并在锻炼过程中随时向消费者显示,使健身更科学化、合理化。

在体育健身休闲活动体验方面,以山地自行车为例,很多业余爱好者甚至比专业选手的技术水平要高;再如登山运动,近年来,登山运动的参与者越来越多,各种民间的团体和组织不断兴起,专业的技术指导为消费者安全享受体育健身休闲活动内容和过程提供了良好的保障。

(四)体育健身休闲产品服务多元化

推出多元化服务产品是发达国家体育健身休闲产业发展的重要特点和现状特征之一。

体育健身休闲产业发展初期,健身俱乐部都只经营单一的运动或健身项目。经过市场的检验,这种经营模式不能满足不同消费层次消费者需求,经营风险较大。20世纪90年代初,大多数俱乐部开始走多元化经营的道路,并在市场竞争中尝到了甜头。

具有多元化产品和服务的俱乐部,消费者既可健身、也可美容,既可运动、也可休闲,或享受其他服务,消费者的数量更多、消费者的忠诚度更高,为商家持续盈利奠定了基础。

(五)体育健身休闲服务产品个性化、社会化突显

健身服务个性化、社会化发展是发达国家体育健身产业发展的一个非常重要的现状。

现代社会注重个性化的发展,这已经成为现代社会的基本特征,如商品的私人订制,处处体现着人的个性特征。现代体育健身休闲产业发展并不

是传统意义上的大规模生产,因为,现代社会更加追求人的个性发展,其产业化也表现出专门化、个性化的特点。休闲体育服务和商品也不是那些统一标准产品,它更多的是针对人们的个性化需求而生产和设计的定制化的产品和服务。体育健身休闲项目众多,这为人们进行项目的选择提供了充分的可能性。人们在进行休闲体育项目选择时,会根据自身的个性特点进行选择,而在参与休闲体育运动过程中,也会表现出一定的个性特征,同时,他们也注重自身的创造性。

同时,休闲体育也越来越表现出社会化的特征,这是经济社会发展的重要趋势。在休闲体育发展过程中,人们的技术水平也在逐渐提高,有着共同爱好的人逐渐聚集在一起,形成了相应的组织和俱乐部以交流经验,从而形成了一定的社会化的组织。这些组织对于体育健身休闲的开展起到了组织、协调的作用,有利于促进体育健身休闲的进一步发展。

(六)体育健身休闲产业发展制度完善

体育健身休闲是较为复杂的社会现象,与社会的发展和进步具有密切的联系,随着社会的发展,休闲体育也会得到相应的发展,而其发展在一定程度上又促进了我国社会的进步。虽然体育健身休闲对社会的作用可以通过多种途径,但是,在现阶段最为有利的方式是市场化的体育健身休闲产业。

体育健身休闲产业化是休闲体育的发展过程,也是体育健身休闲发展和壮大的必然趋势。随着产业化的发展进程的加快,体育健身休闲的发展水平也在快速提高。体育健身休闲的产业化是其未来发展的重要特点,也是其发展的重要推动力。只有实现休闲体育的产业化,才能够使其形成一个相对独立的系统,促进其各方面的自我完善,以满足人们各方面的体育健身休闲需求。

当前,国外体育健身休闲产业发展不仅有较为完善的市场制度和规范,同时,考虑到体育运动的特殊性,为了提高消费者的安全体验,也为了降低商家自身的经验风险,体育健身休闲产业制度日趋完善。例如,体育健身组织与保险公司建立联系,扩大顾客人群。健身俱乐部和保险公司合作将会员的健身计划和健康保险融为一体,会员在办理健康保险的同时也自动成为健身俱乐部的会员,既为保险公司降低了赔付医疗保险的风险,保障了消费者的消费人身安全,同时也扩大了消费人群。

(七)体育健身休闲商业化色彩浓厚

在市场经济条件下,商业利益将成为社会活动的重要推动力。对于体育健身休闲而言,体育健身休闲行业的发展和壮大必然是各商业群体共同推动的结果,而其出发点正是商业利益。各种商业组织在以盈利为目的的经营活动中,进行相互的配合协作,从而使休闲体育得到不断发展和壮大。

在体育健身休闲产业发展过程中,一些商业组织的资金投入能够更好地促进其发展。有些休闲体育项目的开展需要借助于相应的场地器材设备,而国家的体育基础设施建设并不能满足人们更多的休闲体育需求,这就需要人们充分发挥商业群体的作用。

在休闲文化较为发达的国家中,其休闲服务分别由政府、非营利性组织和营利性组织承担,其中大部分的服务由营利性组织承担。随着社会经济的进一步发展,休闲体育的产业化和社会化的程度不断发展,休闲体育的营利性服务组织将大幅度增加,其也将成为经济发展的重要增长点,使体育健身休闲产业在经济发展中的地位日益提高。

现阶段,国外经济发达国家的体育健身休闲产业的市场化竞争激烈,但是,必须认识到,在进行相应的休闲体育发展过程中,并不能将其局限于社会物质层面,应更加注重其对于居民生活水平的改善等方面的作用。在商业团体的共同作用下,使得人们的价值观念发生相应的变革,促进体育健身休闲产业在重视商业利益的同时,也要充分考虑消费者心理感受和情感体验,为消费者提供更优质的体育健身休闲产品和服务,才能真正使体育健身休闲产业实现可持续的发展。

二、我国体育健身休闲产业发展现状

经过几十年的发展,我国人民群众的体育健身休闲观念得到了不断的改善,体育人口迅速增加,市场规模不断扩大,体育健身服务多元化、体育健身休闲产业的市场体系已经初步形成。体育健身休闲产业的发展日趋科学、完善。具体来说,我国体育健身休闲产业发展呈现出以下特点。

(一)体育健身休闲价值观念日益提升

和体育发达国家相比,我国休闲体育起步较晚,起点也相对较低,休闲体育产业的运作理念和运作方式还有待提高,并且相应的法律法规也有待完善,但是,我国休闲体育的发展也有其相应的优势。

作为一种生活方式和文化现象,体育健身休闲产业的形成和确立需要一定的过程。随着我国改革开放的进行,许多外来的价值观念正逐渐冲击着人们的认知和价值观念,很多价值观念逐渐被人们所接受,在与传统价值观念的融合之后,形成了新的价值观念类型,并且得到了人们的广泛认可。

现代体育健身休闲观念是一种科学的生活理念和价值观念,这一观念的形成需要借助相应的市场、资金、物品与环境等来开展相应的活动,最终达到自我目的的实现。体育健身休闲的过程和效果产生了相应的愉悦的心理体验、身心的健康、幸福等。参加相应的体育健身休闲活动的人要通过自身的价值观念去评价和分析其有无价值。因此,体育健身休闲价值观念的形成建立在自身的理解和认知的基础之上。体育健身休闲价值观念的形成过程是在和原有价值观念融合的基础上建立起来的,它与中华民族的固有精神内核具有高度的一致性。为了促进休闲体育更好的发展,应将其与我国传统文化相结合,从而使得大众在心理和价值观念上形成一定的认同感。

目前,在经济社会的发展现状下,体育健身休闲产业发展是一项庞大的系统工程,需要涉及社会生活的方方面面。除了上述的影响因素之外,人们的体育健身休闲观念和对体育健身休闲产业的认识是影响体育健身休闲产业发展的重要影响因素。

(二)体育健身休闲市场体系初步形成

判断一个国家体育产业发展程度时,体育市场体系是否健全是最重要的一个指标。现代体育市场体系是一个多元化市场体系,它主要包括体育服务市场和体育用品市场。

我国体育健身休闲市场从 20 世纪 80 年代初萌芽,在商业发展的促进下,休闲体育产业得到了快速发展,使得人们的运动消费观念逐渐确立,这对人们健康水平的提高以及生活质量的改善等方面都有重要的作用。产业化和设施的完善使国民从事休闲体育的人数大大增加,与那些传统的休闲项目相比,休闲体育这种方式更富有健康、活力、号召力。目前,我国已经初步形成投资主体多元化,多种所有制并存,平等竞争,各级体育服务产品全面,以体育健身市场为主体和核心的体育健身休闲用品市场、健身运动营养补品市场等共同发展的市场格局。[①] 我国体育健身休闲市场体系初步形成。

(三)体育健身服务多元化趋势明显

在各类体育健身中心(俱乐部)为消费者提供的体育健身服务项目和内容主要有各类健身操、健美操、形体训练、体育舞蹈、保健按摩、各种球类运动、瑜伽、游泳、武术等。

当前,我国体育健身服务项目多、种类设置齐全,而且可以向消费者提

---

① 杨铁黎,苏义民.休闲体育产业概论[M].北京:高等教育出版社,2011.

供多元化服务。以满足不同层次消费人群健身、健美、娱乐、休闲、消遣以及交友聚会等众多需求。

(四)连锁化经营发展快,市场集中度提高

1999年,马华首先引进健身俱乐部这种连锁经营模式,此外,我国健身市场纷纷以连锁经营方式扩大市场份额。

随着国外一些知名体育健身企业进入我国市场后,这些企业品牌形象良好、资金实力雄厚、健身理念先进、经营管理水平高、连锁经营经验丰富,迅速占领国内市场,我国健身体育市场集中度不断提高。

(五)体育健身休闲产业市场规模不断扩大

2014年11月20日,《国务院关于加快发展体育产业促进体育消费的若干意见》颁布(以下简称《意见》),将全民健身上升为国家战略。[①] 2015年11月,距《意见》发布一周年,我国体育产业出现积极变化,已出台的30个省级政府实施意见中,计划2025年体育产业总规模之和已将近7万亿元。[②]

从最新的调查资料看,我国参与体育健身休闲体育的人口越来越多,上海、北京、广州等发达城市居民人均体育健身消费已经超过家庭支出的10%。这充分说明了我国体育健身休闲产业的市场规模正在不断扩大。

三、我国体育健身休闲产业存在的问题

目前,我国体育健身休闲产业虽然得到了一定程度的发展,但体育健身休闲产业的发展并不完善,在未来的发展过程中,随着经济社会的发展,其产业化水平将会进一步完善和提高,这些不完善的地方的问题将日益凸显,并期待得到及时、正确的解决。

(一)科学健身休闲观念建立不足

当前,人们对于体育健身休闲的认识虽然得到了一定程度的发展,但是,人们对其的认识并没有形成稳定的休闲体育观念,因此,在面临众多的休闲选择时,人们往往会选择其他的休闲方式。体育健身休闲正面临着众

---

① 钟秉枢.全民健身国家战略的提出与体育休闲健身产业的发展[J].体育科学,2015,11(35).

② 2025年体育产业达7亿——刘鹏对产业发展提新要求[N].新华社,2015-10-12.

多休闲方式的挑战,如电子游戏、看电视、打麻将等,这些都具有很强的娱乐性和休息性,这在一定程度上限制了体育健身休闲产业的发展。

(二)居民体育健身消费能力不强

和发达国家相比,我国居民收入水平仍然较低,农村人口比例较大,总体上体育健身消费能力不强。据有关资料显示:我国城乡居民除日常生活消费之外,子女教育仍然是家庭最主要的支出,占 15.9%,而体育消费仅为 4%。

目前,我国现代意义上的体育健身休闲主要集中于城市之中,影响范围相对较为狭窄,还没有形成实质意义上的规模经济,这是体育健身休闲产业发展的硬性限制,在短时间内并不能得到相应的改善。体育健身休闲产业对经济的功能能力还处于培养和壮大阶段。

(三)体育健身产业发展不平衡

当前,我国体育健身休闲产业发展的这种不平衡主要表现在三个方面,具体分析如下。

(1)区域上的不平衡。休闲体育的发展与经济发展水平具有密切的联系,在经济欠发达地区的休闲体育发展必然会受到一定程度的限制。由于地理环境和经济发展历史和条件的限制,我国的经济发展呈现一定的不平衡,具体表现为东西部地区经济发展的不平衡性,以及城乡经济发展的不平衡性。受经济发展水平的制约,各地区体育健身休闲产业的发展规模和水平差距较大,东部地区各省份在体育健身休闲产业的发展速度和规模上远远高于内陆尤其是西部省份。随着经济社会的发展,这种不平衡性会在一定时间段内呈现一定扩大的趋势,而这些地区也会成为休闲体育发展的死角。由于经济发展水平的限制,贫困地区的人们根本没有时间、金钱去享受生活,在思想观念上与发达地区的人们也有很大的差异性。因此,为了改变这种状况,应积极推进地区之间的共同发展和共同富裕,促进经济社会的协调发展。

(2)布局上的不平衡。体育健身设施和服务经营单位大多集中在大城市市区的商贸中心,而在中小城市,在城乡结合部,尤其是新建居民住宅小区则缺乏配套的健身设施和服务经营单位。此外,我国农村体育健身休闲设施落后是制约农村体育健身休闲业发展的一个重要因素。

(3)项目开发上的不平衡。一方面,在热点项目发展中缺乏市场导向,资源浪费明显,如台球运动的快速发展,台球厅遍地开花,从而造成了一定的资源浪费;再如,高尔夫球场增多,而参与高尔夫球运动的人并没有相应的增加,这也造成了巨大的场地浪费。另一方面,在开展比较普遍的有氧健身操、各种舞蹈、乒乓球、羽毛球、网球、台球、瑜伽等项目中,服务同构化比较严重,产品差异度不高,缺乏经营特色。此外,我国群众体育健身需求的持续增加,世界健身巨头也纷纷进入中国市场,我国体育健身休闲产业面临市场考验。

(四)市场不健全,管理有待加强

为了进一步加快我国包括体育健身休闲在内的体育产业发展,尽管国务院已经出台了一些体育产业发展和管理方面的条例,但针对体育健身休闲市场的法制建设还比较滞后,已有的法规制度也缺乏可操作性,政府对体育健身休闲产业的管理体制还没有完全理顺,多头管理、政令不一的现象普遍。

应该认识到,在体育产业迅速发展的同时,也必然会有着很多不规范的现象。如今,很多服务性行业快速发展,但是相应的政策法规的出台速度相对较慢,从而造成了相关行业发展的不规范性,体育健身休闲产业的发展也同样会受到一定程度的影响。商业组织和团体是以营利为目的的,但是,体育健身休闲产业作为一项服务性经济产业,其具有很大的人性化特点,是物质和精神的综合体现。这就是说,以休闲服务为核心的经济类型,必须是经济效益、社会效益、环境效益、文化效益并举,只有兼顾各方面的效益才能够使得休闲体育产业获得长远的发展。我国居民对于体育健身休闲的认识还存在一定的误区,在地域上其认识水平也具有很大的差异性,同时缺乏必要的保障和规范措施,这些因素在一定程度上限制了其发展。

目前来看,由于发展速度较快,人们普遍追求商业利益,从而对于其他方面效益的追求有所缺失,进而影响到体育健身休闲产业的可持续发展。

第三节　体育健身休闲产业运作与管理的策略

一、无形产品有形化策略

体育健身服务产品属于非实物形态的无形产品。无形产品最大的特点是无法给予消费者一个清晰明确的印象,消费者无法感知服务水平和健身效果,对体育健身服务产品缺乏信心。针对无形产品的这种弱点和消费者的心理状况,体育健身经营企业应采取无形产品有形化的营销策略。

无形产品有形化，具体是指体育健身经营企业应该向消费者提供体育服务产品的有形线索，指导和帮助消费者了解产品优势。具体来说，这种"有形线索"主要表现在以下两个方面。

（1）提供服务内容和质量等服务信息，使消费者通过视觉观察有形物，获得直观的信息。如健身场所的装饰装修、功能分区、卫生状况、器材设施以及相关的配套的休闲、娱乐、餐饮情况等硬件条件；如服务人员的衣着打扮、精神面貌、态度好坏等服务信息。

（2）把健身服务过程、环节、标准、质量、效果等通过直观的表现形式呈现给消费者，如文字、图表、照片、视频等。由此来打消消费者的疑虑，坚定其体育健身休闲消费的信心。

二、主观标准客观化策略

当前，体育健身休闲产业中，对服务产品的质量评价一般是服务人员的主观描述和消费者的主观感受，缺乏客观评价标准。这对于体育健身服务企业对市场的预测不能提供科学依据。

一般来说，体育健身服务包括两个阶段，即健身过程服务（服务产品的生产和消费过程的服务）和健身前后服务（消费者进入健身场馆开始健身活动和结束健身活动开始休闲），为了规范体育健身休闲市场发展，应重视对这两个阶段的客观评价体系和标准的建立。

首先，使服务过程和服务行为的规范化、标准化。体育健身服务企业应该对健身服务的每一个环节（细节），做出明确的规范化的规定，并公之于众，既让服务人员有所遵循，也便于消费者了解和掌握。注意服务标准的制定的具体化和定量化，避免含糊不清，模棱两可。

其次，重视服务质量、效果的评价客观化。健身效果的评价，应尽量采用科学仪器来测试，用测试数据来评价效果。最好能利用科学仪器对服务质量和效果进行客观化测定和评价，使消费者信服。

三、同类服务差异化策略

在体育健身休闲产业中，作为同类企业——体育健身休闲企业，提供的都是同类服务——体育健身休闲服务，但应该根据消费者的需求差异和企业的市场定位，存同求异，重视服务的多元化、个性化、特色化、多功能化。以吸引消费者进行差异性优势消费。

需要特别提出的是，在提供产品和服务过程中，质量不是差异化的标志,任何产品都要强调质量,质量差异不能代表特色。

四、服务功效优先化策略

经济学研究表明,追求功效动机是消费者购买动机的首要影响因素,调查发现,影响消费者是否购买某种产品(或服务)最主要因素是产品的功效,认同产品功效来决定是否购买的消费者占 86%,远高于其他购买影响因素(如价格、包装等)。

所谓功效,包括两个方面的内容,即使用功效和心理功效。即要用起来得心应手,看起来赏心悦目,要同时具备使用价值和审美情趣。

五、重视情感人性化策略

所谓重视情感人性化策略,又称"情感营销",具体是指,要满足消费者的情感性需求,推行人性化服务,重视消费者的个人情感差异和需求。

当前,随着社会文明程度的提高和人们生活方式的进步,消费者的情感消费需求在不断增加。因此,在体育健身休闲产品和服务的营销过程中,要重视通过情感包装、情感促销、情感广告、情感口碑等,满足消费者的情感消费需求,以促进企业的可持续化经营。

第十一章　体育旅游产业的运作与管理研究

作为休闲体育的一个重要方面,体育旅游的发展在一定程度上影响着休闲体育的发展情况。因此,休闲体育产业化的发展也在一定程度上受到体育旅游产业发展的影响。为了更好地促进休闲体育产业化的发展,需要进一步加强体育旅游产业的运作与管理。本章主要对体育旅游产业的基本理论、国内外体育旅游产业的发展现状以及体育旅游产业运作与管理的策略进行分析和研究。

第一节　体育旅游产业基本理论

一、体育旅游的基本理论

(一)体育旅游的概念

体育旅游是体育与旅游相结合的产物,已经成为当今体育界和旅游界理论研究的新热点。关于体育旅游的概念,由于专家学者们都从不同的角度来理解体育旅游,因此,到现在为止也没有较为统一的说法。而体育界和旅游界对体育旅游的理解也有着不同的观点。通常情况下,体育界对体育旅游的概念界定往往是从广义和狭义两个角度出发的,而旅游界对体育旅游的概念界定往往是从体育旅游者参与动机和体育旅游的"旅游本质属性"的角度来进行的。这里主要从体育的角度来定义体育旅游。

目前,体育界对体育旅游的概念界定的观点有很多,其中,比较具有代表性的有这样几种(表 11-1)。

表 11-1　体育界学者对体育旅游的概念界定

学者	对体育旅游概念的理解
史常凯、何国平	体育旅游就是指以旅游为目的,以参与体育活动或观赏体育活动为主要内容的一种特殊旅游形式

学者	对体育旅游概念的理解
韩丁	体育旅游是一项融体育、娱乐、探险、观光为一体的专业性旅游服务产业。所谓体育旅游,是指旅游者在旅游中所从事的各种体育娱乐、健身、竞技、康复、探险和观赏体育比赛等活动与旅游地、旅游企业及社会之间关系的总和
翁家银	体育旅游是以参加各种体育活动为主要目的,使消费者通过旅游的形式体会体育活动带给人们的乐趣,满足各种人群的不同的需求
王丙新	体育旅游是旅游者以参与和观赏体育活动为目的,或以体育为主要内容和手段的一种旅游活动形式。体育旅游除具有旅游的审美性、异地性、流动性本质特征外,同时,体育旅游还具有重复性、参与性、专业性、挑战性、健身性等特征
于莉莉	体育旅游是人们为了满足和适应自身的各种体育需求、以一定的体育资源为依托、以具有体育意义的活动为主要目的或主要内容的一种旅游活动形式
杨月敏	体育旅游是指参加游泳、滑冰、漂流、登山、徒步、探险、自驾车等康体活动为主要内容的旅游活动,旅游者通过观光、参与活动,可以了解体育运动的知识、享受体育运动的乐趣、体验民族风情和传统体育文化
胡春红、郭瑞	体育旅游是指为了满足和适应旅游者的体育需求,借助各种形式的体育活动,使旅游者的身心得到和谐发展,丰富人们业余生活的一种旅游活动
徐明魁	体育旅游是旅游业的组成部分,它是以一定的体育旅游资源和体育设施为条件,以旅游商品的形式,为旅游者在旅游过程中提供健身、娱乐、休闲、交际等服务的经营性项目群。从狭义上讲它是以参加各类体育竞赛、会议、交流等为主要目的的旅游;从广义上讲,是以各种球类运动和水上、水下运动、各类探险活动、康体休闲运动、越野、狩猎、武术等为主要目的和内容的旅游,是旅游与体育交叉渗透而产生的一个新的旅游项目
陈绍艳、杨明	体育旅游从广义上讲是以体育资源和一定的体育设施为条件,以各种体育健身娱乐活动作为主要内容,以旅游商品的形式,即旅游者在旅游中所从事的各种身体娱乐、身体锻炼、体育竞赛、体育康复及体育文化交流活动等与旅游地、体育旅游企业及社会之间关系的总和,它是能为旅游者在旅行游览过程中提供融健身、娱乐、休闲、交际等各种服务于一体的经营性项目群。从狭义上讲,体育旅游是为满足旅游者的各种体育健身、娱乐的需求,借助各种形式的体育活动,使旅游者身心得到和谐发展

续表

学者	对体育旅游概念的理解
蔡永亮等	体育旅游是一种指向明确的特殊的旅游,体育旅游者从家中到目的地,再从目的地回到家中;在旅游地停留的住宿、吃饭、购物、看比赛等各种不同的活动,是各个不同产业领域共同提供服务。它是借助多种多样的体育活动,并发挥体育的诸多功能,使旅游者在旅游中从事各种身体娱乐、身体锻炼、体育竞赛、体育康复以及体育文化交流活动
王天军	体育旅游是以休闲度假、观光探险、康健娱乐为目的的,在一定自然环境中,从事以体育项目为主要内容的旅游活动。体育旅游是旅游市场中的一种新产品,是以体育资源为基础,利用各种体育活动来规划、设计、组合而引起旅游消费欲望,满足旅游者购娱的需求,并感受各种体育活动与大自然情趣的一种旅游形式
张培刚、郭立平	体育旅游是指参加者以游泳、滑冰、漂流、登山、徒步、探险、自驾车等身体活动为主要内容,以观看体育赛事、游览名胜古迹、参加体育娱乐活动为目的的旅游活动。或者说体育旅游是指旅游者以非营利目的离开家庭所在地,前往某一目的地参与或观摩相关体育活动为主要内容的主题旅游
昌晶亮等	体育旅游是指人们出于体育需求或体育兴趣等体育相关动机(健身、娱乐、休闲、增长见识、参加或观看比赛等),离开其常住地前往异国他乡的旅行和逗留活动,以及由这些活动所引起的人、地、事三者之间的关系和由这些关系所引起的现象的总和。

当前,国内体育界的很多学者对体育旅游概念进行了较为集中的解释,其中,杨秀丽在《社会主义市场经济条件下体育旅游业经济效益的思考》一文中从广义与狭义两个方面对体育旅游概念的解释,是比较具有代表性的。从广义上讲,体育旅游是旅游者在旅游中所从事的各种身体娱乐、身体锻炼、体育竞赛、体育康复及体育文体交流活动与旅游地、体育旅游企业及社会之间关系的总和。[①] 从狭义上讲体育旅游可理解为,为了满足和适应旅游者的各种体育需求,借助各种各样的体育活动,并充分发挥其诸种功能,使旅游者的身心得到和谐发展,从而达到促进社会物质文明和精神文明、丰

---

① 闫立亮,李琳琳.环渤海体育旅游带的构建与大型体育赛事互动的研究[M].济南:山东人民出版社,2010.

富社会文化生活的目的的一种活动。[①]

(二)体育旅游的结构

体育旅游是体育与旅游结合的产物,但是,并不是说其是"体育"与"旅游"简单的相加。体育与旅游的结合都会在一定程度上与其他学科领域产生一定的联系,同时,也会形成一些新的结构,从某种意义上说,这不仅为体育旅游提供了更为丰富的内容,而且也为其提供了更为生动刺激的活动方式。从旅游的活动方式这一方面来说,"休闲"和"探险"与体育和旅游有着较为密切的关系。下面就进一步分析这几个方面之间的联系以及结构关系。

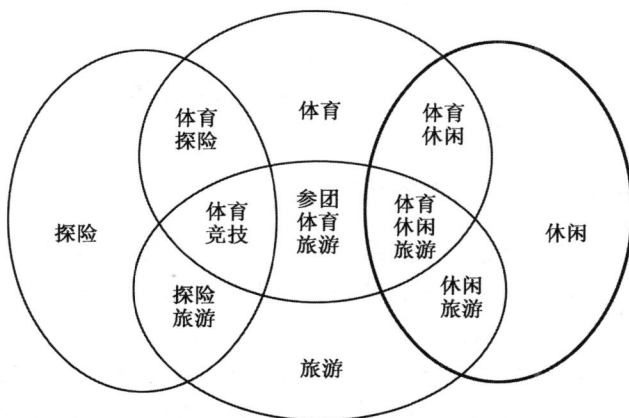

图 11-1

体育与旅游的有机结合形成了体育旅游,而体育旅游在休闲和探险等元素结合后,又形成了更加丰富的活动内容和形式。如图 11-1 所示,体育与旅游的橄榄型交集表示的就是体育旅游,而橄榄型又被分为三个部分,其中,中间是参团体育旅游,主要包括观赏型体育旅游(如活动内容主要是观看体育赛事和参观体育场馆设施)和参与性参团体育旅游(如自驾车团、自行车骑游团或到达目的地后从事相对轻松的体育活动等),这两类旅游项目是目前体育旅游的主体项目,与当前的观光性旅游有一定的相似度,也可称为传统的体育旅游。

图中心橄榄型的两端,与休闲相靠近的这一端是体育休闲旅游。如果从休闲学的角度来看,体育休闲旅游也属于休闲体育的细分。以"玩"的方

_____

① 闫立亮,李琳琳.环渤海体育旅游带的构建与大型体育赛事互动的研究[M].济南:山东人民出版社,2010.

式度过自己的空闲时间,这就是所谓的休闲,换句话说,就是在闲暇时间里以非劳动、非工作的方式来有效调节身心,使身心放松,从而进一步达到身体保健、体能恢复、身心愉悦目的的一种业余生活。

而靠近"探险"这一端的是具有探险性质的体育活动项目,一般是指户外运动。户外体育旅游是近些年非常流行的一种旅游项目,它的场地大多设在自然的野外环境中,一般有跑步、自行车、水上运动、定向跑、障碍跑、越野跑、攀爬、溜索、轮滑、滑草、漂流、划船、扎筏渡河等。在户外体育旅游项目中,既包括户外体育休闲项目,也包括户外竞技探险项目。其中,户外体育休闲是户外体育旅游的基础,也是大众体育健身发展的新趋势。而户外竞技探险则引领户外体育旅游的发展方向,也是户外体育休闲从量变到质变的结果,具有浓厚的精英色彩。

由此可以看出,从不同的角度能够对体育旅游有不同的认识,从实质上来说,户外体育休闲和户外体育竞技探险是人们以体育训练学和旅游学的视角对体育旅游的认识。

(三)体育旅游的基本类型

关于体育旅游,可以以不同的学科知识为主要依据,将体育旅游分为不同的类型。比如,以休闲学的相关知识为主要依据,则可以将体育旅游纳入到休闲体育的范畴;以旅游学相关知识为主要依据,可以将体育旅游纳入参与型的自助旅游范畴;而以体育学相关知识为主要依据,则又可以将其大部分项目纳入到体育竞技的范畴。具体来说,体育旅游的类型结构如图11-2。

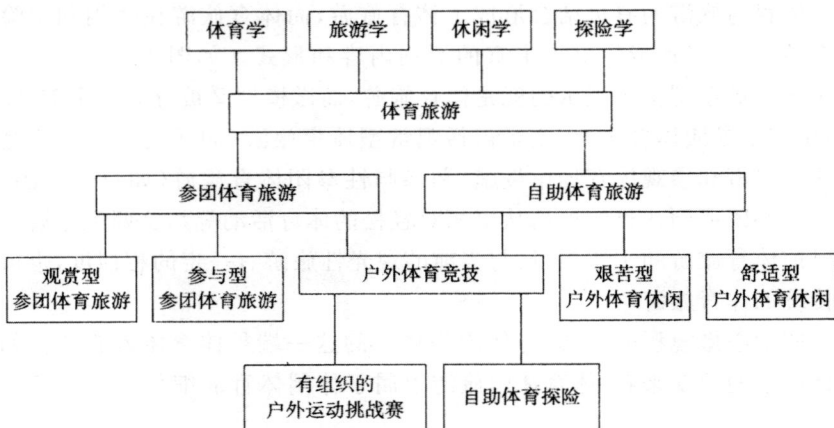

图 11-2

而如果以体育旅游概念和属性为主要依据,再与体育旅游实践以及特征有机结合起来,往往可以将体育旅游分为两大基本类型,即参团体育旅游和自助体育旅游,这两大类型又可以细分出一些具体的类型。

1. 参团体育旅游

通常情况下,可以将参团旅游大致分为三种具体的类型,即观赏型、参与型以及竞赛型,每一种类型都有其各自的特点和侧重点。

（1）观赏型

在参团体育旅游中,观赏型的体育旅游主要是指个体通过自身的视听感觉器官来欣赏和体验体育活动、体育建筑场馆场地、体育艺术景点以及特色体育文化等,从中获得愉悦的感受是这一类型体育旅游的主要目的所在。一般来说,观赏型参团体育旅游的费用都是一次性缴纳的,参团人员的吃、住、行、游、参观场次和门票都是由体育旅游组织部门统一安排的,在行程和旅游内容上一般都较为固定。这种体育旅游方式的主要特点主要表现为:方便舒适,时间安排紧张有序,个人自由度较小,活动体能消耗不大。

（2）参与型（包括团队体育休闲）

参与型参团体育旅游与观赏型参团体育旅游有很多相似点,例如,都是一次性缴纳费用,都是由体育旅游组织部门进行统一安排等等方面。但它们之间还是存在一定差异的,例如,在旅游内容上,参与型参团体育旅游不仅仅是看,还需要亲身的参与,在体育旅游工作人员的帮助和指导下来完成一定难度,且需要消耗一定体力的体育运动项目。当然,个体参与这些项目的主要目的还是为了体验、感受和娱乐为主。其主要的特点是方便不一定舒适,时间安排紧张有序,个人自由度较小,活动体能消耗较大。

（3）竞赛型

所谓的竞赛型参团体育旅游,就是以参加某种体育竞赛为主要目的而进行的旅游活动。这种旅游活动的团队行为是较为严格的,报名参加的形式为集体。一般来说,这种竞赛活动对参与者的年龄、性别和团队人数都有一定的要求,并且需要裁判按竞赛规程进行严格的执法,用公正的原则来判定竞赛的胜负。竞赛型参团体育旅游的特点主要表现为:时时刻刻强调团队,没有个人自由,时间安排紧张有序,在规定的时间内完成竞赛项目,具有较强的挑战性,参与者需要承受较大的身体负荷。

2. 自助体育旅游

当前,非常流行的一种旅游方式,就是自助体育旅游,这种类型的主要特点是:很少借助体育旅游业的帮助,主要是通过自己的合理安排来独立完成体育旅游项目内容。通常情况下,可以将自助体育旅游分为户外体育休闲和自助户外竞技探险。

（1）户外体育休闲

户外体育休闲是一种以体育活动为主要内容,较为自由,无拘无束的旅游活动。其中较为典型的有度假型体育旅游、健身娱乐型体育旅游和保健旅游三种类型。

度假型体育旅游:这种具有体育意义的旅游活动,将消除疲劳、调整身心和排遣压力作为主要目的。这种度假型体育旅游最大的特点就是假期出行,其中,比较常见的有代表性的有在五一、国庆、春节等长假中进行的体育旅游。

健身娱乐型体育旅游:这种旅游活动的主要目的就是进行娱乐性的体育健身、疗养以及体育康复等。健身娱乐型体育旅游最大的特点就是在娱乐过程中有较为明确的健身目的。但相比于传统意义上的健身活动,它更加奉行娱乐性健身理念。

保健旅游:这种旅游活动有着非常强的目的性,总体来说,主要表现在治疗疾病、恢复体力、强健身体。一般情况下,可以将这类旅游活动分为两大方面:一方面是将按摩、药疗、气功、电疗、食疗、针灸等技术措施与矿泉、森林、气候等具有疗养价值的自然条件相结合,以达到帮助参与者治疗和康复身体的目的法疗养旅游,比较常见的有高山气候疗养、海滨度假等;一方面是在自然条件下,进行登山、滑雪、冰上活动、游泳、划船、打高尔夫球等旅游活动的体育旅游。

（2）自助户外竞技探险

这是一种张扬个性、挑战自我、挑战大自然的旅游活动,它与户外体育运动有着较为密切的联系。参与者通常都是极具个性、不愿受团队纪律束缚,善于表现自我的个体。他们在户外竞技探险过程中,以自己、大自然为对手,通过自我能力的展示和完成较大难度的运动目的,来挑战自我,征服大自然。例如,极限的登山探险、地下洞穴探险以及高空跳伞探险等都是极具户外竞技探险意义的体育旅游项目。

二、体育旅游业的基本理论

（一）体育旅游业的定义

近些年来,体育旅游的快速发展,使其已经成为大众旅游的一个重要组成部分,根据体育旅游的大众性与特殊性,我们可以将体育旅游业概述为以体育旅游资源为凭借,以体育旅游者为主要对象,通过提供体育旅游服务满足体育旅游者需求的综合性产业。在这一定义下主要强调了以下几个方面。

(1)体育旅游业将体育旅游资源作为其主要依托。对于一个地区或国家的体育旅游业的发展,不可缺少的一个重要的物质基础就是体育旅游资源。从某种意义上来说,要让更多的体育旅游者前往和参与,就必须将体育旅游资源作为吸引物。

(2)体育旅游业将体育旅游者作为其主要服务对象。

(3)体育旅游业属于综合性产业,因此,其构成要素包括各种不同行业。

结合我国的实际情况,通过对体育旅游者食、住、行、游、购、娱等方面旅游活动的分析,可以将体育旅游业划分为直接体育旅游企业和间接体育旅游企业。其中,直接体育旅游企业主要是那些依靠体育旅游者消费才能生存下来的企业,例如,体育旅行社、交通通信企业和旅馆餐饮企业等。而间接体育旅游企业则是那些虽然也为体育旅游者提供商品和服务,但其主要供应对象并非体育旅游者,或者说体育旅游者的存在与否并不危及其生存的企业,例如,销售行业、游览娱乐企业等等。由此我们可以看出,对体育旅游业构成的一般看法是建立在直接体育旅游企业这一基础上的,而较为全面的看法则既包括直接体育旅游企业,也包括间接体育旅游企业,同时还包括支持发展体育旅游的各种旅游组织。

我国体育旅游业的构成部门主要有以下几个方面。

(1)体育旅游餐饮住宿业,主要包括饭店、宾馆、餐厅、野营营地等。

(2)旅行业务组织部门,主要包括体育旅游经营商、体育旅游经纪人、体育旅游零售代理商、体育运动俱乐部等。

(3)交通运输通信业,主要包括航空公司、海运公司、铁路公司、公共汽车公司、邮政局、电信局等。

(4)游览场所经营部门,主要包括体育主题公司、体育运动基地。

(5)目的地旅游组织部门,主要包括国家旅游组织(NTO)、地区旅游组织、体育旅游协会等。

上述五个部门之间都存在着共同的目标和相互促进的联系,这便是通过吸引、招揽和接待外来体育旅游者促进体育旅游目的地的经济发展。虽然其中某些组成部分不是以直接营利为目的的企业,例如,体育旅游目的地的各级旅游管理组织。但它们在促进和扩大商业性经营部门的盈利方面起着重要的支持作用。

(二)体育旅游业的性质

一个国家发展旅游的动机往往都会在不同程度上与政治、社会和经济几个方面有着一定的联系,并且往往以其中的一项作为重点,并且兼顾其他两个方面。但是,以旅游业的发展状况为主要依据,国家会对旅游动机的重点进行适当的调整。可以说,这是一个国家政治、经济和社会发展的需要。从国家的角度来看,推动和促进旅游发展的工作乃是一项有着多重目的的事业,因此,对此的重视程度也相对较高一些。

在我国市场经济条件下,旅游业作为一项产业,其将通过对旅游的推动和提供便利服务来从中获取收入作为主要目的。以营利为目的并需要进行独立核算的经济组织,就是所谓的企业,而各类旅游企业是旅游业的主要构成因素。由此可以得知,旅游业有着较为显著的营利性质。因此,旅游业也必须进行经济核算。另外,需要强调的是,从根本上来说,旅游业是一项经济性产业,因此,并没有将其列入文化事业的范畴,而是将其列为国民经济的组成部分。

总的来说,体育旅游是现代大众旅游中的一项特种旅游,是旅游业的重要组成部分。体育旅游属于经济性产业范畴,有着较为显著的经济属性,具体来说,就是其是具有经济性质的服务行业,并且将通过为体育旅游者的体育旅游活动提供便利服务而获取经济收入作为其根本目的。

(三)体育旅游业的特征

体育旅游业的基本特征主要表现在以下几个方面。

1. 综合性

体育旅游业具有较强的综合性特点,体育旅游者的消费特点是这一特征的主要决定性因素。体育旅游业本身就是以提供各种服务,满足体育旅游者的各种需求,并从中获得盈利为主要目的的。而体育旅游者的需求又是多种多样的,不仅包括单一的旅游服务,还有整个旅游行程中的食、住、行、游、购、娱等多方面的需求。为了满足体育旅游者的多重需求,就需要发展多种企业类型来更好地为体育旅游者提供商品和服务。这些不同类型的企业按照传统的产业划分标准又分别属于若干相互独立的行业,但满足体育旅游者的需要这一业务关系的纽带把它们联系到了一起,使它们之间形成互相影响和促进的集合体。体育旅游业的复杂构成和多样化的服务类型也充分体现了体育旅游业的综合性特点。

2. 服务性

当前,第三产业的发展速度较为迅速,体育旅游业作为其发展的重点产业,越来越多人开始对其引起高度的重视。体育旅游业的主要产品就是为体育旅游者提供全面的服务。虽然在体育旅游过程中,会出现一些具体形式的产品因素,但从整体的体育旅游过程而言,体育旅游者的需求仍然保持在一个精神享受的需求层面。也正是这一整体性的需求,使得各体育旅游企业出售给体育旅游者的产品在体育旅游者看来,只是对这次体育旅游的"记忆"或"经历"。因此,整个体育旅游产品的价值并不是体现在物化的消费品中,而是在于整个体育旅游过程中体育旅游者所享受到的服务体验。这也充分体现出了体育旅游业的服务性特征。

3. 依托性

体育旅游业属于一种具有较高依托性的产业,这一特征主要可以从以下三个方面体现出来。

(1)体育旅游业的发展依托于国民经济的发展。国民经济发展水平不断提高,可以增加人们的可自由支配收入和闲暇时间,这也就使体育旅游者的数量、消费水平和消费频率也得到有效提高,体育旅游需求也会不断增强。

(2)体育旅游业将体育旅游资源作为依托。在体育旅游业的发展过程中,体育旅游资源是作为重要的客观基础而存在的。一个地区或者国家的体育旅游资源是否丰富,会在很大程度上影响着其体育旅游业的发展。

(3)体育旅游业依托于各有关部门和行业的通力合作、协调发展。失去任何一个相关行业的支持,体育旅游的各种经营活动的顺利进行将会受到严重的阻碍。

4. 风险性

体育旅游业作为服务业的重要组成部分,也属于较为敏感的行业,竞争压力非常大,具有很大的风险性。在社会发展过程中,各因素的变化都会对体育旅游业的发展产生一定的影响。具体有以下两个方面。

(1)在旅游需求方面,体育旅游需求的弹性较大,各种自然的、政治的、经济的和社会的因素稍微有一点变化,就会使体育旅游需要产生较大的波动,从而对体育旅游业的发展产生影响。

(2)体育旅游业的依托性也在一定程度上导致了其在发展过程中会存在较大的风险。高度依托其他产业,使体育旅游业的发展更加容易受到整体经济发展水平的影响,这是一种必然。一旦相关的链接产业出现波动,将会直接传递到体育旅游业中来。例如,社会动荡不安、经济发展波动,生态环境变化、突发疾病的出现,以及人们思想保守等,都会使体育旅游业面临风险。因此,体育旅游业也是一个具有较高风险性的发展行业。

5. 关联性

由于受到体育旅游业综合性和依托性特征的影响,体育旅游业成为一个由多种行业构成的产业群体,并且将其各产业间的高度关联性突显了出来。这种关联性不仅与住宿餐饮业、交通运输业、观赏娱乐业等这些直接为体育旅游者提供产品和服务的行业有着一定的联系,同时,也与园林、纺织、外贸、邮电、地产、食品等间接为体育旅游者提供产品和服务的行业有着一定的关系。由于体育旅游业的发展关联到各个方面,体育旅游业的发展必然带动其相关产业的发展,具有较强的带动性。因此,我们也可以将体育旅游业称为"引爆产业"。

6. 涉外性

当前,国际化的旅游模式逐渐成形,这也使得体育旅游业成为一项可以涉及国与国之间的人际交往的产业,将其较强的涉外性特征充分体现了出来。当代体育旅游是一种跨国界的广泛的人际交往活动。一个国家既可以是体育旅游的接待国,也可以是体育旅游的客源国,由于各国的社会制度、社会文化、生活方式等诸方面都存在较大差异,因此,发展国际体育旅游业的政策性很强,具有较强的涉外色彩。

(四)体育旅游业在体育旅游发展中的重要作用

作为体育旅游的重要组成部分,体育旅游业是体育旅游得以发展和实施的重要载体。因此,从某种意义上来说,体育旅游业的发展,对体育旅游的发展有着非常重要的推动作用,具体来说,其推动作用主要体现在三个方面,即供给作用、组织作用以及便利作用。

1. 供给作用

体育旅游业在推动体育旅游发展方面所起到的供给作用,主要从它是体育旅游供给的重要提供者方面得到体现。这种供给对体育旅游来说是非常重要的。可以说,如果没有这种供给,尽管体育旅游并不能呈现出自生自灭的现象,但是,至少会在一定程度上影响到体育旅游的发展速度;相反,如果有了体育旅游业的供给,就能够有效保证体育旅游由小到大、由弱到强、健康有序的发展,从而为体育旅游市场的不断壮大起到重要的推动作用。由此可以看出,作为体育旅游发展的领军部门,体育旅游业在推动体育旅游业发展中的作用是不容忽视的。

2. 组织作用

体育旅游的组织作用在推动体育旅游发展中也是较为显著的。需求和供给是体育旅游不可缺少的相辅相成的两个重要方面,也是体育旅游存在和发展的必要条件。如果只有体育旅游需求而没有体育旅游供给,体育旅游便不可能存在和发展。体育旅游业在供给方面要以市场的需要为主要依据,来组织自己的一系列配套产品,提供给市场,提供给体育旅游消费者;而在需求方面,体育旅游业更是通过各种方式为自己的产品组织客源,将体育旅游消费者引向自己的产品供给。这种组织就使得供需双方的联合得以形成。从旅游业诞生之日起,其就突出了其重要的组织作用,而且正是由于这种组织作用,才使体育旅游业从无到有,并且积极推动了体育旅游活动的规模发展。体育旅游业发挥组织作用产生了非常多且有意义的结果,其主要从现代包价体育旅游的推出和包价体育旅游团以及自助的"背包客"的流行等方面得到体现。

3. 便利作用

利用体育旅游业提供的便利服务完成体育旅游活动不仅是现代体育旅游的一个重要特点,同时,这也已经成为一种常规化的旅游模式。体育旅游者利用体育旅游业提供的旅游服务,已经成为一种较为普遍的现象了。尽管使用体育旅游业提供的旅游服务并不是体育旅游者旅游的目的所在,但是,旅游服务也起到了非常重要的作用,其不仅将客源地与目的地联系在一起,同时也将旅游动机与旅游目的实现起到了重要的连接作用。在已经具备了需求条件的前提下,旅游过程中有可能遇到的各种困难问题担心已经可以通过体育旅游服务来得以解决,同时,也不必担心他们的旅行以及在旅游目的地停留期间的生活和活动,有关的体育旅游企业都能够为他们将这些后顾之忧安排好。体育旅游业的这种便利作用在很大程度上刺激了体育旅游活动的发展。正是由于受到这种便利作用的刺激,体育旅游活动的规模越来越大,同时,也使得人们外出体育旅游的距离也越来越远,项目也越来越精彩、刺激,也就在很大程度上促进了体育旅游的进一步的扩大化发展,并且突破了地域性的局限,为体育旅游朝着更广大的范围发展起到了积极的促进作用。

综上所述,现代体育旅游活动之所以能够发展到今天的规模,与体育旅游业的便利作用有着非常密切的联系。因此可以说,体育旅游业是现代体育旅游中完成体育旅游活动的要素之一,对体育旅游活动的开展起到积极的推动作用,同时,其也是最积极、最活跃的一个因素,在体育旅游的发展过程中,要进一步重视这一方面。

第二节　国内外体育旅游产业发展的现状分析

在旅游与体育的有机结合下,产生了体育旅游这一新兴旅游产业,它是体育资源与旅游资源之间互补互利的结构,是一种以体育为主要活动内容的旅游活动。世界体育旅游产业的发展对各国各地区的经济发展、自然环境、人文传播都起到了非常大的促进作用,同时也极大地满足了个体所存在的较高层次文化娱乐健身需求。可以说体育旅游业的发展,带动了体育市场和旅游市场的双向发展,对促进国民经济增长和社会进步都有着非常重要的意义。

一、国外体育旅游业的发展现状

关于体育旅游的最早记录可追溯到公元前 776 年的古奥林匹克运动会。谷底运动会将强化人们的文化融合观念作为主要目的,但是罗马人还是把体育与旅游结合起来,在奥林匹克运动会期间吸引数万名来自希腊各地的观众。然而在古代,由于受到社会经济发展水平以及交通运输落后等多方面原因的影响,普通人外出旅游和参加体育活动的机会非常少,如在罗马帝国时期,娱乐性旅游活动的参与者都是贵族和上流社会人士。在这种情况下,没有形成真正意义上的旅游业以及体育旅游。可以说,这是真正意义上的旅游业形成的一个重要背景和前提。

19 世纪中叶近代旅游业开始发源,英国人托马斯·库克(1808—1892年)在 1841 年时以一个偶然的机会开始其旅游业生涯,他不仅组建了旅游的各种经营机构,开发了多种形式的旅游活动,还以一种全新的旅行理念向旅客提供综合性旅游服务,从而开创了近代旅游业。同时,在欧洲出现了许多相似的组织,为游客提供日程安排、交通工具等服务。由于工业革命带来生产力和人们生活水平的提高,加之交通运输状况的改变,推进着旅游业的发展。旅游者的增多和出游量的增加,也在一定程度上带动了社会上为旅游提供服务的相关行业的发展。到 19 世纪后期,旅游作为一种产业已初见端倪。

　　欧洲的文艺复兴和工业革命,使人们的观念更新,劳动生产力也得到了解放,社会经济得以较大发展,给现代旅游业的出现奠定了基础。实际上,体育旅游与近代旅游业几乎是同步产生的,在 1857 年,英国就成立登山俱乐部,专门向登山旅游爱好者提供各种旅游服务。在 1883 年,挪威、瑞士等国成立了滑雪俱乐部,为滑雪爱好者提供各种服务。在 1885 年,英国又成立了野营(帐篷)俱乐部,主要是向喜爱野外活动的旅游者提供野外的食宿设施及相关服务。而在 1890 年,法国、德国等也相继成立了休闲观光俱乐部,向旅客提供类似的旅游服务。

　　19 世纪后半期,随着欧美一些国家的快速发展,极大地改善了人们的生活水平,使其闲暇时间增多,这些都为新观念和新文化的发展提供了条件。在当时,休闲、度假、疗养、健身、娱乐等活动已经成为人们追捧的时尚活动。一大批集食、宿、游、娱于一体的闲暇疗养胜地、度假中心、娱乐场所、休闲设施欣欣向荣地发展起来。室内娱乐项目开始出现骨牌、投镖、台球、桥牌、保龄球等。户外开始流行登山、滑雪、漂流等体育项目以及赛马、垂钓、打猎、棒球、垒球、网球、高尔夫球、射击等休闲体育健身活动。

　　20 世纪初,一些国家逐渐出现体育健身和各种闲暇娱乐为主体的休闲娱乐业,并形成了一定的规模。例如,在 1929 年,美国的休闲娱乐业占服务业国民收入的 8%,占全国国民收入总额的 0.93%。90 年代中期,英国已有高尔夫球场 2 350 个,每一球场拥有 1 050 名会员。法国有世界上最著名的滑雪旅游胜地,1994 年冬季该国滑雪者人数达 540 万,其中外国滑雪者 180 万,占法国滑雪营业额的 78%。截至 2001 年底,世界共有滑雪场 6 000 个,滑雪爱好者有 4 亿,年收入 500 亿美元以上。在欧美,每年约有 10% 的人参与滑雪,滑雪旅游已成为许多雪资源富有国家的重点发展产业。

　　随着 20 世纪中后期,旅游业的快速发展和各类体育运动项目普及程度的加深,欧美一些国家的体育旅游项目得到了迅猛发展。高山滑雪、徒步登山、海边沐浴、帆船、冲浪,以及攀崖、漂流、探险等深受人们喜爱的项目不断出现在身边。例如,瑞士的小镇达沃斯,充分利用和开发其坐落在阿尔卑斯山脉的自然条件,形成了一年四季均有多种可参与性体育活动的特色,成为世界著名的体育旅游胜地。在亚洲,日本和韩国的许多旅游点还设有相应的体育娱乐项目和设施,给旅游者提供体育健身娱乐服务。在经济发达的国家,利用自然资源举办各种野营和回归大自然的活动也相当普及。

　　除了这些参与性的体育旅游产业外,观赏性体育旅游产业也随着人们对奥运会、世界杯足球赛等大型国际比赛与日俱增的热情而蓬勃发展起来。利用大型国际体育赛事进行体育旅游开发,已成为大赛主办国与举办城市极为重视的重要的经济收入来源,旅游行业本身也从奥运会等大型比赛的旅游商机中最大程度地受益。

例如,大量的旅游收入给每届奥运会带来稳定的商机和丰厚的经济利益。1996 年的亚特兰大奥运会锦上添花,入境游客达 35 万人,佐治亚州的旅游收入高达 35 亿美元。2000 年悉尼奥运会更是前所未有的旅游盛会,在奥运会举行的十几天里,有 25 万名外国人来悉尼观战,如果算上 1997—2000 年期间所有与奥运会有关的到访者,人数增加到了 150 万,仅在旅游业方面为澳大利亚带来的经济利益就高达 42.7 亿美元。在悉尼奥运会旅游商机的把握上,仅有几十万从业人员的澳大利亚旅游部门就分吃一个总额达 40 亿美元以上的大蛋糕。

1988 年汉城奥运会时,数十万海外观众前往观看比赛掀起了韩国的"旅游热潮"。尝到甜头的韩国人又力争到与日本共同主办 2002 年世界杯足球赛,欲借此机会东山再起。面对被称为世界第一运动拥有 10 亿观众的足球比赛,举办世界杯最明显的好处就是可以吸引大量游客,给本国带来不菲的经济利益。据韩国有关人士估计:世界杯足球比赛期间,韩国的旅游收入达 4 亿美元以上。而 2004 年的雅典奥运会、2008 年的北京奥运会和 2012 年的伦敦奥运会更是翻开了新世纪体育旅游业发展的新篇章,不仅直接的旅游收入超过了以往的任何一届奥运会,而且所造成的影响也是非常深远。

总的来说,体育与旅游的结合在国外已经有了 100 多年的历史,而今作为现代人生活方式的内容之一,体育旅游在世界上许多经济发达国家中已得到较深层的开发和较充分的利用,体育旅游业已成为整个社会休闲业中不可缺少的组成部分。欧美的体育旅游已经形成了巨大的市场。

二、我国体育旅游业的发展现状

(一)我国体育旅游业的产生与发展

由于我国有着广阔的地域,这就使我国具有了非常丰富的体育旅游资源,加上传统文化的影响,使得我国体育旅游更具民族特色,这些都为我国体育旅游产业的发展提供了良好的自然条件。在东北各省有天然滑雪场以及国家级森林公园数十个,是冬季滑雪旅游的胜地;在我国万里海岸线上,有诸多著名的海滨城市,如大连、秦皇岛、青岛、厦门、三亚等地,都是游泳、潜水、日光浴等理想的体育旅游场所;内陆众多的江河、湖泊和水库多可用于开展漂流、划船等体育娱乐活动;我国的许多名山大川,也为登山、攀岩等活动的开展创造了条件。

新中国成立后,由于处在重建阶段,人民的生活水平普遍较低,人们只能进行一些简单的体育健身活动,例如,跑步、打球、游泳、钓鱼、登山、骑自行车、溜冰等。而随着改革开放的逐步深入,我国的旅游业得到了较快发展,兴建了大量的星级宾馆、饭店,也引进了许多海外健身配套设施。加上交通、通讯等基础设施的极大改善,极大地方便了人们的外出旅游活动。随着人民生活水平的不断提高,传统的健身活动已经无法满足个体的需要,逐渐产生多元化的健身需求。体育旅游作为一种可供选择的健身休闲方式,因其兼有娱乐、刺激等独特的魅力,越来越受到欢迎,滑雪、漂流、攀岩、登山、沙漠探险、徒步旅游、自行车旅游、自驾车旅游、高尔夫旅游、武术健身游、海滨健身游等体育旅游项目在我国逐渐兴起。

(二)我国各地市体育旅游业的发展

近年来,发展我国的体育旅游业已开始得到国家有关部门的重视与支持。例如,国家旅游局把 2001 年定为"体育旅游年",并在相关文件中公布了 2001 年中国体育健身游主要活动内容。政府主管部门推出这些体育旅游产品,对宣传体育旅游,促进我国体育旅游业的发展有着积极的意义。

1. 将体育旅游业的开发作为新的经济增长点

当前,国内有很多地方将开发体育旅游业作为当地旅游经济新的增长点,并对其发展进行科学的规划。其中,较为典型的当属四川、安徽、贵州以及澳门。下面就对这几个地方体育旅游业的开发与发展情况进行分析和阐述。

(1)澳门体育旅游业的发展

澳门回归后,为了能够进一步提升澳门的国际知名度,吸引外地旅客来澳门观赏及参与活动,增加澳门的旅游消费,特区政府提出了"体育旅游"的施政方针。从此,澳门的体育旅游市场在政府政策指导下得到了难得的发展机遇。近年来,澳门积极筹办体育旅游活动,致力于将澳门建设成为体育旅游业的国际模范城市。体育旅游业能够使澳门的国际知名度得到有效的提升,亦将成为澳门独特的生活特色和文化遗产。澳门以体育赛事为主、休闲健身为辅的体育旅游市场格局,不仅能够促使澳门打造成为"世界旅游休闲中心",而且对于促进澳门经济从依靠单一的博彩业向多元的经济发展模式迈进也会产生积极的影响。

(2)安徽省体育旅游业的开发与发展

安徽省为落实省委、省政府《关于推进旅游产业大省建设的意见》,充分开发、利用体育和旅游资源,推动体育旅游产业大发展,为全省经济社会又好又快发展、实现安徽快速崛起提供有力支撑。省体育局、省旅游局决定共同推进体育旅游产业大省建设，全面推动各级体育和旅游行政部门通力合作，将体育和旅游两个产业的优势充分发挥出来，共享体育和旅游资源，在开发多种类型体育旅游产品的基础上，将安徽地方特色突出出来，打造体育旅游品牌产品，共建体育旅游产业大省。两局将通力合作，围绕《体育旅游产品发展规划》，认真落实战略合作框架协议的各项内容和要求，积极推动各级体育和旅游部门全面合作，共同开发体育和旅游两大资源。

（3）四川省体育旅游业的开发与发展

四川省在《"十一五"旅游产业发展规划》中就提到要开发"体育健康旅游产品"和"自驾车旅游产品"。具体意见是：在体育健康旅游产品开发上，依托大型体育赛事和健身运动场馆，大力发展体育旅游。充分利用中医药和少数民族医药资源，将其在康体理疗方面的特殊功效充分发挥出来，规划建设矿泉、中药康体旅游产品，开拓康体旅游市场。重视通过对山岳资源的利用来发展户外专项旅游。在自驾车旅游产品开发上适应汽车大众化和本省公路网的发展，重点推出香格里拉秘境之旅、重走长征路、剑门蜀道、攀西大裂谷探秘、南方丝绸之路、茶马古道等自驾车旅游，规划建设自驾车营地、汽车旅馆、餐馆、影院等服务设施，在自驾车旅游沿线建设厕所、加油站、服务区等配套设施。

（4）贵州省体育旅游业的发展

2008 年 1 月，贵州省发展和改革委员会对一个体育旅游开发项目——规划占地 1 218 公顷，总建筑面积 22.8 万平方米，项目建设内容分为综合服务接待区、民族风情展示区、休闲度假区、球类运动区、山地运动区、台地运动区、极限运动区七个功能区，总投资估算约 6.5 亿元的"龙里国际山地体育休闲旅游项目"给予了同意建设的批复。

2. 有针对性地提出发展当地体育旅游业

开发当地体育旅游业的建议被许多有识之士提出。其中，较为具有代表性的有重庆、河南南阳两个地方，具体如下。

（1）重庆市体育旅游业的开发与发展

重庆政协委员建议以体育为突破口发展旅游，在市政协会议上提交了《重庆体育旅游的发展现状、问题与对策建议》的提案，该提案建议相关部门可以深入调查评估重庆的体育资源，尤其是民族民俗性体育资源，并在此基础上编制重庆市体育旅游发展规划，做好体育旅游项目策划。与此同时，当地还需要加快体育设施建设，完善现代体育设施体系和体育旅游服务配套设施体系，为开发旅游资源和塑造体育旅游品牌奠定理论和物质基础。在此基础上,重庆还可以因地制宜地开发各种旅游项目,如利用山地旅游区开发山地自行车、摩托车、汽车越野竞技性体育旅游项目,利用各地民俗资源开发竹竿舞、舞龙舞狮、划龙舟等具有观赏性、参与性的体育旅游项目,利用悬崖绝壁开发攀岩、岩降等挑战性旅游项目。针对缺乏专业人才的问题,重庆应该加快培养体育旅游人才的步伐,强化体育旅游从业人员的岗位培训和职业教育,使其不仅掌握一定的体育运动技能和相关知识,并且具备一定的组织协调能力,以满足重庆体育旅游未来的发展。

(2)河南南阳体育旅游的开发与发展

目前,河南省南阳市有5 000多名"驴友",有1 000多名车友,他们通过自己的网站自发组织登山探险旅游,他们的足迹遍布南阳人迹罕至的崇山峻岭、险滩河谷。南阳市体育局局长说,体育休闲旅游作为体育产业与旅游产业交叉渗透产生的一个新的领域,是以体育资源和旅游资源为基础,通过各种规划、设计、组合的体育活动、体育赛事吸引人们的参与,进而使人们感受体育活动与大自然情趣的互动体验形式的休闲生活方式。"体育与旅游就像连体婴儿,不仅不能分开,还要深度合作,只有这样,才能实现体育与旅游的双赢,实现最大化的国民体育休闲旅游。"

3. 各地的体育旅游发展迅速

这些年来,我国各地的体育旅游如雨后春笋般地发展起来。

(1)北京体育旅游业的发展

如2009年年初,北京市打出了"回味奥运,圆梦首都"的主题,从上半年旅游市场的整体情况看,这一主题成为最大热点。2009年7月中旬,奥林匹克公园又在北京首次举行了名为"游精彩奥园,赏亮丽夜景,享凉爽夏日"的旅游推介会。奥林匹克公园大型活动负责人说,目前正在盘活各场馆的旅游资源,融入后奥运文化元素,致力于把奥林匹克公园打造成国际现代化的时尚旅游中心和北京市民满意的日常休闲场所。奥运会后,以鸟巢、水立方为代表的奥运新旅游景点迎来了参观高峰,奥林匹克公园每天接待游客6万至7万人次,为北京市带来了丰厚的经济效益。

(2)无锡市体育旅游业的发展

2004年,无锡市旅游局与体育部门一起参加中国体育旅游展示大会。2005年年初,无锡旅游、园林、文化、体育等部门探讨合作,其合作意向一是2005年围绕太湖做文章,打造"环太湖旅游圈"和"环太湖体育圈",发展环太湖的自行车、自驾车、长跑、水上项目、极限运动等体育旅游健身活动。二是积极引进国际性比赛项目,将太湖建成中国的水上运动基地。三是通过环太湖的苏州、无锡、常州、芜湖4城市在旅游、体育等方面的合作交流,扩大旅游、体育共振效应。同时,联手举办国际性、全国性体育、文化和园林艺术活动,提高城市知名度,带动无锡会展、商务旅游发展。四是将无锡太湖旅游节与上海旅游节相呼应,办成沪、苏、浙联动,融旅游、文化、体育、园林等一体的大型品牌节庆活动。

(3)黑龙江体育旅游业的发展

黑龙江作为我国冰雪体育运动的大省,在很早的时期就形成了参与冰雪运动的热潮,特别是成功地举办了世界大冬会,极大地增强了人们对冰雪体育的热爱,掀起了新一轮冰雪体育旅游的高潮。独具特色的滑冰、冬泳、冰雪汽车拉力赛、雪地足球等冰雪体育旅游项目在国内创出了品牌,尤其是滑雪旅游更是接待人次连年呈两位数以上增长。

(4)青海体育旅游业的发展

青海省"环青海湖民族体育旅游圈"正是依托多巴国家高原体育训练基地的良好地理环境,积极开展具有高原特色的全民健身活动,创出了具有青海特色的民族文化、体育、旅游品牌。当地发挥青海湖流域自然景观壮美、文化底蕴深厚、民族特色浓郁的优势,利用环湖地区的各种自然、远古文化等资源,开展自助游(包括徒步、骑自行车、长跑、接力跑等)、射箭、赛马、赛牦牛、帆板、帆船、动力伞、滑翔、登山、攀岩、攀冰、漂流等项目。目前,青海省正在考虑利用青海湖域的优势,建设若干标志性的体育旅游基地,开发青少年体育营地、民俗民间体育、抢渡黄河极限挑战赛及水上运动等项目、以引导更多的群众进行体育旅游消费。

三、我国体育旅游产业发展中存在的问题

我国体育旅游产业取得了一定的发展成果,但是同时,其中的一些问题也不能忽视,下面就对较为主要的几个问题进行分析和阐述。

(一)体育旅游产业的理论研究较为滞后

我国体育旅游产业数量扩张的速度非常快,与此同时,我国体育旅游产业发展中的深层次矛盾也逐步出现。其中,比较具有代表性的问题有:体育旅游资源的可持续开发问题;体育旅游人才开发与培养问题;体育旅游服务质量问题;体育旅游产业政策体系的建立健全;体育旅游基础设施建设和产品开发不能适应高速发展的体育旅游市场的需要;体育旅游在 wTO 框架下如何进行有效的对外竞争;体育旅游市场秩序、体育旅游投资融资服务;体育旅游与政府行为、体育旅游与环境保护、体育旅游与社会文化的融合、体育旅游产业组织形态的演化、外国体育旅游产业理论的中国特色化改造等,

这些都需要运用相关的理论进行研究。

但目前的实际情况是,体育旅游产业理论研究滞后,而且往往仅限于体育旅游者行为与市场、体育旅游资源评价与开发等较窄范围内,层次也较浅。随着体育旅游产业是国民经济新的增长点的产业定位,国家开始逐步重视从政策上引导体育旅游产业的发展,而体育旅游产业发展实践中出现的各种新问题以及体育旅游产业经济学作为独立学科的理论构建都急需解决。

(二)区域体育合作有待改善

一定区域范围内不同地区之间的体育旅游经济主体,依据一定的协议章程或合同,将体育旅游资源在地区之间重新配置、组合,以便获取最大的经济效益、社会效益和生态效益的体育旅游经济活动,就是所谓的区域体育旅游合作。

通常情况下,区域体育旅游合作的发展形态往往会经历不同的发展形态,即离散态、聚集态、成熟态。在离散态阶段,各个区域各自发展体育旅游,区域体育合作尚未形成;在聚集态,区域体育旅游合作主要采取"以点带线"的增长战略,主要体现体育旅游带的形式;在成熟态,主要采取"中心极化、区域均衡"的区域一体化战略,形成国际体育旅游圈的形式。

但是,目前我国区域体育旅游合作尚处于初级阶段,体育旅游资源整合带以及基于行政区域基础上的小板块体育旅游空间发展形态还没有正式形成,只是大体形成而已。虽然国家体育总局推行建设 16 个体育圈,但目前有几个实施进展较为缓慢,未达成事先预期,这几个是"环太湖体育圈""环青海湖民族旅游圈""长三角体育圈""环京津体育旅游网"。导致这一现象的主要原因有三个方面:首先,各个地区的体育旅游资源的开发与规划缺乏宏观的理论指导,存在地域的局限性,没能够打破地域界限,区域间的体育旅游系统规划、开发与协调较为缺乏;其次,没有将区域体育旅游资源的整体优势和综合功能体现出来,特别是跨区域的体育旅游项目经营协作、促销与综合服务网络尚未形成;最后,体育旅游产品缺乏统一的促销氛围,难以形成整体的形象和持续的效应。这些是使我国各个地区体育旅游资源的开发利用程度大大降低的主要因素。

(三)发展过程中的"政府失灵"

通过现代产业经济学的理论的运用分析,并且国外体育旅游产业发展的实践经验相结合来看,体育旅游产业的发展和政府与市场的合理分工与协作是有一定的关系的。由于我国体育旅游产业发展处于社会主义市场经济体制的背景下,因此必须强调政府主导,政府在发展体育旅游产业过程中应在整体战略规划、政策引导、信息服务、市场秩序规范、基础设施与服务供给、规划实施与监督、提升产业素质等方面发挥作用。同时在运用各种法律、政策、经济手段与方法激励企业发展,规范企业运营行为,维护消费者利益,体育旅游产业整体形象宣传,体育旅游品牌形象塑造,改善体育旅游大环境等方面,政府更是起着无可替代的作用。只有当政府依托行政体制和行政权力来将自身所掌握的各种经济资源、政治资源都动员起来,才能迅速地为体育旅游产业发展制造良好的基础设施环境、公共服务环境,从而使体育旅游产业较大的规模和供给能力得以有效形成。

当前,我国经济体制正处于转型期,在这一重要时期,就要求政府应积极推动体育旅游企业的改制、改组工作,建立现代企业制度,构建企业决策体系、日常管理制度、人事聘用制度,并采取宏观调控手段促进体育旅游产业组织扩张,来对体育旅游产业企业集团化发展产生积极的刺激作用,并为大型体育旅游企业进行资本运营,创造良好的制度环境。但是目前的实际情况是,我国政府对体育旅游产业采取的是粗放式的管理,没有形成长远的发展规划,缺乏产业政策的引导,体育旅游产业多头管理,体育旅游产业发展所需的各项管理法规与举措缺位,更遑论对体育旅游产业发展提供量足质优的基础设施与公共服务。同时区域体育旅游合作不畅,目前16个体育圈的实施进程较为缓慢也与政府处于"角色沉默"状态有关。由此可以得知,我国体育旅游产业发展存在着"政府失灵"的问题,急需解决。

(四)发展过程中的"市场失灵"

市场经济条件下的体育旅游产业发展的出发点应该是市场上的各种体育旅游需求,体育旅游产业为求得自身的发展会主动适应市场变化自发调整供给,从而满足市场需求,参与体育旅游产业发展的各个市场主体也通过运用市场竞争手段实现优胜劣汰,这一演进的过程应是在一种有效的市场秩序中完成的。但在现实中,我国体育旅游产业的发展存在着"市场失灵",具体来说,主要从以下几个方面得到体现。

1. 社会成本过高的现象依然存在

由于受到市场竞争压力的影响,许多经营体育旅游项目的企业会进行涸泽而渔的短期行为,较为常见的有破坏生态环境进行毁灭性开发、侵蚀国有资产、欺骗和损害体育旅游消费者利益,并进而导致民族传统体育文化失传与异化、形成对传统生活方式的冲击等,从而在一定程度上限制甚至阻碍了体育旅游产业的可持续发展。

2. 体育旅游产品同质化、低级化

某些地区,往往在看到体育旅游产业对地区经济发展所具有的重大作用,以及体育旅游产业作为新兴产业投资领域具有较为丰厚的回报率,会盲目地上马一些较为火爆的体育旅游项目。除此之外,为了减少产品创新所带来的成本压力,缩短成本回收周期,因而对体育旅游产业产品进行模仿和抄袭。这些都会对当地的体育旅游产业造成不良的影响,主要表现为体育旅游产业发展的人为波动性,不仅不利于当地经济的发展,还可能造成资源浪费。

3. 体育旅游要素较为缺乏

我国体育旅游产业发展所需的人、财物、资源、信息等各种基本要素仍然匮乏且配置效率低下。现实中我国体育旅游产业发展中所面临的经营管理人才匮乏、经营思想观念落后、融资借贷难等问题的出现都说明市场机制存在失灵现象。

4. 体育与旅游的结合程度相对较低

通过对国家 4A 级旅游区(点)内设立体育旅游项目的分布情况的研究可以看出,多数景区具备体育旅游开发条件并且已经提供了大量多样的体育活动项目。但是,这些项目与当地的旅游状况结合的程度较低,有待进一步加强。

(五)形成对"比较优势"的路径依赖

美国著名经济学家诺思对路径依赖的理解为,从本质上来说,路径依赖是一种制度变迁的自我强化机制,换句话说,就是制度变迁会顺沿着当初选定的路径进行变迁,从而产生两种结局:一种是进入到良性循环轨道,从而获得优化和发展;另一种是顺着错误的路径一直延续下去甚至被"锁定"在某种无效率的状态而导致停滞。我国体育旅游产业从开始发展就是秉持比较优势发展战略,各地依托其具有比较优势的体育旅游资源进行开发,形成了资源导向型开发模式。但是目前体育旅游产业发展形成了比较优势发展战略的"路径依赖",这是不利于体育旅游产业的长期发展的。

当前东部体育旅游产业发展就形成了"比较优势"的路径依赖,主要表现在以下几个方面:首先,是体育旅游资源空间布局失衡,体育旅游产业资源扩散效应不足;其次,是体育旅游赛事资源的开发价值逐年下滑;再次,是体育旅游产业市场的开发与经营力度不够,没有依托东部地区雄厚的经济实力和居民旺盛的体育旅游需求来拓展其产业市场规模;最后,是产品创新不足。体育旅游产品类型结构单一,难以对消费者产生吸引力,且产品开发存在较为严重的抄袭、模仿、跟风现象,造成资源的浪费。

西部体育旅游产业发展也面临同样境遇,其"比较优势"的路径依赖主要表现在以下几个方面:首先,是体育旅游资源开发观念落后。西部重视对具有比较优势的民族体育旅游资源开发,但是对于体育旅游产品营销缺乏足够的认识,体育旅游营销策划意识淡漠、策略营销专业技能水平低下,未能找准民族体育文化特色这一最大卖点进行包装与推广。其次,是体育旅游产品结构失衡。出于对体育旅游资源开发成本和难易程度的考虑,西部体育旅游产品大多是观赏型体育旅游产品,未能依托其独特的地质地貌、水文气候推出惊险、刺激具有很高体验效用的参与性体育旅游产品。最后,是没有将自然资源和人文资源进行有效的整合实施综合开发,没有突出资源优势与区域产业发展合力并逐步形成垄断局面,没有形成良好的品牌意识,产品的知名度和影响力小。

除上述几个较为显著的问题之外,我国体育旅游业发展中还存在其他问题,比如,有效的政府引导和多部门协管机制较为缺乏;对体育旅游的规划引导较为缺乏;体育旅游产品体系不健全;体育旅游人才缺乏;体育旅游基础设施严重不足;体育旅游相关制度落后和体育旅游的营销渠道单一、宣传薄弱等。

四、全面推进我国体育旅游业发展的建议

我国的很多地区已经开始实施利用各自的资源优势,走独具特色的体育旅游的发展道路,并且取得了一定的成效。比如,典型的事例有:沿海地区打海洋牌,东北地区打冰雪运动牌,西北地区打登山探险牌、西南地区则把重点放在户外运动园区及赛事的开发上。新疆、内蒙古每年都要举行的那达慕大会,汇集了摔跤、赛马、射箭等诸多民族传统体育赛事,四川省规划在该省西部打造出户外运动的"天堂"景区,重庆武隆的国际山地户外公开赛、贵州荔波的全国同地户外运动锦标赛、云南玉溪的户外运动联盟大会等。

随着我国经济社会的快速、健康发展,以及和谐社会建设步伐的不断加快,作为一种全新的休闲方式,体育旅游已成为居民新的消费热点,体育产业与旅游产业融合发展的态势愈发明显。由此可以看出,加快推进体育旅游的合作,是顺应市场需求、推进科学发展的重要举措,是实现相互促进、共同发展的重要途径,是有效拉动内需、促进产业结构调整的实际步骤。

为推进我国体育旅游业的发展,特提出以下几个方面的建议。

第一,要对国家关于发展体育和旅游的精神实质进行认真的学习,并且做到全面领会。旅游全行业和体育全行业进一步加强对党中央国务院精神的学习,从战略的高度进一步提高对体育旅游融合发展的认识,坚定做好工作的信心和决心。

第二,要加强合作,不断开创体育旅游部门合作新局面。旅游部门和体育部门科学谋划,努力实践,要使体育旅游融合发展的体制机制有所创新,对促进发展的工作方式和方法进行积极的探索,对相关政策措施进行仔细研究,从而对体育旅游的健康发展起到积极的引导作用。

第三,增加供给,大力培育体育旅游消费热点。鼓励旅游企业和体育企业以市场需求为导向,加强合作,创意策划,提供更为丰富、适销对路的体育旅游产品,从而使体育旅游产品的文化内涵得到进一步的提升。鼓励各级政府深度挖掘、合理配置资源,培育各类要素,加大对体育旅游基础设施的投入。鼓励社会资本投资体育旅游,对体育旅游的多元化发展起到积极的促进作用。

第四,通过服务品质的提升,使体育旅游消费环境得到进一步的优化。以人为本,鼓励企业根据游客需求创新服务,为游客提供更为放心、更加满意的消费环境。倡导健康、绿色生活理念,引导积极向上的体育旅游消费观念。关注民生、强化服务意识,加强政府对体育旅游的引导和市场监管,建立健全保障体系。

第五,将现代传媒的优势充分发挥出来,加强体育旅游与新闻传媒的联动,通过各种传播手段和方式的运用,形成覆盖面更广、影响力更大的社会舆论氛围。鼓励各方面力量积极参与到体育旅游发展中,促进旅游、体育与文化、服务、电信、交通等产业的关联发展。

第三节　体育旅游产业运作与管理的策略

体育旅游产品的销售是体育旅游产业运作与管理的中心内容,体育旅游产业运作与管理就是围绕如何将其产品推向消费者。从这一意义上讲,体育旅游产业运作与管理与其他产品的产业运作与管理在本质上是没有区别的,因而一般产业运作与管理中所采用的多种策略也可在体育旅游产业运作与管理中使用。

一般来说,体育旅游产业运作与管理中经常用到的策略主要有以下几个方面。

一、无差异目标市场策略

体育旅游企业是把整个客源市场作为目标市场来经营的一种营销策略,就是所谓的无差异目标市场策略。通常,可以以多种因素和标准对客源市场进行分类,但是,如果客源市场对产品的要求不存在实质性的或有经济意义的差别时,体育旅游企业就可采用无差异的目标市场策略。

一般来说,体育旅游企业的无差异目标市场策略对于以下三种情况是较为适用的。

第一,整个客源市场的需求虽有差别,但需求的相似程度较大。

第二,客源市场的需求虽有实质上的差别,但各个需求差别群体的经济规模较小,不足以使体育旅游企业通过某个细分市场的经营取得效益。

第三,体育旅游业业内竞争程度较低,客源市场的需求强度较高。

成本较低是体育旅游企业采取无差异目标市场策略的经济优势所在。一般来讲,无差异目标市场策略使旅行社向市场提供标准化产品,能够使产品开发、广告促销、市场调研以及市场管理的各项费用大大降低,这对于企业形成规模经济是较为有利的。

二、差异性目标市场策略

体育旅游企业在多个细分市场上经营,并为每个存在明显需求差异的细分市场设计不同的经营方案的策略,就是所谓的差异性目标市场策略。

通常来说,体育旅游企业差异性目标市场策略对于以下三种情况是较为适用的。

第一,客源市场的需求存在着明显的差异。

第二,按细分因素与细分标准划分的各类客源市场都具有一定的经营价值。

第三,体育旅游企业规模较大,以产品经营能力占领更多的细分市场。

相较于无差异性目标市场策略,差异性目标市场策略往往能取得更好的经营绩效。体育旅游企业差异性目标市场策略被许多体育旅游企业普遍采取,究其原因,主要是由于它针对性强,满足市场需求的程度高,对体育旅游企业扩大市场占有率是十分有利的。但是同时也需要强调的是,体育旅游企业采取差异性目标市场策略,会增加经营成本,因为体育旅游企业要向不同的细分市场提供不同的产品、制定并实行不同的经营、建立不同的销售网络,并经常研究客源市场上的差异,而所有这一切又都需要相应的资金投入,这些则是体育旅游企业差异性目标市场策略的劣势所在。

三、市场营销组合策略

　　旅游企业在选定的目标市场上综合运用各种市场营销策略和手段,以销售产品,并取得最佳经济效益的策略组合,就是所谓的市场营销组合策略。市场营销的因素的组合方式有很多种,其中,把市场手段或营销因素分成四大类——产品、价格、销售渠道、促销的“4Ps”分类方法运用最为广泛。

　　市场营销组合策略有着较为显著的特点,具体来说,主要表现在以下几个方面。

　　(1)营销组合因素的可控性。市场营销组合的因素,是企业可以主动控制的因素,企业有选择的余地。企业可以通过市场调研,针对目标市场的特点,来将自己的产品组合确定下来,拟定定价目标,选择销售渠道,采用某种促销方式。

　　(2)市场营销组合的动态性。制定营销组合策略时,只要其中一个因素发生变化,就会对其他因素产生一定的影响,从而形成新的组合。

　　(3)市场营销组合策略的复合性。企业可控制的“4P”组合是企业的整体营销策略,而每个P所包含的因素也有一个组合问题。

　　(4)市场营销组合策略的统一性。各种营销手段都会在一定程度上影响顾客的购买行为,因而必须采取整体最优营销手段,从而使市场营销活动的有效性得到保障。

　　最后需要强调的是,在制定市场营销组合策略时,应该注意以下几个方面的事项:首先,价格、促销方式要服从产品和分销渠道;其次,市场营销组合中的各要素策略必须在综合分析的基础上同时制定;再次,市场营销组合的策略界限是销售额或利润额是否还会增加;最后,市场营销组合策略的制定要有对策性,要有利于加强产品在市场上的地位,避免恶性竞争。

四、市场细分策略

　　市场细分是从区别消费者的不同需求出发,以消费者购买行为的差异性为主要依据,把消费者总体划分为许多类似性购买群体。

　　市场细分对于旅游企业发现新的市场机会,形成新的目标市场都是较为有利的。任何企业都不可能满足所有消费者的一切需求,实行市场细分,就是要研究现有产品对各个细分市场需求的满足程度,帮助发现在市场中该企业自身条件能加以满足的消费需求,从而形成新的目标市场;市场细分有利于及时反馈信息和调整营销策略。市场细分后,企业比较容易了解消费者的意见和要求,信息反馈加快可使企业及时地根据消费需求的变化调整自己的营销策略,提高企业的应变能力。市场细分有利于企业提高经济效益。市场细分之后,企业可面对细分市场,有效地利用企业的资源和发挥企业特长,生产出适销对路的产品,以满足消费者的需求。由此可以看出,市场细分有着非常重要的作用和意义,因此,运作和管理体育旅游产业时采取市场细分策略是非常有必要的。

具体来说,在体育旅游产业运作与管理过程中遵循市场细分化,需要做到以下几个方面的要求。

首先,市场细分也就是市场分片集合化的过程。体育旅游企业先把总体市场按照划分标准分成若干个小的分片,然后再把一些小的市场分片相应地集合成较大的市场分片,使其有一定的规模,以适应商品的供销情况。

其次,市场细分后各市场的差异必须是明确和清楚的,细分的依据与标准要确切可行。各分片应当有各自的购买群体,有共同的特征,类似的购买行为。

再次,每个细分市场必须有适当的发展潜力。一个细分市场是否大到足以实现企业的营销目标,取决于这个分片的人数和购买力。当然,每个分片的潜在需求大小,还有待于企业去开拓和发展。

最后,细分后的市场应当在一段时期内能够保持相对稳定。只有当市场具有一定程度的稳定性时,才能够成为旅游企业制定较长期的市场营销策略的依据,变化太快、稳定性不强的市场会给企业营销带来较大的风险。

第十二章　体育赛事产业的运作与管理研究

随着人们精神文化生活的不断提高以及传媒技术的不断进步,体育赛事在全球范围内获得了很好的发展,体育赛事成为各个国家和地区进行城市营销的重要手段,体育赛事产业也逐渐成为休闲体育产业的重要组成部分。本章将首先对体育赛事产业基本理论进行阐述,然后对国内外体育赛事产业发展的现状以及体育赛事产业运作与管理的策略进行分析。

第一节　体育赛事产业基本理论

体育赛事产业相关的理论有很多,本节主要对体育赛事的产生与发展、体育赛事的概念、分类以及构成要素进行分析。

一、体育赛事的起源与发展

体育赛事是人类所进行的一种有目的、有组织的体育竞技活动。体育离不开竞赛,体育要想获得社会和人们的普遍认可,必须通过竞赛来实现。竞赛作为体育运动的基本特征,在体育的起源与发展过程中起到了重要的作用。

人类早期的身体练习与直接劳动过程的分离大约出现在旧石器时代中期,也就是母系氏族公社时期。在这一时期,人类不但能够打制多种石器,而且学会了制造骨器、飞石索和人工取火,人类的劳动技能也开始变得复杂和精细起来,思维和语言获得迅速发展。再现狩猎和采集劳动过程的原始宗教仪式的产生充分说明了在时间和空间上与直接劳动过程相分离的早期身体练习出现了。

到了旧石器时代晚期,人类渐渐学会了制造标枪和弓箭等复合工具。在大约母系氏族公社的繁荣时期,原始的农业、畜牧业、纺织业、制陶业均已出现,原始宗教与艺术也开始迅速发展起来。生产劳动过程变得更为复杂,生存环境要求人类必须具备应付各种条件下的生存技能,如射箭、举重、投掷等技能。这些运动技能和各种动作被人们更精细地整理分类和有计划地事先练习,并被组合起来作为特定的身体练习形式,这种练习形式特别集中地表现在模仿劳动的各种游戏之中。由于游戏这种运动形式需要参加者在公平条件下进行竞争，由此则需要双方共同遵守约定，于是就出现了具有约定条款的规定，形成了包括竞技参与者、场地器材和规定三位一体的竞赛形式，由此便逐渐形成多目的、多功能的运动形式，这种约定竞赛形式便是体育竞赛的雏形。这种游戏经过发展又逐渐形成了多运动项目、多运动形式的竞赛活动，同时又被作为获得各种身体素质与学习生产生活技能的一种重要手段而获得进一步发展。

通过大量的资料研究发现，民俗和宗教活动对早期运动竞赛的形成与发展起到了重要的推动作用。在原始民族的一些活动中，即将进入成年社会的青年往往要履行"成年礼"仪式。许多原始民族的成年礼，常常是由长者检验适龄男青年在狩猎、格斗或其他繁重劳动和生产技能等方面的能力，并确认他们是否具备有关知识与生存技能。由此便出现了专供训练所用的青年营。青年们在这里学习劳动、格斗、舞蹈、部落的历史与各种习俗等方面的知识与技能，并通过一些比赛性的活动检验或促进学习。这种原始的民俗活动大大推动了早期人类体育竞技活动的形成与发展，体育的性别分化也日益扩大。

体育竞技活动的出现表明身体活动开始进入一个新的发展阶段。体育竞技活动是早期身体练习发展的必然结果，并与之共存而流传下来，但它与一般的身体练习又有着本质的区别。体育竞技活动不是简单地模仿自然动作和劳动动作，而是更多地运用了人为设计的身体练习形式，如爬杆、抽陀螺、球戏等游戏活动。由于体育竞技活动充分表现了能力、智慧、意志以及审美情感等因素，因此在很多祭祀活动中，它自然而然地成为祭祀神祇、祭奠祖先、缅怀英雄、驱灾祛病、祈求丰年的重要形式，其中一些祭祀活动逐渐发展成为以竞技为主的祭祀运动会，许多体育竞技活动也开始在祭祀和巫术中获得发展。

由上述可知，古代体育赛事起源的渠道主要包括：一是从"游戏"发展而来，即人们所说的"玩"，人们参与体育赛事的最初目的是为了愉悦身心，只不过体育活动是一种比较高级的游戏方式，人们在玩的过程中往往会产生"比试"一下的心理，通过竞赛看谁玩得更好；二是人的身体发展的需要促进了体育竞赛的出现，人为了获得最基本的生活物质需要，就要想尽一切办法达到目的，比如跑得要快，跳得要高，战胜对手等技能，这些技能即我们现在所说的小步跑、高抬腿、后蹬跑等，它们是从大量的生产劳动和生活自然动作中分化提炼出来的一些有助于发展身体技能和能力的动作或练习，因此就要向经验丰富的长者学习基本的技术；三是为准备成年礼而对适龄男青年进行系统的身体训练的出现，它标志着人体自身发展的自觉意识已经初步产生;四是祭祀活动中体育竞技的产生,表明组织化的运动形式已经出现,这便是最早的体育赛事的雏形。

竞赛的起源经历了漫长的发展过程。在这个发展过程中无论是动物动作转化为人的动作,还是自然动作转化为身体练习动作过程中,生产劳动都起着至关重要的决定作用。

中世纪以后,欧洲的封建制度逐渐没落,欧洲一些地区的资本主义制度开始萌芽,新兴的资产阶级开始逐步登上历史的舞台。14世纪开始,欧洲大陆连续发生了文艺复兴、宗教改革和启蒙运动,渐渐打破中世纪宗教神学对人们思想的禁锢。在科学理性与人文精神的支配下,人的主体地位和价值尊严重新获得尊重。体育也逐渐从中世纪以来所倡导的禁欲主义中全面解脱出来,在吸收古代体育思想和人文主义精神的营养中,现代体育首先在学校教育中确立了自己的独特地位,并逐步由学校走向社会。在工业革命以后,欧洲大陆率先迈出了现代化的步伐,生产工具不断革新,机器大工业生产也开始迅速展开,这些都极大地提高了人类的生产能力,物质生活资料变得更为丰富,同时随着现代城市和交通工具的出现,人们之间的交流更为方便,交流机会大大增加,这些都为体育运动的发展和体育竞赛活动的开展奠定了坚实的物质基础。正是伴随着这些发展和进步,现代体育竞赛活动逐步形成,并获得了快速发展。

二、体育赛事的概念与分类

(一)体育赛事的概念

体育赛事指的是对以体育比赛为核心的一系列活动的总称。体育赛事是一项非常复杂的活动,它包括多个环节与内容,如体育比赛的筹备、组织、规划、实施等,另外还涉及管理的很多内容,如门票销售、媒体推广、赞助商合作、广告推广、赛事产品开发等经济活动。

在研究体育赛事的概念之前,首先应该对体育比赛的定义进行相应的了解。体育比赛是对在一定比赛规则允许下所从事的体育对抗性活动的总称。体育比赛内容众多,形式多样,它是一种包含诸多要素的综合性竞技活动,如组织机构设置、市场开发、人力资源管理以及比赛实施等方面。可以说,体育赛事与体育比赛的概念是非常近似的,但体育赛事的外延要远远大于体育比赛。体育赛事是对构成体育比赛的一系列活动的总称。二者的主要区别在于,体育比赛侧重于比赛的实施,而体育赛事则包括体育比赛的筹备、规划、实施、控制及收尾等各项活动。

(二)体育赛事的分类

根据不同的分类标准可以将体育赛事划分为不同的类型,划分体育赛事的类型对体育赛事体系的建立具有重要的意义。

1.根据比赛的对象与标准分类

(1)根据比赛参加者的年龄的不同可以将体育赛事划分为儿童比赛、少年比赛、青年比赛、成年比赛、老年比赛等。

(2)根据参赛者的不同行业可以将体育赛事划分为职工运动会、农民运动会、军人运动会、学生运动会等。

(3)根据参赛者的身体健康状况进行分类,可将体育赛事分为正常人比赛、残疾人比赛、智障人比赛等。

(4)根据体育比赛项目的不同数量可以将体育赛事划分为综合性比赛及单项比赛等。

(5)根据体育比赛的组织形式分类,可以将体育赛事分为集中组织的比赛和分散组织的通讯赛等。

(6)根据赛事的制度化程度分类,可以将体育赛事划分为非正式赛事、半正式赛事、正式赛事、职业赛事四种。

2.根据比赛规模分类

根据体育赛事的不同规模可以将体育赛事划分为以下不同的类型。

(1)超大型综合赛事:指那些周期性明显,并影响举办城市和举办地区的整体经济,在全球范围和广大媒体范围产生巨大回响的体育赛事,如全运会、亚运会、奥运会等。

(2)大型综合赛事:指那些周期性明显,并在举办城市和地区产生较大影响的体育赛事,如城运会、农民运动会、少数民族运动会、大学生运动会等。

(3)单项顶级赛事:指那些周期性明显的世界单项锦标赛,如世界杯足球赛、世界杯篮球赛、世界游泳锦标赛等。

(4)单项品牌赛事:指那些周期性明显的职业联赛,如 NBA、意甲联赛、英超联赛、网球公开赛等。

(5)单项商业赛事:指由企业和中介公司组织举办、政府部门协调、媒体产业参与、提供赛事产品和相关服务产品的体育赛事,如 NBA 中国季前赛、各种邀请赛、对抗赛等。

(6)一般赛事:指类似大型赛事,规模和水平递减,能够吸引较多观众、媒体和产生一定经济效益的体育赛事,如大众体育节、大众登山节、龙舟赛等。

3.根据比赛性质与任务分类

根据体育比赛的性质与任务进行分类,可以将体育赛事划分为以下几种类型。

(1)运动会。运动会的特点主要是项目多、规模大,举办时间周期一般情况下为一年或几年。如亚运会、全运会等。

(2)冠军赛或锦标赛。这一类型主要是指各个运动项目的单项比赛。如欧洲足球冠军联赛。

(3)对抗赛。这一类型主要是由两个或两个以上单位联合举办的对抗性计分比赛,以促进强化训练,提高专项水平为主要目的。

(4)邀请赛。这一类型主要是一个单位主办,邀请其他单位参加的赛事。如甘伯杯。

(5)选拔赛。这一类型主要是为选拔高一级比赛的参赛选手而组织的比赛。如中国乒乓球奥运会参赛选拔赛。

(6)等级赛。这一类型主要是按竞技水平或运动等级分别定期举行的比赛,如中国足球甲级联赛、中国足球乙级联赛等。

(7)友谊赛。这一类型主要是为了互相观摩和学习,以提高竞技水平,促进彼此间的友谊。

(8)表演赛。这一类型主要是为举行庆祝或纪念活动,或宣传运动项目发展状况而组织的比赛。

(9)达标赛。这一类型主要是为了争取达到对竞技水平的特定要求而组织的比赛。

三、体育赛事的构成要素

(一)人力要素

人力要素是体育赛事构成要素中最为基本的要素。体育赛事的成功举办需要人人参与,人力是体育赛事顺利进行的必要条件。通常来讲,体育赛事的人力要素主要包括主办组织、主办地区、赞助商和经费提供者、供应商、媒体、工作团队、竞赛直接参与者与观众等。

(二)物力要素

体育赛事本身所具有的独特性造成了它在物力需求方面的特殊性。物力要素是体育赛事必须具备的条件,不同规模的体育赛事需要的物力要素存在着一定的差别,物力要素的完善与否会对体育赛事举办的效果产生非常直接的影响。体育赛事的物力要素主要包括运动竞赛场馆及设施、设备,交通运输设施,安全保卫设施,医疗卫生设施和设备,餐饮住宿设施以及媒体转播设施和设备。

(三)财力要素

世界上一切事物的发展都是建立在经济发展基础之上的,因此体育赛事的顺利举办同样与经济基础存在着密切的关系。

体育赛事的商业化运作越来越受到主办方的重视,充足的资金是体育赛事拥有足够活力与无穷魅力的重要保证。体育赛事的规模在不断扩大,起点也在不断提高,运动员所获得的劳动报酬也有了很大程度的增长,比赛的激烈程度不断提高。体育赛事的财力要素主要由赞助性资金与非赞助性资金两大部分构成。

(四)技术要素

随着现代技术的不断发展,高科技元素在现代社会中的应用越来越广泛。体育赛事的成功举办与高科技的支持越来越密切,一次体育赛事的成功与否在一定程度上是由技术要素决定的。

现代化的体育赛事无不需要网络、计算机以及无线通信等技术要素的大力支持。通过大量的高科技设备,不仅能够使广大观众在第一时间内欣赏到比赛现场的精彩画面,同时还能够给赛事组织者带来很大的方便,现代科技为体育赛事带来极大的便利。技术要素具体包括网络技术、通信技术、相关软件技术等。

第二节 国内外体育赛事产业发展的现状分析

由于体育赛事具有吸引游客、提升城市关注度、树立城市品牌、推动城市产业结构转型等方面的功能,越来越多的国家对体育赛事产业的发展更为重视,很多国家都将举办大型的体育赛事纳入到城市营销与发展战略当中。本节主要通过对国内一些典型的城市以及国外典型国家体育产业的发展状况对当前国内外体育赛事产业的发展现状进行分析。

一、国内体育赛事产业发展的现状分析

就当前我国的体育赛事产业发展而言,很多城市的体育赛事产业都取得了不错的发展成果,这里主要对北京、上海、广州三个具有代表性城市体育赛事产业发展的现状进行分析。

(一)北京

早在 2003 年,北京市为了适应建设现代化国际大都市的发展需求,就提出了建设国际化体育中心城市的目标,而举办各项体育赛事、积极发展体育赛事产业就是其中一项非常重要的举措。近些年来,北京市成功举办了一系列国际级的大型体育赛事,如世界斯诺克中国公开赛、中国网球公开赛、北京国际马拉松赛、NBA 季前赛、意大利超级杯赛,国际场地自行车邀请赛以及国际铁人三项联盟世界杯等。2007 年,北京市相关部门出台了《促进体育产业发展的若干意见》,这对于北京市体育产业发展能够进行相应的政策引导。《促进体育产业发展的若干意见》中指出,北京市应该加强与国际职业体育组织之间的相互合作,加大政策和资金的扶持力度,积极申办、培育国际级的大型体育品牌赛事。另外,为了有效推动体育产业更好地发展,北京市还设立每年五亿元的体育产业专项资金,用来扶持符合政府重点支持方向的体育产业项目、体育产品服务项目与企业,而体育赛事就是其中一个重要的扶持对象。

2009 年 11 月,北京市为了推动体育赛事经济、提升赛事品牌魅力、深挖赛事整体形象,在第三届北京体育产业展期间,举办了顶级体育品牌赛事推介会,其推介的赛事包括 2010 年首届世界武搏运动会、中国网球公开赛、世界斯诺克中国公开赛、欧洲—亚洲全明星乒乓球对抗赛、国际自行车联盟场地世界杯赛(北京站)、2010 年北京世界车王争霸赛、2010 年皇马中国行、北京国际长跑节等世界顶级赛事。另外,北京奥运会的成功举办为北京市体育赛事产业的发展提供了良好的场馆设施与城市基础设施条件。2015 年北京国际田联世界田径锦标赛由国家体育总局和北京市人民政府共同举办,2015 年 8 月 22 日至 2015 年 8 月 30 日在北京成功举行。

随着北京市众多高级别体育赛事项目的成功举办,为体育赛事服务的体育经纪公司也纷纷成立,瑞士盈方、八方环球等很多世界知名的体育经纪公司纷纷落户北京,一大批国内知名体育经纪公司也在不断崛起。总之,体育赛事产业已经成为北京市未来体育产业中最重要的亮点,它积极推动着北京市经济的不断发展。

(二)上海

上海是除了北京之外我国又一大体育赛事中心城市,近年来举办了一系列具有影响力的大型单项体育赛事,如第 48 届世界乒乓球锦标赛、摩托GP 锦标赛、短池世界游泳锦标赛、NBA 季前赛、上海网球大师杯赛、一级方程式汽车大奖赛、世界沙滩排球锦标赛等,体育赛事已经成为上海市一张非常重要的名片。

上海体育场馆设施条件处于国际领先地位,拥有上海八万人体育场、上海体育馆、上海虹口体育场、上海源深体育中心、余山高尔夫球俱乐部、卢湾体育馆、上海国际赛车场等一大批具有承办国际赛事能力的体育场馆。另外,上海还有一批具有丰富赛事运作经验的公司及团队,如上海久事国际赛事管理有限公司、东亚体育文化发展有限公司、上海国际田径黄金大奖赛有限公司、IMG、英国先行公司等,这为上海赛事产业的发展奠定了良好的基础。

上海的各区县体育局也纷纷打造"一区一品"的体育赛事项目,如金山区承办的世界沙排巡回赛上海金山公开赛,崇明县的环崇明岛男子、女子国际公路自行车赛,长宁区的体操健美国际大赛,静安区的国际剑联男女花剑世界杯赛、杨浦区的亚洲极限运动锦标赛、宝山区的国际篮球邀请赛、徐汇区的国际飞镖锦标赛、卢湾区的国际体育舞蹈公开赛等赛事,这些共同组成了上海市一道亮丽的风景线。

在今后的发展过程中,上海市必将成为我国乃至世界范围内举办重大体育赛事最多的城市之一。

(三)广州

广州是我国除了北京、上海之外的第三大体育赛事中心城市,它也是2010 年亚运会的举办城市。

广州的体育人口数量非常庞大,消费能力也很强,这就为广州市体育赛事产业的发展奠定了坚实的群众基础与市场基础。广州曾经举办的美国NBA 季前赛,其一等票高达 3 000 多元,最高票价甚至卖到 1 万元,但是仍然有很多人购票。2003 年,广州成功举办了中国—巴西足球对抗赛,靠赞助、广告以及门票收入,整个资金来源达到了 2 200 万元,最终仅这一场中巴足球对抗赛就实现了 270 万元的税后盈利,而向政府缴纳的税款高达530 万元。广州还相继成功拿到了世界摔跤锦标赛、世界乒乓球锦标赛、亚洲体操锦标赛、苏迪曼杯羽毛球混合团体锦标赛、亚洲男篮锦标赛、广州国际网球公开赛等一些国际大型赛事的主办权。凭借灵活的市场运作机制，大型体育赛事为广州增利不少。2007 年斯坦科维奇杯洲际篮球赛，在政府没有拨款的情况下，实现盈利 50 多万元。通过多年的积累，广州已经探索出了一套商业办赛的运作模式与经验，这为广州赛事产业的发展奠定了很好的基础。2015 年，广州市举办了 200 多项各级体育赛事（活动），涉及足球、篮球、排球、网球、乒乓球、羽毛球等 30 多个体育项目，赛事内容丰富。其中，国际级体育赛事（活动）12 项，国家级体育赛事（活动）13 项。

广州市体育局颁布了《广州市体育竞赛表演市场管理办法》，该管理办法实行"分级准入"的制度，放宽了对举办体育赛事市场准入方面的限制，只要符合"具有举办体育竞赛表演活动职能或者经营范围，与举办体育竞赛表演活动相适应的组织机构、专业技术和管理人员"等相关条件，不管是国有企业、私营企业或者个人，都能够在广州举办体育赛事。该办法的出台对于广州市体育赛事产业的发展具有积极的促进作用。

二、国外体育赛事产业发展的现状分析

国外很多国家在体育赛事产业发展方面也取得了很大的成果，这里主要对加拿大、英国、美国的体育赛事产业发展现状进行分析。

（一）加拿大

加拿大对于体育赛事产业的发展非常重视，除了每年所举办的橄榄球职业联赛、冰球职业联赛以及加拿大站 F1 汽车大奖赛等常规赛事之外，还积极申办各类国际性的体育赛事。

承办大型的体育赛事不仅可以有效促进国家体育事业的发展，同时还能够为国家财政带来巨大的经济与社会效益，正是认识到这一点，加拿大政府相关部门制定了一份名为"国际体育赛事申办战略"的计划，对加拿大赛事产业进行专门的规划，从而支持地方政府与各类体育组织的申办工作。在这一战略计划的指导下，加拿大已经成功举办了美国运通杯高尔夫球锦标赛、菲斯曼杯滑雪世界杯赛、第六届世界游泳锦标赛、世界青年举重锦标赛、北美土著居民运动会、U—20 青年足球世界杯赛、世界青年篮球锦标赛等很多国际性的大型体育赛事。2010 年，加拿大温哥华成功举办了第 21 届冬季奥运会。2015 年，加拿大成功举办了女足世界杯，这是加拿大历史上第一次举办国际足联女足世界杯，也是北美洲第三次举办该项赛事。

（二）英国

英国的体育赛事产业在国际上一直久负盛名，很多世界性的顶级体育赛事都与英国有着深刻的渊源，其体育赛事产业具有很高的发展水平。

目前，英国除了著名的英超联赛之外，温布尔顿网球公开赛、伦敦马拉松赛、F1 英国大奖赛以及高尔夫球英国公开赛等都是非常著名的国际性体育赛事。这些体育赛事的举办有力带动了相关产业的发展，随着赛车运动的中心转移到了英国，在以牛津郡为中心的地带逐渐形成了赛车产业集群，被称为"赛车业的硅谷"，这个聚集着成百上千的与赛车有关的公司和组织的赛车业，如今已经成为赛车产业的"杰出技术中心""赛车制造中心"以及"人才中心"。这里代表了赛车制造业技术的最高水平，引领了赛车制造领域技术创新的潮流。世界范围内约有四分之三的单座赛车都是在这里设计与装配的，其中大部分具有竞争力的一级方程式赛车与印地赛车联盟的赛车都是在这里设计和制造的。另外，为了有效推动英国体育赛事产业更好的发展，英国政府还制定了一份《世界级体育赛事计划》，该计划是想通过利用发行彩票所获得的公益金对符合该计划要求的体育赛事进行资助，从而推动英国体育赛事产业的可持续发展。目前，英国的很多城市如伯明翰、谢菲尔德、曼彻斯特等，为了推动城市的产业结构转型，纷纷制定了有关的体育政策与措施，从而达到城市再造的目的，而体育赛事在其中就发挥着非常重要的作用。

另外，在"世界都市举办大型体育赛事指数评选"中位列第四的伦敦，还在 2012 年成功举办了夏季奥运会，这对于英国体育赛事产业的发展起到了非常积极的推动作用。

（三）美国

美国是世界上体育赛事产业最为发达的国家，特别是职业体育，最著名的是美国四大职业体育联赛，即 NFL（National Football League，国家橄榄球联盟）、MLB（Major League Baseball，美国职业棒球大联盟）、NBA（National Basketball Association，美国篮球职业联赛）和 NHL（National Hockey League，国家冰球联盟）。除此之外，美国还有很多其他的职业体育赛事，这些赛事都拥有大量的现场观众与电视观众。

美国体育产业极其发达，在体育产业链条中，体育赛事又是核心。美国政府通过组建新机构等办法转变职能，积极参与体育赛事运营，效果显著。从体育公共服务的角度来看，美国政府不仅不远离赛事，反而积极地参与体育赛事的管理运营，因为承办赛事能够直接为公众提供极具观赏性的体育比赛,给体育爱好者直接提供参与体育赛事志愿服务的机会,培养公众的体育兴趣,提高公众的生活质量,因此,提供赛事产品也是政府的体育公共服务内容之一。美国政府非常支持举办国际性的体育竞赛,因为这些活动提供展示美国文化与促进国家之间的关系的机会。此外,这些事件也会产生重要的经济影响。美国支持国际体育竞赛的历史非常悠久,成千上万运动员曾经代表美国参加比赛。

在国际体育竞赛当中,美国始终非常成功。例如,对于国际最重要的体育竞赛奥林匹克运动会而言,美国共八次组办冬季或者夏季奥运会,夏季奥运会有 1904 年(圣路易斯)、1932 年、1984 年(均在洛杉矶)和 1996 年(亚特兰大),冬季奥运会有 1932 年、1980 年(均在普莱西德湖)、1960 年(斯阔谷)和 2002 年(盐湖城)。除此之外,还有美国网球公开赛、F1 方程式赛车、芝加哥马拉松赛、波士顿马拉松赛等一大批国际知名赛事。另外,美国体育赛事的运作是与娱乐、商业、传媒互为一体的。它将体育与娱乐传媒紧密结合起来,通过发达的电视传媒充分展示体育的魅力,如福克斯体育电视网、华纳兄弟电影公司、ABC 电视台娱乐频道与 HBO 频道,这些公司创作了很多精彩的体育赛事节目,从而更好地增强了体育赛事的互动性。

第三节　体育赛事产业运作与管理的策略

体育赛事产业的运动与管理必须要有科学的理论做指导,同时还应该对运动与管理过程中出现的一系列问题进行及时处理,这样才能够实现体育赛事产业更好的发展。

一、体育赛事产业运作与管理的基本理念

(一)体育赛事产业运作理念概述

理念指的是试图触及事物本质和现状而进行的检查、推理与认识。体育赛事产业的运作理念是对体育赛事运作过程所涉及的存在因素与行动任务的本质认识,运作理念是赛事运作过程中管理者管理行为的重要依据,体育赛事产业管理所持有的理念是一个非常重要的问题。

体育赛事的相关管理是一个较为复杂的过程,它受到主客观条件很多方面的限制与影响,如管理者的素质、目标战略、组织文化、信息、不确定性环境等。人是体育赛事管理的主体,也是管理中最为重要的因素,人的管理

技能与所持指导思想决定了管理的效益与效果。因此,为了有效提升体育赛事管理的效益与效果,建立正确有效的管理理念就显得非常必要。

由于现代管理理论的演进和权变、组织行为和项目管理等管理理论"丛林"的存在,管理理念的选择就显得非常重要。理念不仅是相对的,而且是有限制的,并没有绝对管理理念的存在,但是建立运作理念有助于管理者从管理学的角度对赛事事物的本质进行认知,从而有助于开展体育赛事的相关管理活动。

(二)体育赛事产业运作的相关理念

1.体育赛事项目管理理念

(1)项目管理基本特征

项目具有整体性、一次性、目标的明确性以及多目标属性和生命周期性特征。

项目的整个生命周期能够划分为论证、规划、实施和收尾四个阶段,每个阶段又可以划分为启动、计划、实施和控制四个过程。启动过程接受上一阶段交付的成果,提出下一阶段的要求,同时对下一阶段能否开始实施进行确认。计划过程是根据启动过程提出的要求,制定计划文件作为实施过程的依据。

(2)项目管理理论基础

事实上,体育赛事运作过程就是一个转换的过程,赛事运作是对特定环境下一定系统资源的一种管理,具体的管理涉及管理理论、手段与方法等在实践中的具体运用,选择恰当的管理理论和手段、方法是赛事运作模式能够建立的必要前提。

从一定程度上讲,体育赛事是一种行为系统,在运作上很自然地会选择系统工程方法。系统工程是一门对系统的构成要素、组织结构、信息流动和控制机构等进行分析与设计的组织管理技术,实质是规划和组织人力、物力、财力,通过最优途径的选择,使工作在一定期限内收到最合理、最经济、最有效的效果。

(3)项目管理理念的基本内容

体育赛事具有相应的生命周期,由此项目管理理论在赛事中得以运用,可以将体育赛事视为一个项目。项目管理应该在一定的时期内,利用一定的资源(如人员、物资、资金)完成一系列的任务,最终实现一定的结果。项目管理的步骤是项目启动、规划、实施和结尾。从项目管理的定义上看,体育赛事运作实际上与项目管理定义相一致,这为项目管理手段与方法的运用创造了前提。

赛事管理就是各管理要素在战略计划的统一指挥下,通过运用有关的管理职能,对于不同顺序与重要程度的赛事管理要素进行管理,最终完成赛事的目的与目标。赛事管理会受到外部环境因素的影响,包括内外资源环境与人员素质环境。

2.体育赛事营销理念

(1)宏观营销理念

人们过去认为,在取得相应的社会效益的同时,经济效益会受到一定程度的损失。但如果经济效益与社会效益处理得当,便能够使两者都能够得到良好的发展。经济效益与社会效益之间具有密切的联系,如果社会效益好,则市场就会越做越大,从而促进经济效益的提高。需要注意的是,经营管理的重点是如何在发展社会效益的同时实现市场的拓展和经济效益的提高;而在取得相应的经济效益之后,还应注重如何促进社会效益的增强。在这一过程中,应牢固树立市场运作的观念,还要打破传统思维的束缚。

所有能够改变消费者经历体验的组织管理行为都是一种营销,营销的概念非常广泛,并不是非要有财政的变化才能被称为营销,只要是改变体验。在体育赛事走向市场、开展经营活动的过程中,应该树立企业所有部门为服务于顾客利益而共同工作的整合营销观念,这样有助于获得良好的经营效益。为此,体育赛事经营者应该树立以下几个方面的现代经营与管理理念。

①将满足体育消费者需求作为第一要务:赛事经营者要把体育消费者的需求放在重要位置,各项工作开展得好坏的标准在于消费者的评价。

②尽可能降低体育消费者的消费成本:赛事经营者应尽最大可能降低体育消费者获得满足的成本,这种成本不光包括获取体育服务的货币支出,还包括他们的时间耗费、精力耗费以及承担的各种风险。

③尽量提供便利:赛事经营者要尽最大努力提高体育消费者获取体育服务和其他相关服务的便利性。

④积极的双向沟通:赛事经营者要积极和体育消费者沟通以了解他们的满意程度,从双向的交流过程中加强相互理解,并获取体育消费者更进一步的消费意向。

⑤努力把握市场环境:赛事经营者还应做好内外经营环境的分析和市场调研,合理定价,有针对性地做好品牌推广和宣传促销工作。

（2）微观营销理念

①体育赛事产品：赛事产品的整体概念包含核心产品、有形产品以及附加产品三个层次。对于体育赛事而言，体育组织生产的产品可以分为以竞赛为主的竞赛产品和围绕竞赛产品而展开的服务产品，即服务观众，两者是相互关联的。随着体育产业的不断发展与完善，在这一过程中，对于体育服务的认识同样也应该提高到一个新的境界。人们在进行体育活动时，场地、器材是必不可少的硬件条件。为了实现参加者自己确定的目标，还需要有提高体能的训练指导和集体活动的组织。由于竞赛本身的观赏性，竞赛产品质量高低无疑是吸引观众的重要因素，竞赛产品自然就成为赛事核心产品。

②体育赛事竞赛产品质量：竞赛产品的质量包括两个方面，一是赛事组织者的组织水平，即包括场馆设施安排形式在内的硬件的准备程度；二是参赛选手的临场水平的发挥和裁判的表现。另外，还包括明星运动员的表现。

③体育赛事产品开发：在新产品开发时应该认真分析市场的需求，并将其作为重要依据来开发新的产品，做出最能吸引目标群体的产品。市场需求是尤为重要的，有需求才会有相应的资源向某一方面投入，从而出现满足消费者需求的产品。把握市场的需求是新产品开发的出发点。

3.体育赛事可持续发展理念

1987年，时任联合国环境与发展委员会主席的挪威首相布伦特兰夫人在《我们共同的未来》报告中首次明确提出的"可持续发展"是指满足人类目前的需要和追求，又不对未来的需要和追求造成危害的发展。我国非常重视产业的可持续发展，经济社会的发展以及方针政策的制定均按照可持续发展的要求进行。体育赛事的可持续发展的目标是通过一系列手段和措施为体育赛事未来发展创造良好的条件，从而实现其长期、持续的发展。

可持续发展突出将当代的发展与未来的发展相结合，以未来发展的可能性作为制定当代发展战略的前提，今天的发展应该为未来的发展创造条件。应该从长远利益出发，追求经济、社会、人口、资源、环境各要素之间相互协调的发展，而不能为追逐眼前利益而忽视长远的利益。可持续发展的观点被广泛应用于社会各个领域。

体育赛事的可持续发展理念要求妥善协调各方面利益主体之间的关系，使得多方受益。

二、体育赛事产业运作与管理的有效策略

(一)我国体育赛事产业运作与管理的现状分析

1.我国体育赛事运作环境分析

体育赛事的外部环境会对赛事的运作产生很大的影响。目前,我国的电视媒体并没有在赛事转播权营销方面为赛事组织带来较大的收益。

在我国,中央电视台长期掌握话语权,其他地方电视台很难分得一杯羹。我国的体育赛事电视转播权的开发相对较为困难,效益并不明显。我国国内进行体育赛事一般将市场营销的压力转移至赛事赞助商,目前,国内体育赛事一般将市场营销的压力转移至赞助方。由于赞助商对于体育赛事赞助认识程度不高,企业对赛事的资金投入不够,并且具有短期性特点。经纪人和代理机构在赛事运作职能承担十分有限,与政府职能之间具有鲜明的区别。

2.我国体育赛事运作管理过程分析

(1)赛事选择

并不是所有的赛事都具有很高的商业价值与赢利价值,在市场化环境下,要对市场的价值进行判断,对其可行性进行研究。我国的体育主管部门通常是体育赛事的设立者,同时也是赛事的运作主体。在这种情况下,赛事的选择具体体现在两方面:其一,体育主管部门根据环境与计划判断是否设置某种赛事;其二,赛事承办方根据对赛事的可行性研究来决定是否申办。

在体育主管部门开展赛事的计划时,会以项目的发展目标和筹集资金、丰富文化生活等为目的。除了代表国家参加国际比赛和国家部分资助第一类目标赛事外,多数体育赛事都是为体育组织及承办机构自筹资金举办。

在承办方决定是否申办时,会根据赞助意向、赛事经验和赛事市场行情等进行选择。由于经验不足、市场形势变化、经费欠缺和营销技术的欠缺等,每年都会导致一些项目不能立项。

(2)赛事策划

很多中介组织、赞助商以及媒体等都能够策划一些赛事,通过相应的申报手续就能够开展,这些类型的赛事商业价值相对较高。体育赛事经纪人在进行赛事运作时,可概括为两类:其一,看重长远利益,扶持一些项目长期运作,长期利润可观,如国际管理集团(IMG)对中国甲 A 篮球联赛的运作;

其二,是追求短期利益,选择容易引起社会关注的赛事进行运作。

(3)赛事组织

体育赛事的举办规模不同,其赛事组织结构也存在一定的差别。一般小型赛事,组织结构较为简单;大型综合性赛事则需要采取职能型组织结构;商业赛事则一般需要借助于外界组织力量来举办比赛,呈网状结构。

在我国,综合性体育运动会的组织结构建设多为职能组织结构形式。这一组织形式能够明确赛事过程中的任务,具体到某个组织部门中去,从而使得赛事的管理更加科学。

3.我国体育赛事运作任务分析

(1)体育赛事营销

我国体育赛事的资金来源主要包括全额拨款、差额拨款、承办自筹等。随着竞赛的不断发展,我国的赛事资金的社会化趋势日益明显。大规模的赛事需要大量的资金投入,而我国财政不可能一直过多的投入其中。这就使得赛事资金的社会化趋势日益明显。

大型赛事其电视转播的范围会直接影响赛事吸引赞助商的程度。我国电视转播权处于媒体的垄断状态,随着社会的发展,这一垄断状态逐渐受到了多方面的挑战。

(2)体育赛事的竞赛管理

我国体育赛事的管理人员很多,国家体育总局以及各项目管理中心是体育赛事的最高管理部门,各省市的管理部门则拥有丰富的专项竞赛管理经验。在竞赛规范行为方面,国际上会有一些大致的程序,我国的运动队和裁判员在这方面应加强与国际接轨。

(二)我国体育赛事产业经营管理中存在的问题

1.体育赛事经营管理理念较为落后

随着我国市场经济的不断发展,职业俱乐部在我国快速发展,其在体育赛事管理中发挥的作用也愈加明显。在我国体育赛事管理过程中,政府占有重要的位置,虽然强调"政府主导,市场运营",但是在举办一些大型体育赛事时,政府的干预还是较强,市场的运营受到政府较强的干预,不利于赛事的市场化发展。

2.缺乏专业的经营管理人才和规范化的管理

我国的大型赛事大多是由政府承办,在举办赛事时常会出现资源浪费的现象,经营管理效率相对较低。在市场化发展过程中,我国体育赛事市场经营中管理人员在文化素质、体育业务知识与经营管理水平方面普遍偏低,经营效益与服务水平则不能够很好地适应日益激烈的市场竞争。

3.体育赛事管理体制不够完善

举国体制对于大型赛事活动的开展具有积极推动作用,但在举国体制的影响下,我国赛事市场的发展较为缓慢,挤压赛事市场配置赛事资源的空间。在举国体制下,通过行政手段来进行赛事资源的配置,从而挤压了市场进行资源配置的时间。

一般来讲,大型赛事的主要收入来源包括出售赛事的电视转播权、商业合作伙伴、广告收入和门票收入等。我国大型赛事的举办多为政府的推动下开展的,大型赛事的市场营销在一定程度上成为政府的营销,大型赛事所需要的资金从何来?国有企业和地方民营企业多为举办赛事"买单",而大多数情况下,这些赞助商、合作伙伴、供应商的收入是要低于支出的。

4.缺乏对体育赛事经营效益及时、有效的评估

在我国,很多中小型体育赛事的经营管理者在管理层次、业务水平、管理经验以及道德素质方面有所欠缺,他们往往只强调追求自身的经济收益,却忽视了体育赛事在其他方面的效益,如对于当地经济的促进作用、所产生的社会效益以及对于人们精神文化方面的积极影响等,这会对科学、全面、及时地评估体育赛事的经营效益产生一定的消极影响。

如果不能够及时有效地对赛事进行科学评估,就会影响对于体育赛事的经营管理效果的总结,从而不能够吸取前面体育赛事经营管理的成功经验,也不能够改正自身在经营管理方面的不足之处,还会影响经营管理体育赛事水平的提升,同时也不能很好地利用体育赛事带动相关事业的发展成果。

5.缺乏专门的体育赛事市场经营的政策与法规

在体育赛事经营管理方面,虽然我国现有的法规性文件有着明文规定,但是相关政策与法规的建设还不够合理和完善,还没有制定出有关体育赛事市场的专门性的政策与法规。因此,只能借助相关的规章制度来规范体育赛事的市场行为。

除此之外,体育赛事市场经营方面还存在着执法不严等相关问题。制定相关的政策和法规是为了规范赛事中的行为,执法不严则会严重影响到法规职能的执行和实施,因此不利于体育市场行为的经营和管理。

(三)体育赛事产业运作与管理的有效策略

1.不断创新体育赛事的经营理念

在举办体育赛事时,赛事经营管理者的管理理念发挥着非常重要的作用。

关于体育赛事的经营管理理念,我国的体育赛事管理者应该积极学习西方发达国家相关的成功经验,同时科学采用"俱乐部"法人治理的体育经营管理制度;体育赛事所有权与经营权相分离的经营管理方式,可以更好地激发体育赛事经营管理者经营赛事的积极主动性,同时还有助于进一步提高体育赛事经营的灵活性。另外,还应该依据我国的具体情况,从实际情况出发,对体育赛事的经营理念不断进行创新,探索适合我国实情的体育经营管理的新模式。

2.加强培养体育赛事经营的专业管理人才

体育赛事经营管理所包含的内容多种多样,涉及很多部门,如需要管理门票、赛事赞助、赛事产品服务、赛事风险等方面,所涉及的部门主要包括政府行政部门、体育管理部门以及体育赛事赞助企业等,因此体育赛事经营管理人才应该是了解体育、经营、管理以及法律等方面的复合型管理人才。

当前,我国需要成立专门培养体育赛事经营管理人才的组织机构,同时积极推进体育赛事经营管理人才培养体系的形成。同时,还应该分级培养各种不同层次与不同需要的体育赛事经营管理人才,这种人才培养方式基本上能够满足我国不同层次的体育赛事对于经营管理人才的多样化需求。

3.不断探索新的体育赛事经营体制

应该对体育赛事主管部门的办赛权限进行有效整合,减少大型赛事举办的数量,对于符合我国实际的大型体育赛事要加大赛事的投入力度。

目前,我国的体育赛事一般都是由体育赛事项目管理中心(即政府机构)进行审批的,并在体育赛事项目管理中心的经营管理下由体育赛事项目协会来经营管理。建议体育赛事的举办应当像体育文化活动那样,在市场经济体制的影响和推动下,体育赛事项目管理中心只负责管理协会本身,并能够在一定方法的指导下,使得各个协会或"体育俱乐部"实行自行经营管理的办法,自主对体育赛事进行策划、产品服务开发以及对体育赛事产品营销、选择赞助商和经营电视转播权等活动,自负盈亏等。这种方式不仅有利于活跃体育赛事经营管理市场,同时还能够提高体育赛事行业内的相互竞争力,还对体育赛事经营管理的健康可持续发展起到积极的促进作用。

政府应该适当减少对于体育赛事的资金的扶持,而增加一些政策性的扶持,推动体育赛事的产业化发展。政府应该进一步提高赛事支出的透明度,公开账目,接受广大民众的监督。

4.科学评估体育赛事

体育赛事的经营管理者应该全方位地、客观地、准确地、科学地对大型体育赛事的社会经济等方面的影响进行客观评价,既不要夸大其所产生的负面影响,也不能忽视其所产生的积极作用,应客观认识大型赛事的利弊,认真权衡之后考虑是否举办。

在进行场馆的建设时,应与城市的发展规划相一致,避免以后场馆的闲置。国家还应合理调控赛事举办的地点,在举办赛事时还应该进行理论和实践的合理论证,避免在举办大型赛事时全省、全市都围绕比赛来工作和生活。

参考文献

[1]岳冠华.解读休闲体育[M].北京:中国社会科学出版社,2012.

[2]黄益苏.时尚休闲运动[M].北京:高等教育出版社,2007.

[3]邓跃宁,许军.休闲运动[M].成都:四川科学技术出版社,2011.

[4]佟强.门球与台球运动技法指导[M].长春:吉林出版集团有限责任公司,2014.

[5]黄锷.保龄球基础教程[M].哈尔滨:哈尔滨工业大学出版社,2013.

[6]吴海宽,兴树森,崔大勇等.校园体育 壁球 高尔夫球[M].长春:吉林出版集团有限责任公司,2011.

[7]尹斌.飞镖[M].成都:成都时代出版社,2013.

[8]钱雯,关粤,金周.桥牌[M].南京:江苏科学技术出版社,2013.

[9]刘德会,郭颖.对我国休闲体育的现状及发展趋势研究[J].体育世界(学术),2015(10).

[10]刘阳.休闲体育在中国的现状及其当前趋势发展探究[J].当代体育科技,2013(17).

[11]段青.我国休闲体育的未来走向[J].运动,2016(04).

[12]王武龙,刘亚恩.我国休闲体育发展的现状与趋势[J].才智,2010(14).

[13]付轲轲.浅析休闲体育的发展趋势[J].品牌,2015(12).

[14]苟清华.我国休闲体育发展趋势预测[J].陕西教育·理论,2006(12).

[15]屠强.休闲体育[M].北京:中国人民大学出版社,2012.

[16]李相如,凌平,卢锋.休闲体育概论[M].北京:高等教育出版社.2011.

[17]杨铁黎,苏义民,休闲体育产业概论[M].北京:高等教育出版社,2011.

[18]李晓栋.对当前学校体育活动游戏性缺失的反思——基于西方游戏论的视角[J].搏击,2013(06).

[19]杨忠令.现代网球教程[M].杭州:浙江大学出版社,2011.

[20]赵发田.毽球运动[M].青岛:中国海洋大学出版社,2012.

[21]谭成清,李艳翎.体能训练[M].长沙:湖南师范大学出版社,2012.

[22]罗中才.中国象棋[M].长沙:湖南大学出版社,2004.

[23]陶宇平.体育旅游学概论[M].北京:人民体育出版社,2012.

[24]柳伯力,陶宇平.体育旅游导论[M].北京:人民体育出版社,2003.

[25]柳伯力.体育旅游概论[M].北京:人民体育出版社,2013.

[26]刘方.新时期对国内外体育旅游产业发展的分析与研究[D].体育管理与科学发展·2012年全国体育管理科学大会论文集,2012.

[27]毕仲春,何斌.街头花式篮球[M].北京:人民体育出版社,2006.

[28]董立.大学生户外运动[M].成都:西南交通大学出版社,2010.

[29]李武绪.当代体育文化学解读[M].北京:光明日报出版社,2015.

[30]谢卫.休闲体育概论[M].成都:四川大学出版社,2014.

[31]休闲体育概论编写组.休闲体育概论[M].北京:北京体育大学出版社,2014.

[32]钟秉枢.全民健身国家战略的提出与体育休闲健身产业的发展[J].体育科学,2015,11(35).

[33]2025年体育产业达7亿——刘鹏对产业发展提新要求[N].新华社,2015-10-12.

[34]苏义民.我国体育健身产业发展现状与政策建议——关于加快我国体育健身休闲产业发展的思考[J].西安体育学院学报,2010,6(27).